EDUCAÇÃO SUPERIOR:
TRAMAS E TRILHAS PARA O DESENVOLVIMENTO PROFISSIONAL DOCENTE E INSTITUCIONAL

ILMA PASSOS ALENCASTRO VEIGA
CLAUDIA CHRISTINA BRAVO E SÁ CARNEIRO
(ORGS.)

EDUCAÇÃO SUPERIOR:
TRAMAS E TRILHAS PARA O DESENVOLVIMENTO PROFISSIONAL DOCENTE E INSTITUCIONAL

PAPIRUS EDITORA

Capa | Fernando Cornacchia
Coordenação | Ana Carolina Freitas
Copidesque | Mônica Saddy Martins
Diagramação | Guilherme Cornacchia
Revisão | Anna Carolina G. de Souza

Dados Internacionais de Catalogação na Publicação (CIP)
(Câmara Brasileira do Livro, SP, Brasil)

Educação superior: tramas e trilhas para o desenvolvimento profissional docente e institucional / Ilma Passos Alencastro Veiga, Claudia Christina Bravo e Sá Carneiro (orgs.). – Campinas, SP: Papirus, 2023.

Vários autores.
Bibliografia.
ISBN 978-65-5650-165-9

1. Aprendizagem 2. Educação superior 3. Ensino superior 4. Pesquisa educacional 5. Política educacional 6. Políticas públicas 7. Prática de ensino 8. Professores – Formação profissional I. Veiga, Ilma Passos Alencastro. II. Carneiro, Claudia Christina Bravo e Sá.

23-168586 CDD-378

Índices para catálogo sistemático:

1. Educação superior 378

Cibele Maria Dias – Bibliotecária – CRB-8/9427

1ª Edição – 2023

Exceto no caso de citações, a grafia deste livro está atualizada segundo o Acordo Ortográfico da Língua Portuguesa adotado no Brasil a partir de 2009.

R. Barata Ribeiro, 79, sala 316 – CEP 13023-030 – Vila Itapura
Fone: (19) 3790-1300 – Campinas – São Paulo – Brasil
E-mail: editora@papirus.com.br – www.papirus.com.br

Aos que se dedicam à educação e trabalham contra a violência; nós, os autores deste livro, homenageamos a professora Elisabete Tenreiro, de 71 anos, que morreu no dia 27 de março de 2023, vítima de um aluno de 13 anos do 8º ano da Escola Estadual Thomazia Montoro, Vila Sônia, em Suzano, SP, onde lecionava. Era professora de ciências e defensora de melhoria salarial para os professores. Elisabete gostava de música, programas de TV e filmes de comédia.

Homenageamos, também, as quatro crianças vítimas de violência no Centro de Educação Infantil (CEI), instituição particular, denominada Creche Cantinho Bom Pastor, em Blumenau, SC. O assassino, de 25 anos, tolheu os sonhos desses pequenos brasileiros.

Dedicamos nosso livro a todos os que cultivam a importância do amor e da solidariedade no cotidiano da vida. Reafirmamos ser a educação fundamental para um mundo baseado em princípios humanistas, no qual todos os profissionais da educação possam exercer sua missão em plena segurança.

SUMÁRIO

PREFÁCIO 9
José Carlos de Souza Araújo

PARTE I
ASSESSORIA PEDAGÓGICA E
DESENVOLVIMENTO PROFISSIONAL

1. ASSESSORIA PEDAGÓGICA: ESPAÇO-TEMPO NO PROGRAMA DE DESENVOLVIMENTO PROFISSIONAL DOCENTE E INSTITUCIONAL 21
Ilma Passos Alencastro Veiga

PARTE II
O PROCESSO DIDÁTICO E SUAS RELAÇÕES

2. O ENSINAR NA EDUCAÇÃO SUPERIOR: PRESENCIAL, REMOTO E HÍBRIDO 47
Pura Lúcia Oliver Martins e *Joana Paulin Romanowski*

3. TRILHAS PARA O APRENDER NA EDUCAÇÃO SUPERIOR..... 71
Maria Eugênia Castanho e *Sérgio Castanho*

4. EDUCAÇÃO SUPERIOR: A PESQUISA INTERINSTITUCIONAL NO CONTEXTO COLABORATIVO..... 95
Ilma Passos Alencastro Veiga e *Cleoni Maria Barboza Fernandes*

5. DE TRAMAS A TRILHAS PARA AVALIAR AS APRENDIZAGENS NA EDUCAÇÃO SUPERIOR..................111
Mara Regina Lemes de Sordi e *Marcos Henrique Almeida dos Santos*

6. SOCIALIZAR PELA EXTENSÃO: ESPAÇO-TEMPO PARA INTERLIGAR O ENSINAR, O APRENDER E O PESQUISAR COM AS DEMANDAS DA SOCIEDADE............... 133
José Leonardo Rolim de Lima Severo e *Maria Eulina Pessoa de Carvalho*

PARTE III
EDUCAÇÃO SUPERIOR:
POLÍTICAS PÚBLICAS ACADÊMICAS

7. COORDENAÇÃO DE CURSO DE GRADUAÇÃO: UMA PROPOSTA DE GESTÃO DEMOCRÁTICA 159
Rosana César de Arruda Fernandes

8. DA "CURRICULARIZAÇÃO DA EXTENSÃO" ÀS POLÍTICAS E PRÁTICAS EXTENSIONISTAS COMO ATOS DE CURRÍCULO 181
Roberto Sidnei Macedo

9. DIALOGANDO COM O PROGRAMA DE EDUCAÇÃO TUTORIAL (PET-BRASIL)... 197
Claudia Christina Bravo e Sá Carneiro, *Meirecele Calíope Leitinho* e *Francione Charapa Alves*

10. A INTERNACIONALIZAÇÃO DA EDUCAÇÃO SUPERIOR NO BRASIL: MARCOS LEGAIS, CONCEPÇÃO, GESTÃO E ALTERNATIVAS................................ 215
Fernanda Leal

PREFÁCIO

José Carlos de Souza Araújo

Figuradamente, prefaciar tem em perspectiva deixar antever, servir de introdução a uma obra, preceder, iniciar, introduzir. Etimologicamente, "prefácio" deriva do latim, e se trata de um texto preliminar de apresentação, geralmente breve, com explicações sobre seu conteúdo, seus objetivos ou sobre a pessoa do(s) autor(es) etc.

Por isso, o prefaciador tem a incumbência de preceder sobre o conteúdo de uma obra que vem a público, como é o caso desta: *Educação superior: Tramas e trilhas para o desenvolvimento profissional docente e institucional.* Ainda para elucidar melhor, *fácio* advém do verbo *fári*, cujo significado, de acordo com o *Dicionário Houaiss da língua portuguesa* (2001), passa por falar, ter a faculdade e o uso da fala, dizer, explicar etc. Por essas razões, aquele que prefacia se encontra em uma posição privilegiada, especialmente pelo convite recebido por parte das organizadoras.

O itinerário de um prefácio pode ser diverso quanto à sua constituição: a obra pode ser objeto de uma contextualização, pode ser abordada quanto aos seus conteúdos – em particular esta, com dez capítulos, que constitui uma antologia que se explicita fundamentalmente por temáticas contemporâneas da área da educação – que podem ser categorizados, por exemplo, como pertinentes à pedagogia e à didática, ou por suas dimensões intrainstitucionais e extrainstitucionais, ou ainda por suas referências à graduação e à pós-graduação etc.; nesses aspectos, tal antologia se refere a microinstituições que conformam suas ações no âmbito da educação superior.

Ressalve-se que as categorias, no caso da antologia em apreço, são os instrumentos conceituais de investigação de que se serviu a sua organização, bem como eixos estruturantes. Assim, "as categorias possuem simultaneamente a função de intérpretes do real e de indicadoras de uma estratégia" (Cury 1985, p. 21) que possam cobrir as *tramas e trilhas para o desenvolvimento profissional docente e institucional* da educação superior.

Por essa razão, o exercício de categorização que comporá este prefácio

> (...) só tem sentido enquanto instrumento metodológico de análise, ligado à prática educativa e no contexto de um tempo e um lugar determinados. (*Ibid.*)
>
> As categorias não são formas puras que dão conta de toda e qualquer realidade para todo o sempre. Elas são relativas, ao mesmo tempo, ao real e ao pensamento, ou seja, a todo o movimento no real e no pensamento. (*Ibid.*, p. 22)

Na verdade, os capítulos sobre as *tramas e trilhas para o desenvolvimento profissional docente e institucional* da educação superior assumem cada um deles e de forma autônoma categorizações, o que facilita a explicação a ser desenvolvida por este prefácio, uma vez que o desenvolvimento da antologia tem por foco a educação superior no Brasil.

Educação superior: Tramas e trilhas para o desenvolvimento profissional docente e institucional e seus eixos estruturantes por intermédio de um quadro:

CAPÍTULOS PEDAGÓGICOS	CAPÍTULOS DIDÁTICOS
1. Assessoria pedagógica	2. Ensino presencial, remoto e híbrido
4. A pesquisa interinstitucional	3. Trilhas para aprender na educação superior
7. Coordenação de curso de graduação	5. Avaliação da aprendizagem na educação superior
8. Curricularização da extensão	6. Socialização pela extensão: Ensinar/aprender e pesquisar
9. Programa de Educação Tutorial (PET)	
10. Internacionalização da educação superior	

Trata-se de uma antologia – termo cuja origem é de 1858 e que significa "coleção de textos em prosa e/ou em verso, geralmente de autores consagrados, organizados segundo tema, época, autoria etc." (Houaiss 2001) –, cuja composição manifesta cultismo (manifestação ou prática da cultura intelectual; refinamento, ilustração, erudição, e cuja constituição dos capítulos expressa autodeterminação e autonomia dos autores.

Pode-se discutir tal cisão com relação aos dez capítulos que compõem esta antologia, todavia tal categorização em *capítulos pedagógicos* e *didáticos* tem a função de intérpretes dos conteúdos desenvolvidos, bem como indica uma estratégia, a de distinguir pedagogia e didática, cabendo uma explicação, uma vez que a descrição já está estabelecida pelo quadro anterior.

A educação é inerente à existência humana, ou seja, o processo de existir acarreta a educação, uma prática social que se realiza da infância à velhice, mediada pela pedagogia, seja ela simples – fundada no senso comum, em filosofia de vida, no ensinar a viver –, científica ou de teor filosófico (Morando 1979, p. 366).

Para a realização da educação, proveu-se esta da pedagogia, a qual compartilha de tal prática social, e significava em sua origem grega *condução da criança*. Porém sua semântica assumiu uma orientação teórico-prática, em torno da qual se constituiu uma paulatina e multimilenar elaboração, ampliando-se para além da educação da infância, para atingir a adolescência, a juventude, a adultícia e a velhice ou o envelhecimento. Para atender tais etapas da vida, estruturaram-se fases, por exemplo, educação básica e superior, cada qual com suas subdivisões etc., como é o caso brasileiro, dentre outros.

Nesse sentido, a pedagogia, como objeto científico, formalizou-se do século XVII e até os dias atuais (Araujo 2017), por intermédio de Francis Bacon (1561-1626); todavia, desde a Grécia clássica, o pedagogo compartilhava do processo educativo, ainda que por meio de uma pedagogia elementar. Com efeito, a educação é concernente à pedagogia, esta se constitui em matéria daquela, ou seja, o ser humano é educável, e sua educabilidade passa pela pedagogia. É na própria Grécia clássica que, literalmente, a figura do pedagogo se conforma como condutor de criança – era um escravizado –, para em seguida ser assumido como *condutor da educação da criança*.

Tal definição em torno da pedagogia já se expressa há mais de dois milênios, mas continua sendo revisitada, como faz a presente antologia, com tematizações, problematizações e objetos muito contemporâneos em torno da educação superior no Brasil do século XXI. Tais aspectos desta antologia revelam com distinção como a pedagogia se faz acompanhar de um exercício de compreensão sobre a educação, o homem e a sua existência com base em perspectivas filosóficas, científicas, técnicas, didáticas, institucionais etc.

Ainda no âmbito desta antologia, podem ser percebidas, com objetividade e isenção, direções, tendências, correntes, motivações, discussões e interpretações, todas elas a compartilhar *espaço de experiência* e *horizonte de expectativa*, duas categorias históricas. São elas "categorias do conhecimento capazes de fundamentar a possibilidade de uma história. Em outras palavras: todas as histórias foram constituídas pelas experiências vividas e pelas expectativas das pessoas que atuam ou que sofrem" (Koselleck 2006, p. 306).

Ou seja, autores e leitores somos constituídos pelas experiências vividas e pelo horizonte de expectativa, porém, tais categorias não se reduzem à área da educação, uma vez que perpassam a existência humana em sua história ou na atualidade. Ter experiências a colher e projetar expectativas são inevitáveis: "Não se pode ter um sem o outro: não há expectativa sem experiência, não há experiência sem expectativa" (*ibid.*, p. 307).

E a pedagogia enseja isso, pois ela propicia pensar – quando não exige – sobre as experiências e as práticas vividas, bem como promove a busca pelo ainda-não, em vista do anseio, da expectativa e da possibilidade. Em tal dialetização, "[as] duas categorias indicam a condição humana universal; ou (...) remetem a um dado antropológico prévio, sem o qual a história não seria possível, ou não poderia sequer ser imaginada" (*ibid.*, p. 308).

Ainda que a assessoria pedagógica (Capítulo 1) seja refletida como experiência havida, sistematizá-la implica solicitar o papel das expectativas que, provavelmente, fundarão novas práticas de assessoria pedagógica. Nesse patamar, também podem ser inseridas a pesquisa interinstitucional fundada na colaboração (Capítulo 4); a coordenação de curso de graduação (Capítulo 7); a curricularização da extensão universitária (Capítulo 8) – posto que explicita um movimento emergente desde a Primeira República (1889-1930) no Brasil no âmbito da Universidade Livre de São Paulo em 1912; o Programa de Educação Tutorial (PET), existente desde 1979 (Capítulo 9); a internacionalização da educação superior (Capítulo 10) – que envolve os programas Ciência sem Fronteiras, o Idiomas sem Fronteiras e o Institucional de Internacionalização, todos emergentes na segunda década do século XXI.

Porquanto a pedagogia seja necessariamente norteadora da ação educativa, os *capítulos pedagógicos* mencionados se põem, de modo pluritemático, ao investimento em ângulos que importam à educação superior, seja para coletar experiências e sobre elas refletir, seja para apontar para necessidades a serem objeto de enfrentamento, ou mesmo para os descaminhos e obstáculos que podem ocorrer. Ressalte-se que tais capítulos resultam de pesquisas inovadoras e, de certa forma, destinadas a realizar um balanço das dimensões institucionalizadas no âmbito da educação superior, bem como a valorizar os caminhos já percorridos anteriormente.

Se a pedagogia é norteadora da ação educativa como prática social, necessita ser adequada a essa ação educativa para que seja educativa. Por isso, ela tem de ser, a um só tempo, uma teoria-prática ou uma prática-teoria:

> (...) de um lado a práxis educativa depende de uma teoria pedagógica para poder ser consciente e voluntariamente a educação do homem em homem pelo homem, de outro, a *teoria pedagógica depende da educação como práxis*, pois ela só pode ser diretriz teórica da educação para a prática educacional enquanto *conhecimento desta prática*. (Schmied-Kowarzick 1983, p. 129; grifos do autor)

Ou seja, a pedagogia exige a ação educativa, e esta torna necessária a pedagogia. Do contrário, a educação seria uma prática vazia, despovoada, desocupada.

Com relação aos *capítulos didáticos* – ensino presencial, remoto e híbrido (Capítulo 2), trilhas para aprender na educação superior (Capítulo 3), avaliação da aprendizagem na educação superior (Capítulo 5) e socialização pela extensão: ensinar/aprender e pesquisar (Capítulo 6) – são assim denominados por se dedicarem a explicar e a interpretar processos que envolvem o ensino, a aprendizagem, sua avaliação e o ensino-aprendizagem e a pesquisa mediados pela extensão.

Tais ângulos aportam na didática, uma vez que ela conquistou, a seu tempo – também no século XVII, com Comênio (1592-1670), tal como a pedagogia, por meio de Francis Bacon (1561-1626) –, as interlocuções necessárias para com a mesma pedagogia. Pouco menos de uma década separa a emergência da pedagogia, reivindicada como ramo de conhecimento, e da *Didática Magna*.

Para Buisson (1887, p. 705), o termo "pedagogia" equivale ao de ciência da educação; no entanto, subdividia aquela em duas partes: uma que compreende a educação propriamente dita e outra relacionada ao ensino: "É esta segunda parte que se denomina didática. No século XVII, a palavra didática tinha um sentido mais ampliado, e podia ser empregada como equivalente à pedagogia: foi assim que Comênio atribuiu o título de *Didática Magna* ao tratado no qual expôs sua teoria da educação".

Tal excurso tem somente a pretensão de elucidar conceitual e historicamente as origens da pedagogia e da didática, mas tendo em vista a proposta de subdividir os capítulos da antologia entre *pedagógicos* e *didáticos*. Está implícito em parágrafos anteriores que ambas as dimensões são comunicáveis entre si, uma vez que a dissociação da pedagogia (uma teoria-prática) e da didática não é possível: se a primeira precisa possuir uma teleologia, que seja prática, à segunda cabe orientar o ensino e sua prática.

Com certeza, a didática não sobreviveria sem estar associada à condução da educação (pedagogia) e com as dimensões ética, política, cultural e civilizatória entre outras: tais aspectos permitem instaurar uma didática para além de si mesma e de suas relações com a pedagogia e com a educabilidade do sujeito humano.

Nesse diapasão, os processos que envolvem o ensino, a aprendizagem, sua avaliação e o ensino-aprendizagem e a pesquisa mediados pela extensão – um temário didático – têm a pretensão de orientar o ensino, o que é próprio da didática como teoria do ensino (Martins 1991, pp. 40 e 46; Libâneo 2013, pp. 53-81; Camilloni 2006, pp. 22 e 24; Edelstein 2006).

Quanto ao método, os capítulos se alimentaram de duas modalidades de pesquisa: bibliográfica/hipertextual[1] e documental,

---

1. "No campo da informática, hipertexto significa uma forma de apresentação de informações em um monitor de vídeo, na qual algum elemento (palavra, expressão ou imagem) é destacado e, quando acionado (geralmente mediante um clique de *mouse*), provoca a exibição de um novo hipertexto com informações relativas ao referido elemento" (Houaiss 2001). Hipermídia é um "sistema de registro e exibição de

cujas referências somam quase 300 no total. Tal dimensão acarreta o reconhecimento da pesquisa desenvolvida pelos autores, bem como o reconhecimento da capacidade multiplicativa de que as referências se apresentam com variedade, diversidade e complexidade quanto ao que envolve a educação superior por intermédio de suas microinstituições destinadas a cuidar, setorialmente, do ensino, da pesquisa e da extensão, bem como de suas associações aos projetos internacionais, culturais e civilizatórios.

Além disso, as referências bibliográficas e documentais promovem, no âmbito desta antologia, um nível muito significativo de problematizações, as quais emergiram da definição do objeto pertinente a cada capítulo. No dizer de Délcio Vieira Salomon (2006, p. 397), cabe na pesquisa dar centralidade à problematização, cordial à metodologia:

> Procurar o conhecimento científico é procurar a *verdade*. Mas a verdade da ciência, por ser sempre parcial, provisória, provável e jamais definitiva e absoluta, pertence ao universo cognitivo em que predomina aquela atitude que Nietzsche denominava *maravilhosa incerteza*, e uma de suas maiores expressões é a problematização.

Outra qualidade distintiva de tal antologia é de que a pedagogia histórico-crítica foi assumida como marco teórico que norteou a variada reflexão resultante da definição dos objetos que se revelaram ao longo dos dez capítulos. É salutar compreender que o marco teórico é uma diretriz, uma orientação, e não um modelo a seguir. As matrizes epistemológicas não são tantas, mas a perspectiva fundada na dialética marxista se fez presente de modo exemplar.

A antologia é pertinente pelo temário organizado e cumprido, o que envolve o empreendimento das organizadoras, Ilma Passos Alencastro Veiga e Claudia Christina Bravo e Sá Carneiro. Valem a pena a leitura, a análise e a interpretação dos capítulos em apreço com

---

informações informatizadas por meio de computador, que permite acesso a determinados documentos (com textos, imagens estáticas ou em movimento, sons, *softwares* etc.) a partir de *links* que acionam outros documentos e assim sucessivamente" (*ibid.*).

o objetivo de construir uma interlocução acadêmica com a graduação e a pós-graduação.

Em tal obra, educação, pedagogia e didática são coirmãs, uma vez que possuem em comum afinidades, mas também especificidades. Em comum, uma de suas características é o empreendimento prático e teórico de que se compõem. Não se trata de uma comunhão de interesses entre elas, mas de uma imbricação entre si, cujos conceitos se interligam em vista da formação humana.

Referências bibliográficas

ARAUJO, J.C.S. (2017). "Pedagogia, ciência da educação: Sua genealogia entre os séculos XVII e XX". *In*: SIQUELLI, S.A.; SANFELICE, J.L. e ALMEIDA, L.C. (orgs.). *Fundamentos da educação: Compreensões e contribuições*. Uberlândia: Navegando, pp. 49-84. [Disponível na internet: https://issuu.com/navegandopublicacoes/docs/livro_sonia, acesso em 12/6/2023.]

BUISSON, F. (org.) (1887). *Dictionnaire de pédagogie et d'instruction primaire*. 1ª parte, tomo 1. Paris: Hachette.

CAMILLONI, A.W. de (2006). "De herencias, deudas y legados: Una introducción a las corrientes atuales de la didáctica". *In*: CAMILLONI, A.W. de *et al*. 7ª reimp. Buenos Aires: Paidós, pp. 17-39.

CURY, C.R.J. (1985). *Educação e contradição: Elementos metodológicos para uma teoria crítica do fenômeno educativo*. São Paulo: Cortez.

EDELSTEIN, G. (2006). "Un capítulo pendiente: El método en el debate didáctico contemporáneo". *In*: CAMILLONI, A.W. de *et al*. 7ª reimp. Buenos Aires: Paidós, pp. 75-89.

HOUAISS, A. (2001). *Dicionário Eletrônico*. São Paulo: Objetiva.

KOSELLECK, R. (2006). *Futuro passado: Contribuição à semântica dos tempos históricos*. Trad. Wilma Patrícia Mass e Carlos Almeida Pereira Rio de Janeiro: Contraponto/PUC-Rio.

LIBÂNEO, J.C. (2013). *Didática*. 2ª ed. São Paulo: Cortez.

MARTINS, P.L.O. (1991). *Didática teórica/didática prática: Para além do confronto*. São Paulo: Loyola.

MORANDO, D. (1979). "Pedagogia". *Enciclopedia filosófica*, v. VI. 2ª ed. Roma: Edipem, pp. 366-371.

SALOMON, D.V. (2006). *A maravilhosa incerteza: Ensaio de metodologia dialética sobre a problematização no processo do pensar, pesquisar e criar*. 2ª ed. São Paulo: Martins Fontes.

SCHMIED-KOWARZICK, W. (1983). *Pedagogia dialética: De Aristóteles a Paulo Freire*. Trad. Wolfgang Leo Maar. São Paulo: Brasiliense.

PARTE I

ASSESSORIA PEDAGÓGICA E DESENVOLVIMENTO PROFISSIONAL

1
ASSESSORIA PEDAGÓGICA: ESPAÇO-TEMPO NO PROGRAMA DE DESENVOLVIMENTO PROFISSIONAL DOCENTE E INSTITUCIONAL

Ilma Passos Alencastro Veiga

Introdução

Este artigo parte de dois propósitos. O primeiro visa compreender a assessoria pedagógica (AP) como uma instância estabelecida por uma instituição de ensino superior (IES) privada de Brasília para o desenvolvimento profissional docente e institucional. O segundo busca analisar o papel e as ações formativas e integradas no Programa de Desenvolvimento Profissional Docente e Institucional (PDPDI) alicerçado na concepção de ciência como um ato humano historicamente situado e compreendido como processo contínuo e permanente. Com base nesses propósitos, pretendo refletir sobre a maneira como ocorre o desenvolvimento profissional docente, considerando que o papel do professor é imprescindível para entender a contribuição do processo na qualidade da educação superior e no desempenho do estudante e do próprio professor.

A transformação das práticas pedagógicas inovadoras está, de certa forma, integrada ao desenvolvimento profissional docente e institucional, que tem a conotação de evolução e continuidade, como argumenta Nóvoa (1997, p. 24), "estimulando a emergência de uma cultura profissional no seio do professorado e em uma cultura organizacional no seio das escolas". Esse processo não ocorre de maneira isolada dos contextos sociopolítico, econômico e educacional. O desenvolvimento profissional docente e institucional é, portanto, construído em determinado espaço-tempo.

A formação docente para a educação superior é um processo educativo de construção profissional que ocorre por meio

> (...) das reflexões sobre a problemática do ensino; o professor desse nível de ensino vai desenvolvendo diretrizes cognitivas e metacognitivas que permitem a ele realizar modificações em suas práticas e valorizar seu trabalho. (Finkelstein *et al.* 2022, p. 33; tradução nossa)

Essa responsabilidade é da AP concebida, implementada e avaliada, que elaborou o PDPDI para assessoramento pedagógico aos docentes e às instâncias acadêmicas que apontam caminhos e soluções.

Assessoria pedagógica: Concepções, fundamentos e desenvolvimento profissional docente e institucional

A AP é uma instância institucional, planejada de forma intencional, contínua, propositiva, formativa, investigativa, interventiva e divulgadora científica dos resultados provenientes dos trabalhos acadêmicos. É, portanto, um espaço-tempo democrático e plural. É um campo significativo de formação, pesquisa e assessoramento docente e institucional para subsidiar políticas pedagógicas e acadêmicas no interior da IES.

A dimensão política desse processo formativo, de acordo com Saviani (1983, p. 88), exige "a apropriação dos instrumentos culturais que serão acionados na luta contra os antagônicos", o que envolve as dimensões pedagógicas e políticas.

A AP é uma prática social, existencial, um fenômeno cultural, acolhedora do PDPDI. As evidências contextuais demonstram os desafios do desenvolvimento profissional e institucional, como as mudanças nas políticas educacionais e nos processos relacionados à massificação e à democratização da educação superior, das questões da diversificação estudantil e do mundo do trabalho docente com a adoção das novas tecnologias, de forma geral.

A AP foi concebida, desenvolvida e avaliada em torno de um movimento de desafios e tensões, de diálogos e negociações. Um movimento processual em situação de incertezas, conflitos, imprevisibilidades e instabilidades que precisaram ser contornadas de forma democrática e por meio do diálogo. Como proposta participativa, compartilhada, propiciou a interação dialógica. A AP, portanto, apresenta uma ação educativa multifacetada, multidisciplinar, interna e externa.

A educação como mediação "significa que ela não se justifica por si mesma, mas tem sua razão de ser nos efeitos que se prolongam para além dela e que persistem mesmo após a cessação da ação pedagógica" (*ibid.*, p. 80).

A AP apresenta-se, então, como um espaço-tempo que consolida e avalia o PDPDI, realiza estudos e pesquisas, e promove a produção acadêmica, tendo como essência o processo didático na educação superior. O trabalho de assessoramento supõe a delimitação de um campo expressivo e dinâmico que exige a organização do espaço e do tempo que, desde o "presente, abre a possibilidade de enlaçar *passado e futuro*" (Nicastro e Andreozzi 2003, p. 30). Nesse sentido, o desenvolvimento profissional docente é responsável também por atender às necessidades institucionais.

Considerando a importância da AP, Lucarelli (2009) enfatiza a necessidade de articulação entre dimensões, ao afirmar o que a IES espera dos assessores: as ligações entre os projetos institucionais, os projetos curriculares e a orientação aos docentes com relação à aprendizagem docente e aos processos avaliativos. Além dessas possibilidades, a autora enfatiza a importância para a coordenação de materiais, recursos didáticos e programas. Cabe destacar que essa concepção de AP objetiva superar a perspectiva estreita e mecanicista e, em seu lugar, promover uma instância construtiva de formação, investigação e intervenção pedagógica por meio do PDPDI, o qual concebe, implementa e avalia as ações planejadas. A AP constitui uma modalidade de intervenção formativa e investigativa por meio do trabalho coletivo, do espaço-tempo de desenvolvimento profissional docente, novo campo de investigação educativa; é um espaço de estudo e pesquisa, de propostas de produção e sistematização de conhecimentos, de incentivo às inovações.

O objeto da AP é o processo didático com suas dimensões integrativas. Trata-se de uma perspectiva mais ampla, que ultrapassa os limites da sala de aula e desenvolve uma concepção valorativa e emancipatória de AP. Saviani afirma que é necessário "avançar em direção a uma teoria da educação que dê conta do mecanismo contraditório em que funcionam a educação e a escola na sociedade capitalista" (1980, p. 87).

O processo didático e suas dimensões como objeto da assessoria pedagógica

O processo didático é um conjunto interativo e articulado de dimensões que estruturam a concepção organizativa, o desenvolvimento e a avaliação do trabalho docente e as suas relações com os estudantes. As dimensões do processo didático são nucleares e representadas por meio das ações de ensinar, aprender, pesquisar, avaliar e socializar conhecimentos, tecnologias e inovações.

O processo didático é, portanto, uma atividade humana que se concretiza por intermédio das dimensões. Esse caminho é orientado e fundamentado nos princípios da indissociabilidade entre ensino, pesquisa e extensão, na unicidade de teoria e prática, na interdisciplinaridade e na contextualização, entre outros princípios. Entender o processo didático como atividade humana é uma trajetória relevante para atingir as finalidades da educação inspirada nos princípios da *liberdade* e nos ideais da *solidariedade* humana, visando "ao *pleno desenvolvimento do educando*, seu preparo para o exercício da *cidadania* e sua qualificação para o *trabalho*" (Brasil 1996, art. 2º; grifos nossos).

O professor como sujeito do *ensinar* e, diante do comportamento profissional no âmbito do contexto sociopolítico, da fundamentação teórica histórico-crítica e da prática docente (envolvendo as rotinas da sala de aula, os procedimentos de ensino, as avaliações, os recursos didáticos e os conhecimentos científicos, pedagógicos e experienciais) vai estruturar a identidade docente e gerar a profissionalidade, ou seja, o que há de específico na profissão. Lessard e Tardif (2003, p. 19) defendem que, do ponto de vista da análise do trabalho docente, a profissionalidade "é um construto social", para onde confluem múltiplas demandas, conhecimentos e características diversificadas da docência.

O ensinar na educação superior é um campo de investigação profícuo. É uma atividade complexa e abrangente, por interagir com o aprender, o pesquisar, o avaliar e o socializar conhecimentos, tecnologias e inovações. Significa um processo de intercambiar, compartilhar, debater ideias, refletir, argumentar, propor, criar. Ensino denota diálogo com o outro, passagem por conflitos e tensões, estabelecimento de consensos democráticos, enfim, interação (PPI/IES 2015-2019). Configura-se como uma relação dialógica que requer o domínio histórico e epistemológico. É, portanto, um processo interativo-comunicativo, orientado por intencionalidades formativas.

O *processo didático* fundamentado na pedagogia histórico-crítica distingue a atividade de ensino da atividade da aprendizagem. Existe uma *unidade contraditória* entre o ensino e a aprendizagem, como destacam Galvão, Lavoura e Martins (2019). Essa reflexão, proveniente das experiências vividas, considera os estudantes como sujeitos das aprendizagens diante de situações problematizadoras para as quais devem propor soluções, a fim de enfrentar os desafios, utilizar os resultados para fortalecer as aprendizagens e, de forma geral, propiciar a reflexão avaliativa do processo didático para possibilitar a interação e o diálogo entre as dimensões no sentido de redimensioná-las.

No *aprender*, o aluno é aquele que aprende. No ensino, a responsabilidade é do professor, como processo peculiar de orientar a aprendizagem do aluno, fornecendo-lhe possibilidades teórico-práticas de estudo em diferentes campos científicos. Galvão, Lavoura e Martins (2019, p. 157; grifos nossos) afirmam que a "distinção entre a *lógica do ensino* e a *lógica da aprendizagem* deve ser vista didaticamente, o que significa que são duas *expressões distintas* de um mesmo processo, unitário e indiviso, denominado de atividade pedagógica". Isso significa pensar a dinâmica contraditória entre ensinar e aprender e a "*espiralidade* do processo de desenvolvimento do *conhecimento*, por parte do *aluno* à medida que o ensino vai efetivando-se por intermédio do *trabalho didático* do professor" (*ibid.*; grifos nossos). É preciso, porém, compreender que a lógica do ensino segue a ordem de "*cima para baixo*" e a da aprendizagem atende à ordem de "*baixo para cima*", de acordo com Martins (2019, p. 156; grifos nossos).

Aprender, portanto, visa problematizar, relacionar e mobilizar áreas conceituais diversificadas para enfrentar situações da vida pessoal e profissional, envolvendo ainda as subjetividades, a intuição, a afetividade. O aprender é também fortalecido pela discussão de temáticas emergentes do contexto político, social, econômico, educacional, da realidade problematizada, do diálogo epistemológico. Nesse sentido, o aprender é uma construção coletiva que envolve a relação pedagógica entre docentes, estudantes e conhecimentos.

O aluno como sujeito da aprendizagem é concreto, caracterizado e compreendido como síntese de múltiplas determinações. Para Saviani (2013, p. 43), "o objetivo do processo pedagógico é o crescimento do aluno; logo, seus interesses devem ser levados em conta. Cabe, então, indagar: quais são os interesses do aluno? De que aluno estamos falando?".

A *pesquisa* concebida como princípio educativo visa ao "desenvolvimento da ciência e da tecnologia e da criação e difusão da cultura, e, desse modo, desenvolver o entendimento do homem e do meio em que vive" (Brasil 1996, art. 43, inciso III). O esforço institucional foi configurar linhas já existentes, criar outras e propiciar a construção coletiva no âmbito dos projetos pedagógicos. O objetivo direcionador é fomentar estudos e pesquisas que analisem a necessidade de articulação entre o desenvolvimento profissional docente e institucional, o ensino e a aprendizagem e o mundo do trabalho, propiciando a prática pedagógica indissociável, interdisciplinar e colaborativa.

Vale destacar as observações de Severino (2010, p. 118; grifos nossos), ao fortalecer o papel da pesquisa:

> Na Universidade, ensino, pesquisa e extensão efetivamente se articulam, mas, a partir da *pesquisa*, ou seja, só se *aprende*, só se *ensina, pesquisando,* construindo conhecimento; *só se presta serviços à comunidade*, se tais serviços nascerem e se nutrirem da pesquisa. Impõe-se partir de uma equação de *construir* o *objeto*; mas *construir* significa *pesquisar*. Por isso mesmo, também na Universidade, a *aprendizagem, a docência, a ensinagem,* só serão significativas se forem sustentadas por uma permanente atividade de construção do conhecimento.

Ao destacar a relevância epistêmica e metodológica da pesquisa como princípio educativo, o autor explicita a importância do *construir*, o que significa pesquisar. Então, o ensinar, o aprender, o pesquisar, o avaliar, o realizar a atividade extencionista de socializar a produção acadêmica são, evidentemente, permeados pelo processo investigativo, ou seja, pela pesquisa.

Não é possível desenvolver o processo didático sem levar em conta a dimensão *avaliativa* diante dos novos desafios, dos novos espaços-tempos, dos novos contextos na contemporaneidade. Não é uma avaliação em uma sequência de passos mecânicos e formalizados, porque é um campo complexo e plural. Ela não é neutra. Na concepção de Hadji (2001), a avaliação é formativa. Nesse sentido, a teoria-prática de avaliar contribui para o ensinar, o aprender, o pesquisar e o socializar a produção científica na construção dos conhecimentos.

A *avaliação*, concebida como dimensão do diálogo com o meio e com as interações propostas nas dimensões do processo didático, empenha-se em refletir criticamente não só o conhecimento do aluno, mas fundamentalmente sua capacidade cognitiva, para desempenhar habilidades em grau de complexidade crescente. A elaboração de avaliações de habilidades e os itens formulados com base em situações-problema são necessários para propiciar relações entre o cognitivo e a resolução de um problema. Para o aluno, como sujeito da aprendizagem, a avaliação deixa de ser quantitativa e passa a ser qualitativa-formativa.

A *avaliação* da aprendizagem do aluno por situação-problema ou por situações de aprendizagem é significativa, como bem defende Hadji (2001). Essa modalidade de avaliação é mais real, é a melhor maneira de torná-la mais globalizada, contextualizada e interdisciplinar. Assim, para resolver a situação-problema, o aluno precisará ter "desenvolvido a capacidade de ler, interpretar, estabelecer relações, comparações e contrastes, mostrando habilidades para propor soluções para situações-problema" (Castilho *et al.* 2013, p. 173).

Pensar a *extensão* na educação superior como uma das dimensões do processo didático é imprescindível para propiciar a indissociabilidade entre ensino, pesquisa e extensão. A Lei 9.394/96, no artigo 43, inciso IV, destaca ser necessário "promover a *divulgação de conhecimentos culturais, científicos e técnicos*" por meio de "*ensino*, de *publicações* ou de *outras formas de comunicação*".

A Proposta Pedagógica Institucional (PPI) "estimula o conhecimento dos problemas do mundo presente, em particular os nacionais e regionais, como prestar serviços à comunidade e estabelecer com esta uma relação de reciprocidade" (PPI/IES 2015-2019). A IES, portanto, deixa clara a necessidade de se estabelecer um diálogo com a sociedade e pensá-la como "agente de transformação humana e social" (Sampaio 2005, p. 98). Assim, esses são alguns fundamentos da extensão ao assumir a função de socializar os conhecimentos, as tecnologias e as inovações como resultado do ensino, da aprendizagem, da investigação e da avaliação.

Com base nesses marcos iniciais do processo didático, das suas dimensões e da possibilidade de sistematização das ações do desenvolvimento profissional docente e institucional, foi possível atravessar fronteiras, pois o objeto da AP propiciou avanços coletivos e colaborativos. Trata-se de uma travessia ampla e complexa.

Os objetivos e as características da assessoria pedagógica

Baseado nos fundamentos conceituais, no processo didático e nas suas dimensões como objeto norteador, o documento original de criação, implementação e avaliação da AP apresenta os objetivos delimitados em consonância com o Plano de Desenvolvimento Institucional (PDI), a Proposta Pedagógica Institucional (PPI) e a Comissão Própria de Avaliação (CPA). A AP prevê os seguintes objetivos:

> a) implementar uma política institucional para tratar a qualidade acadêmico-científica do docente da educação superior como uma totalidade;
>
> b) fortalecer o desenvolvimento profissional do docente da educação superior, a fim de garantir a concretização das intencionalidades da PPI;
>
> c) viabilizar o ensino, a aprendizagem, a avaliação e compreender o processo didático como objeto de pesquisa, reflexão, sistematização e espaço necessário ao cumprimento do compromisso social, ético e profissional na comunidade social e no trabalho;
>
> d) assessorar os docentes da instituição na implementação de processos de inovação pedagógica no contexto dos cursos de graduação e pós-graduação, visando ao redimensionamento e à construção de novas práticas pedagógicas e institucionais. (AP/IES 2017, p. 9)

Como se vê, esses objetivos apontam para a concretização da AP formativa, *interventiva* e *integrativa*, visando à elevação da qualidade do desempenho docente e institucional. É uma instância que inova ao assumir um processo metodológico em dois momentos. Constitui o primeiro ponto de partida voltado para o levantamento e a análise das necessidades formativas, a fim de conhecer os interesses e os problemas enfrentados na condução do trabalho pedagógico institucional. Nesse momento, os resultados da avaliação institucional são imprescindíveis para a tomada de decisões.

O segundo momento está centrado no processo interventivo, levando em consideração a multidiversidade de necessidades e interesses. São ações de assessoramento didático-pedagógico individual e coletivo aos docentes e coordenadores de cursos, aos componentes dos Núcleos Docentes Estruturantes (NDE), à organização de grupos de estudos e pesquisas, à realização de pesquisas interinstitucionais acerca de temas inerentes aos cursos e à divulgação científica na forma de livros e artigos em periódicos e apresentações em eventos nacionais e internacionais. Essas experiências são o ponto de chegada da intervenção transformadora da prática pedagógica.

A AP, como instância da gestão institucional, foi estruturada em torno das características substantivas e organizacionais. Dentre as substantivas, destacamos:

a) autonomia acadêmica na definição das prioridades para assessoramento em comum acordo com a diretoria acadêmica da pró-reitoria acadêmica;
b) diálogo interativo com os diversos setores acadêmicos;
c) liberdade de realizar pesquisas com possibilidades concretas de divulgação científica;
d) respeito à diversidade das instâncias colegiadas e acadêmicas e a suas práticas educativas.

Quanto às características organizacionais, a AP considera as seguintes:

a) manutenção de três assessoras e um funcionário técnico administrativo, lotados na AP;

b) garantia de recursos financeiros para a concretização do PDPDI;

c) adequação e manutenção de espaço físico e equipamentos tecnológicos, a fim de atender às necessidades funcionais e educativas da AP.

Depreende-se, então, que essas características enumeradas da AP, seu objeto e seus objetivos evidenciam a política de formação inicial e continuada definida pela IES.

Valendo-se dessas reflexões e para qualificar a formação pedagógica dos docentes, a AP elaborou o PDPDI. É relevante conhecer seus fundamentos, sua implementação e a avaliação do referido programa.

Programa de Desenvolvimento Profissional Docente e Institucional

Esta seção apresenta a trilha percorrida pelo PDPDI da IES pesquisada. Foi uma experiência vivida e concretizada no contexto de uma instituição privada que compreende que o desenvolvimento profissional docente é um processo contínuo e intencionalmente planejado. Tratou-se de uma proposta sistemática de melhoria do trabalho docente por intermédio da fundamentação teórica e da investigação da prática didático-pedagógica, tomando como ponto de referência o processo didático e suas dimensões, a sala de aula, os laboratórios e outros espaços acadêmicos institucionais. Enfatizando a relevância desse processo, Benedito, Ferrer e Ferreres (1995, p. 1311; tradução e grifos nossos) afirmam essa importância, com muita clareza, no trecho a seguir:

> Entendemos por desenvolvimento profissional qualquer projeto de melhorar a prática, as crenças e os conhecimentos profissionais, com *o propósito de aumentar a capacidade investigativa e da gestão*. Esse conceito inclui o *diagnóstico* das *necessidades* atuais e futuras de

> uma organização e seus membros, e o *desenvolvimento* de *programas* e *atividades* para satisfação dessas necessidades.

Nesse sentido, compreender o desenvolvimento profissional dos docentes como processo para a melhoria das práticas significa admitir que a formação em suas diversas modalidades justificou a relevância da criação e da elaboração coletiva de um programa direcionado para a docência como profissão e em espaços pedagógicos institucionais.

O desenvolvimento profissional docente por meio dos processos formativos na constituição da identidade profissional docente abre a possibilidade de realizar o encontro com um outro ou com outros. Nóvoa (1995) apresenta três processos formativos: pessoal, profissional e institucional.

A *dimensão pessoal* se alia à concepção e ao fazer docente em um processo de reciprocidade. Na *dimensão profissional*, a ênfase recai no processo didático, nas ações de ensinar, aprender, pesquisar, avaliar e socializar conhecimentos, tecnologias e inovação que, "(...) articulados às *intencionalidades e aos objetivos* dos programas, bem como às diferentes *possibilidades de ações* que o compõem, promovam a *profissionalização* docente" (Veiga *et al.* 2012, p. 21; grifos nossos).

No PDPDI, os fundamentos teórico-metodológicos, a estrutura organizativa e as propostas formativas são voltados para o *institucional* ao atuar com instâncias pedagógicas e acadêmicas, como laboratório de ensino, biblioteca, CPA; assessorias de graduação, pós-graduação e pesquisa, extensão e integração comunitária, educação a distância e integração da educação superior com o ensino médio, e instituto de pesquisa e desenvolvimento.

Imbernón (1998) afirma, em linhas gerais, que a formação deve dotar os docentes de conhecimentos, habilidades e atitudes e que, além das capacidades de aprendizagem cognitiva e do domínio dos conteúdos das disciplinas curriculares, têm a necessidade de desenvolver habilidades relacionais. Dessa perspectiva, o exercício da profissão docente na educação superior requer sólida formação nos conteúdos científicos, pedagógicos e experienciais.

Princípios norteadores do Programa de Desenvolvimento Profissional Docente e Institucional

O PDPDI destaca a formação como objeto de estudo, investigação e intervenção centrados na profissionalidade dos professores e nas ações acadêmicas institucionais com o respaldo de quatro princípios: indissociabilidade entre ensino, pesquisa e extensão; relação de unicidade dialética entre teoria e prática; interdisciplinaridade, um princípio integrador das temáticas ; e contextualização com o social e o político.

a) *Indissociabilidade entre ensino, pesquisa e extensão*. Esse princípio direciona para a atitude reflexiva e problematizadora do desenvolvimento profissional docente e da própria instituição. O PDPDI/IES (2012) fortalece esse princípio: "(...) o ensino problematizado, analisado e compreendido como uma atividade profissional, complexa e laboriosa. O ensino produzindo a aprendizagem significativa. O ensino com pesquisa para gerar, produzir e difundir conhecimentos. O ensino com extensão, em termos de diálogo com a sociedade" Esse princípio requer um elo entre as ações de intervenção e a realidade social para propiciar atividades inovadoras. Por essa ótica de "ensino, pesquisa e extensão, o conceito de indissociabilidade não se reduz nem ao processo de construção do saber novo, nem às práticas de intervenção direta nos processos sociais, embora não se possa negar a relação da pesquisa e da extensão entre si" (Veiga 2004, p. 66).

b) *Relação de unicidade dialética entre teoria-prática*. Tal unicidade conduz à práxis e pressupõe a percepção da prática como "atividade objetiva e transformadora da realidade natural e social, e não qualquer atividade subjetiva ainda que se oculte sob a prática, como faz o pragmatismo" (Vasquez 1977, p. 234). Na dimensão da práxis, o desenvolvimento profissional supera os aspectos práticos ao envolver outras facetas ligadas às questões da realidade sociocultural, institucional, filosófica, pedagógica, ética e estética, entre outras. O desenvolvimento profissional docente é processo contínuo de aprendizagem da docência na busca de uma cultura profissional colaborativa.

c) *Interdisciplinaridade, um princípio integrador das temáticas*. Essa interdisciplinaridade como princípio estimula o diálogo e estabelece conexões entre as diferentes propostas do processo de desenvolvimento profissional. A organização do processo formativo exige temáticas em torno de questões e tópicos pedagógicos que requerem abordagens interdisciplinares. De acordo com Fazenda (1994), tal princípio é uma forma de propiciar uma relação criativa e inovadora, que permite organizar e trilhar os temas pedagógicos integrados às dimensões do processo didático.

d) *Contextualização com o social e o político*. A contextualização como princípio envolve o social, o político e os procedimentos para estabelecer na prática pedagógica uma relação entre as dimensões do processo didático: ensinar, aprender, pesquisar, avaliar e socializar conhecimentos, tecnologias e inovações. A contextualização do conhecimento articula os diferentes campos científicos e deve ser trabalhada de forma contínua e integradora, pois atravessa diferentes campos do conhecimento, a fim de abarcar a teoria de relações, como destaca Veiga (2004).

Para que, de fato, o desenvolvimento profissional como processo tenha efeitos de "evolução progressiva da função docente" (Hargreaves 1998, p. 33), é necessária a ação articulada com as realidades, seus dilemas e as dificuldades dos agentes nelas envolvidos; nesse caso, docentes, gestores e técnicos que atuam na educação superior na IES.

Cruz (2006, p. 20; tradução e grifos nossos) concebe o desenvolvimento profissional docente como

> (...) a *evolução progressiva* da função docente em face dos modos e das situações de maior profissionalismo, que se caracterizam pela profundidade do *juízo crítico* e sua aplicação na análise global dos

processos implicados nas *situações de ensino* para atuar de maneira inteligente.

A *evolução progressiva*, o *juízo crítico* e as *situações de ensino* são três elementos indispensáveis defendidos pelo autor, integrados no processo de desenvolvimento do docente, bem como da instituição. Trata-se de uma evolução que se constitui baseada no crescimento da integração de estruturas básicas do conhecimento, adquiridas com a experiência do exercício da profissão, do crescimento do profissional e das atividades formativas (*ibid.*).

Ações formativas, investigativas e interventivas

As reflexões em torno das ações desenvolvidas possibilitam constatar que o debate no âmbito dessa questão era centrado na atuação do pesquisador e não na função docente. Essa percepção do processo de desenvolvimento profissional foi considerada para adotar um "conceito de formação que consiste em descobrir, organizar, fundamentar, revisar e construir a teoria", como afirma Imbernón (2001, p. 49).

Ciente das necessidades formativas e investigativas, a AP planejou as ações interventivas de acordo com o que foi solicitado pelos cursos e indicado pelos resultados da avaliação interna divulgados pelo Instituto Nacional de Pesquisas Educacionais Anísio Teixeira (Inep). O PDPDI delimitou uma programação baseada em quatro modalidades: a) semanas pedagógicas; b) cursos, minicursos, oficinas, seminários, pesquisa e produção científica; c) socialização das Diretrizes Curriculares Nacionais (DCNs) e atendimento individual e coletivo a coordenadores, docentes e outros para elaboração dos PPCs; d) divulgação de trabalhos em eventos nacionais e internacionais. As quatro ações formativas estão articuladas à PPI e aos PPCs. Em todas as atividades, os participantes receberam certificações que são aproveitadas no plano de cargos e salários da IES.

A modalidade *semanas pedagógicas* ocorre a cada início de semestre com uma série de ações, como o *café com prosa*, momento de acolhimento, descontração, de leveza do encontro entre docentes, gestores e demais colaboradores; o *momento cultural* é o da sensibilidade, da estética e da sonoridade tranquila da música; e o *momento científico e pedagógico*, que conta com as exposições do gestor e de um conferencista de renomada trajetória profissional acerca da temática sugerida pelos docentes.

A segunda modalidade envolve as *atividades grupais* de cursos afins a respeito de temas diversificados: construção do projeto pedagógico, do saber ao fazer; organização didática da aula na educação superior; avaliação da aprendizagem; aprendizagem do aluno na educação superior; metodologia colaborativa e participativa; utilização da plataforma *Moodle* e outras tecnologias; grupos e linhas de pesquisa; currículo e plano de ensino como bússolas norteadoras da prática pedagógica; Enade, concepções e práticas; aplicações de recursos tecnológicos na sala de aula, entre vários outros assuntos.

A terceira modalidade gira em torno da *pesquisa e da produção científica*. Importante registrar a elaboração coletiva de duas PPIs, uma em 2012 e outra para o período de 2015 a 2019. Outro documento articulador da formação foi o "Projeto institucional da formação docente nas licenciaturas", também elaborado de forma participativa, para criar o colegiado das licenciaturas. Ainda nessa modalidade, foram desenvolvidas pesquisas interinstitucionais, financiadas pelo Conselho Nacional de Desenvolvimento Científico e Tecnológico (CNPq) e pela IES. Vale destacar as seguintes investigações: "Desenvolvimento profissional docente: Currículo, docência e avaliação na educação superior" (UFPE); "Metodologia participativa e as técnicas de ensino-aprendizagem" (CRV); "Universidade e desenvolvimento profissional docente: Propostas em debate" (UniCeub e Junqueira & Marin); "Didática: Entre o pensar, o dizer e o vivenciar" (UEPG); "Formação médica: Aprendizagem baseada em problemas (Papirus, CNPq e UniCeub"; "Relação pedagógica na aula da educação superior" (Papirus, CNPq e Uniceub).

A quarta modalidade é a *socialização* entre gestores, coordenadores de cursos das três faculdades que estruturam a IES e os NDEs para as orientações pedagógicas e curriculares advindas das DCNs e de outras normatizações. A discussão envolveu também o desenvolvimento de roteiros norteadores para a elaboração dos PPCs em consonância com os instrumentos avaliativos do Inep, tudo baseado nas ações desenvolvidas que consideramos como atribuições determinantes do processo de desenvolvimento profissional e promotoras de aprendizagens profissionais e de ações inovadoras no interior da IES.

Ações integrativas do Programa de Desenvolvimento Profissional Docente e Institucional nas instâncias institucionais

O PDPDI, ao ampliar suas atribuições e ações, apoia-se na dimensão relacional e no envolvimento com outras assessorias, como graduação, pós-graduação, extensão e integração comunitária e da educação a distância; e diretoria acadêmica, entre outras. Essa dimensão relacional responde à seguinte questão: como assessorar as instâncias institucionais no desenvolvimento de suas ações? Para atender a essa indagação, as ações e os movimentos pedagógicos do PDPDI adentraram as assessorias para concepção, desenvolvimento e avaliação de atividades e eventos, como congresso de ensino, pesquisa e extensão; cursos acerca de metodologia de pesquisa, linhas de pesquisa, elaboração de projetos de pesquisa, de extensão, de cursos de pós-graduação *lato* e *stricto sensu* (especialização e mestrados em psicologia, educação earquitetura e urbanismo).

Para assessorar outras instâncias institucionais, apresentamos o trabalho pedagógico desenvolvido no laboratório de ensino Labocien e na Biblioteca Central da IES. As atividades teórico-práticas, submetidas a uma reflexão sistemática, constituíram fonte de informações e dados necessários ao desenvolvimento do processo pedagógico das instâncias acadêmicas já citadas na pesquisa. No caso do Labocien, para os protocolos de experimentos (PEs), foram discutidas suas origens e as evoluções diante das ocorrências atuais do desenvolvimento educacional, segundo o Inep.

> (...) com destaque ao surgimento e influências da *biossegurança* e da *bioética*, do *novo olhar* da *experimentação animal*, das novas *Diretrizes Curriculares Nacionais*, dos indicadores de avaliação

do Instituto Nacional de Estudos e Pesquisas Educacionais Anísio Teixeira (Inep). (Branco, Veiga e Souza 2017, p. 221; grifos nossos)

Em um primeiro momento, observa-se que, no período citado pelas autoras, o PE já não atendia às necessidades das aulas teórico-práticas nos laboratórios, consequentemente, seus métodos teriam de ser repensados e reconfigurados. Nesse sentido, os PEs foram considerados meios para fortalecer o processo didático em suas dimensões: ensinar, aprender, pesquisar, avaliar e socializar conhecimentos, tecnologias e inovações. Assim, uma nova proposta de PE foi elaborada, implementada e avaliada em um processo de evolução permanente do próprio Labocien institucional, em busca dos caminhos virtuais e tecnológicos mais efetivos.

No caso da Biblioteca Central da IES, a ação integrada ampliou sua concepção como espaço-tempo institucional, organizando-se em torno das inovações tecnológicas e das exigências das políticas públicas. Para tanto, realizou-se uma série de encontros com diretores, coordenadores de curso e assessores pedagógicos para discutir as questões de cunho didático e curricular no tocante à ampliação de curso presencial e virtual e divulgaram-se orientações para o estudo, a leitura e a consulta. Organizaram-se equipes multidisciplinares para a estruturação dos "Referenciais institucionais para a elaboração do trabalho de conclusão de cursos de graduação", para outros trabalhos acadêmicos e projetos de pesquisa, o programa de iniciação científica (PIC), o instituto de pesquisa e desenvolvimento (ICPD) etc. Esses documentos visam à construção de identidade única para os trabalhos acadêmicos. Assim, a Biblioteca Central ressignificou sua concepção como espaço para guardar livros ou apenas um item de infraestrutura, de acordo com o "Instrumento de avaliação de cursos de graduação", proposto pelo Inep. Em síntese, a biblioteca assumiu o poder do diálogo coletivo interno, dirigindo-se para um pouco mais distante das suas atribuições. Convém afirmar a ideia do poder externo de socializar informações com outras IES e outros mecanismos informatizados de armazenamento de dados eletrônicos.

O desenvolvimento profissional está vinculado ao art. 67 da Lei 9.394/96, que estabelece diretrizes para a valorização dos profissionais da educação, assegurando-lhes possibilidades diversas, também nos termos dos estatutos e dos planos do magistério público. Almeida (2012, p. 77; grifos nossos) considera o desenvolvimento profissional como processo da evolução do professor em sua carreira. É, portanto,

> (...) processo *gradual* e *ininterrupto* no qual o *professor progride* por meio das descobertas *pessoais* e *coletivas*, requer que a formação se articule com os demais aspectos da atuação dos professores – contexto *social de atuação, ética, condições materiais e sociais de trabalho, carreira, salário, jornada, avaliação profissional* – e permite considerar a docência como uma *profissão dinâmica*, em *constante evolução*, favorecendo a gestação de nova cultura profissional.

Vale afirmar que, a partir dessa perspectiva de desenvolvimento profissional docente e institucional, procura-se romper com processos conservadores de forma propositiva, no sentido de ampliar, aprofundar e refletir acerca dos elementos conceituais, procedimentais e avaliativos diante da complexidade do processo formativo.

O lugar da avaliação

A avaliação no âmbito do PDPDI refletiu a relação que ela mantém com as ações formativas, investigativas e integrativas. Seus objetivos educativos e formativos fornecem informações para a melhoria da qualidade do processo didático e dos processos institucionais. A avaliação é realizada por meio do instrumento previamente elaborado, com itens voltados à satisfação dos docentes, e pela concepção e pelo desenvolvimento de críticas e sugestões.

A avaliação permeia as ações do PDPDI da concepção à execução, articulando as atividades formativas e institucionais. Ela constitui uma possibilidade para aprofundar e enriquecer o processo didático. Ficou evidente que uma proposta de avaliação do PDPDI é um projeto institucional da IES que contou com a participação da CPA, da diretoria acadêmica e da AP, concebida como ação coletiva e democrática. Para Dias Sobrinho (2000), a avaliação democrática deve propiciar o potencial formativo e proativo e levar a IES a se interrogar.

À guisa de conclusão

Como abordado ao longo do texto, constatou-se que o PDPDI foi ofertado pela assessoria pedagógica a toda a comunidade acadêmica de forma institucionalizada, processual e permanente. Trata-se de uma decisão da gestão institucional na proposição da política de formação direcionada para os docentes, concedendo articulação com outras assessorias e espaços acadêmicos.

Esse processo de desenvolvimento profissional contribuiu para a valorização da dimensão pedagógica no exercício da docência na educação superior, independentemente da área científica em que se situem os professores. O assessoramento individual ou coletivo a coordenadores de curso, representantes do NDE, responsáveis pelos laboratórios de ensino-aprendizagem e pela direção da Biblioteca Central, dirigentes das assessorias e da educação a distância fortaleceu o movimento de melhoria da qualidade de aprendizagem do estudante, refletindo na qualidade institucional (CPA).

Diante dessa perspectiva, em síntese, a postura da IES no incentivo, na institucionalização da AP e na legitimação do papel de assessoramento e intercâmbio entre os profissionais de diferentes espaços acadêmicos propiciou o diálogo formativo mais aberto e emancipador entre docentes, assessores e coordenadores, a fim de discutir também os vínculos institucionais e profissionais almejados.

A construção, a implementação e a avaliação de programas de desenvolvimento profissional consideram o contexto social e institucional, o que exige conhecimentos desse contexto e abertura de caminhos diversificados de valorização dos docentes, dos assessores e de outros profissionais envolvidos com a IES.

Vale acrescentar, ainda, que, ao mesmo tempo em que há a evolução pedagógica de uma forma de assessoramento com partilha de experiências vividas no processo de desenvolvimento profissional e institucional, é possível evidenciar o fortalecimento do diálogo solidário, embalado pelo apoio e pelo clima de abertura e de encontro entre professores, estudantes e gestores. Esse diálogo como um *continuum* contribuiu para o "ato de coparticipação em que não existe um penso, mas um *pensamos*", como afirma Freire (1988; grifo nosso). Nessa direção, a AP caminhou em busca de um desenvolvimento profissional para a melhoria dos conhecimentos profissionais nas habilidades relacionais, nas atitudes e na gestão do processo didático e suas dimensões.

Referências bibliográficas

ALMEIDA, M.I. (2012). *Formação do professor do ensino superior: Desafios e políticas institucionais*. São Paulo: Cortez.

AP/IES (2012). "Documento de concepção, implementação e avaliação". Texto digitado.

________ (2017). "Documento de concepções, implementação e avaliação da assessoria pedagógica". Brasília. Texto digitado.

BENEDITO, A.; FERRER, V. e FERRERES, V. (1995). *La formación universitaria a debate*. Barcelona: Publicaciones Universitat de Barcelona.

BRANCO, M.V.C.; VEIGA, I.P.A. e SOUZA, M.H.V. (2017). "Protocolo de experimento: Construindo trilhas para as atividades laboratoriais". *In*: VEIGA, I.P.A. (org.). *Metodologia participativa e as técnicas de ensino-aprendizagem*. Curitiba: CRV.

BRASIL (1996). Lei n. 9.394 de 20 de dezembro de 1996. Estabelece as diretrizes e bases da educação nacional. *Diário Oficial da República Federativa do Brasil*, Brasília, ano CXXXIV, n. 248, seção 1.

CASTILHO, M.L. *et al.* (2013). "Avaliação em larga escala e ensino de graduação: Reflexão sobre as práticas pedagógicas". *In*: RAMOS, K.M. da C. e VEIGA, I.P.A (orgs.). *Desenvolvimento profissional docente: Currículo, docência e avaliação na educação superior*. Recife: UFPE.

CRUZ, M.F. (2006). *Desarrollo profesional docente*. Granada: Grupo Editorial Universitario.

DIAS SOBRINHO, J. (2000). "Avaliação institucional, instrumento da qualidade educativa: A experiência da Unicamp". *In*: DIAS SOBRINHO, J. e BALZAN, N. (orgs.). *Avaliação institucional: Teoria e experiências*. 2ª ed. São Paulo: Cortez.

FAZENDA, I.C. (1994). *Interdisciplinaridade: História, teoria e pesquisa.* 4ª ed. Campinas: Papirus.

FINKELSTEIN, C. *et al.* (2022). "¿Cómo encara la UBA la formación pedagógica de sus docentes?". *In*: FINKELSTEIN, C. e LUCARELLI, E. (orgs.). *Los docentes universitarios en búsqueda de su formación pedagógica: Abriendo las fronteras.* Barcelona/Buenos Aires: Miño y Dávila.

FREIRE, P. (1988). *Extensão ou comunicação.* São Paulo: Paz e Terra.

GALVÃO, A.C.; LAVOURA, T.C. e MARTINS, L.M. (2019). *Fundamentos da didática histórico-crítica.* Campinas: Autores Associados.

HADJI, C. (2001). "Compreender que a avaliação formativa não passa de uma utopia promissora". *In*: HADJI, C. *Avaliação desmistificada.* Trad. Patrícia C. Ramos. Porto Alegre: Artmed.

HARGREAVES, A. (1998). *Os professores em tempos de mudança.* Lisboa: McGraw-Hill.

IMBERNÓN, F. (1998). "La situación de la formación permanente y la profesionalización del professorado en la Europa de cambio". Tarragona: Universidade Rovira i Virgili. Apostila do curso de doutorado em educação.

________ (2001). *Formação docente e profissional.* Trad. Silvana Cobucci Leite. São Paulo: Cortez.

LESSARD, C. e TARDIF, M. (2003). *O trabalho docente: Elementos para uma teoria da docência como profissão de interações humanas*. Petrópolis: Vozes.

LUCARELLI, E. (2009). *Teoria e práctica en la universidad: La innovación en las aulas*. Buenos Aires: Miño y Dávila.

MARTINS, L.M. (2019) *O desenvolvimento do psiquismo e a educação escolar: Contribuições a luz da psicologia histórico-cultural e da pedagogia histórico-crítica.* Campinas: Autores Associados.

MARTINS, L.M. *et al.* (orgs.) (2019). *Fundamentos da didática histórico-crítica.* Campinas: Autores Associados.

NICASTRO, S. e ANDREOZZI M. (2003). *Asesoramiento pedagógico en acción: La novela del asesor.* Buenos Aires: Paidós.

NÓVOA, A. (org.) (1995). *Vidas de professores.* 2ª ed. Lisboa: Porto.

________ (1997). "Formação de professores e profissão docente". *In*: NÓVOA, A. (org.). *Os professores e a sua formação.* Lisboa: Dom Quixote.

PDI/IES (2012). "Plano de Desenvolvimento Institucional". Brasília. Texto digitado.

PDPDI/IES (2012). "Programa de Desenvolvimento Profissional Docente e Institucional". Brasília: Texto digitado da IES.

________ (2017). "Programa de Desenvolvimento Profissional Docente e Institucional". Brasília. Texto digitado, ampliado e revisado.

PPI/IES (2015-2019). "Proposta Pedagógica Institucional: Referencial norteador da formação profissional". Brasília.

SAMPAIO, J.H. (2005). "Extensão universitária como um dos sentidos necessários para a articulação da indissociabilidade na construção do currículo". *In*: VEIGA, I.P.A e NAVES, M.L. da P. (orgs.). *Currículo e avaliação na educação superior*. Araraquara: Junqueira & Marin.

SAVIANI, D. (1980). *Educação: Do senso comum à consciência filosófica*. São Paulo: Cortez/Autores Associados.

________ (1983). *Escola e democracia*. São Paulo: Cortez/Autores Associados.

________ (2013). "Infância e pedagogia histórico-crítica". *In*: MARSIGLIA, A.C.G. (org.). *Infância e pedagogia histórico-crítica*. Campinas Autores Associados.

SEVERINO, A.J. (2010). "Ensino e pesquisa na docência universitária: Caminhos para integração". *In*: PIMENTA, S.G. e ALMEIDA, M.I. de (orgs.). *Pedagogia universitária*. São Paulo: Edusp.

VASQUEZ, A.S. (1977). *Filosofia da práxis*. 2ª ed. Trad. Luiz F. Cardoso. Rio de Janeiro: Paz e Terra.

VEIGA, I.P.A. (2004). *Educação básica: Projeto político-pedagógico; Educação superior: Projeto político-pedagógico*. Campinas: Papirus.

________ (org.) (2012). *Universidade e desenvolvimento profissional docente: Propostas em debate*. Araraquara: Junqueira & Marin.

VEIGA, I.P.A. e SOUZA, M.H.V. de (2013). "O currículo como expressão do projeto político pedagógico nos cursos de graduação: Teoria e prática". *In*: VEIGA, I.P.A. e RAMOS, K.M.C. (orgs.). *Desenvolvimento profissional docente: Currículo, docência e avaliação na educação superior*. Recife: UFPE.

PARTE II

O PROCESSO DIDÁTICO E SUAS RELAÇÕES

2
O ENSINAR NA EDUCAÇÃO SUPERIOR: PRESENCIAL, REMOTO E HÍBRIDO

Pura Lúcia Oliver Martins
Joana Paulin Romanowski

Introdução

Compreender o processo de ensino e aprendizagem na educação superior suscita reflexões permanentes diante da reconfiguração constante da sociedade e da educação. Este capítulo aborda tal processo considerando as questões teórico-práticas da educação superior no contexto contemporâneo de tramas socioeconômicas, políticas e educacionais, acolhendo a problematização em torno da qual se desenvolve este livro, que considera fundamental trilhar os caminhos da consciência crítica, criativa e propositiva. Toma como questões direcionadoras das reflexões as novas trilhas epistemológicas, metodológicas e avaliativas propositivas para a prática docente e suas implicações no ensino presencial, remoto e híbrido. E, como cenário, a articulação da prática com o desenvolvimento e a profissionalização do professor.

O propósito aqui é uma discussão em torno das práticas de ensino realizadas na educação superior, tanto no ensino presencial quanto no remoto e híbrido, em que estudantes e professores desenvolvem novas possibilidade de parcerias e modos de realização do ensino diante das transformações no progresso científico, nas revoluções tecnológicas, na globalização dos mercados e na internacionalização da produção (Morgado 2017). O cenário vivido pela educação durante a pandemia da Covid-19 causou profundas mudanças na organização pedagógica dos cursos nas universidades com a inserção das tecnologias digitais para a promoção do ensino de modo emergencial. Assim, tornam-se necessárias ponderações e reflexões sobre o processo de ensino. Ressalta-se que, na docência, essa relação ensino, pesquisa e extensão é essencial no cumprimento da missão da educação superior, como destaca Severino (2013). No desenvolvimento do ensino, expressa-se a relação com os conhecimentos resultantes das investigações, e mesmo "a pesquisa assumida e praticada como princípio pedagógico intrínseco" (*ibid.*, p. 48).

A universidade como instituição social, como apontam Chauí (2003) e Bernheim e Chauí (2008), está implicada em demandas científicas, sociais, culturais e artísticas, a serem acolhidas em seu plano de desenvolvimento institucional e nas propostas curriculares de cursos que a legitimam. No atual contexto cultural e científico da "sociedade do conhecimento", assume em suas propostas uma orientação preocupada em consolidar as bases do conhecimento e contribuir para desenvolvê-las.

A universidade, em uma abordagem histórico-crítica, "considera o saber pelo prisma do direito do cidadão, faz o que pode para refrear a despersonalização e valoriza a democratização, reflete uma sociedade em que os valores democráticos da cidadania são imperativos, éticos e políticos da vida universitária" (Bernheim e Chauí 2008, p. 18) Desse modo, o ensino tem por finalidade possibilitar o desenvolvimento de uma perspectiva crítica em relação ao contexto social, favorecer a formação profissional, almejar a convivência social para a existência humana e o desenvolvimento entre os sujeitos. As práticas sociais se constroem e reconstroem na sociedade em que os processos de reflexão se interpõem na elaboração das análises dos contextos sociais e culturais em que se situam. Assim, o ensino se amplia, ao assumir como princípio educativo a interrelação com a pesquisa e a extensão conectadas à formação profissional e à intervenção social. Há visibilidade para o ensino nessa perspectiva de qualidade, que também adota nova configuração paradigmática, tomando a pesquisa como princípio educativo e o conhecimento como historicamente localizado, culturalmente produzido e em constantes processo e movimento.

O ensino depreende dos currículos os conhecimentos disciplinares, interdisciplinares e temáticos relativos a princípios, conceitos, fundamentos, instrumentalizações e técnicas, a fim de contribuir para a profissionalização dos estudantes e o desenvolvimento da ciência e da sociedade. É transversalizado por historicidade, política, arte, cultura e práticas. Na materialização do ensino, efetiva a relação entre professor, estudantes e conhecimento, em que práticas, crenças, sentimentos e valores o atravessam, constituindo uma prática social de cientificidade e humanização para o desenvolvimento da consciência social (Saviani 2019).

Desse modo, o ensino é sustentado sobre marcos sociais como a sua finalidade, envolvendo conhecimentos e processos metodológicos desde técnicas, recursos e tecnologias, modos de avaliação e regulação da aprendizagem, relação e mediação entre professores e estudantes, entre o ensino, o currículo e o planejamento institucional (Veiga 2019). O professor torna-se mediador das reflexões realizadas pelos estudantes e no desenvolvimento de suas aprendizagens, para que assumam as possibilidades de tomar como ponto de partida a prática social, seguida da problematização. Ao continuar com a apropriação dos instrumentos teóricos e práticos necessários ao equacionamento dos problemas detectados na prática social, coletivamente, professores e estudantes se apropriam dos conhecimentos científicos pela catarse, compreendendo criticamente esses conhecimentos, conforme definiu Saviani (1991) ao estabelecer a pedagogia histórico-crítica (PHC).

Na composição deste texto, iniciamos pelas mudanças e transformações em que se movem as trilhas da educação superior nestas primeiras décadas do século XXI; uma síntese integrativa das produções que analisam a educação superior no contexto da pandemia da Covid-19;

uma discussão sobre os conceitos das tramas em aulas presenciais, remotas e híbridas. Metodologicamente, consideramos as publicações que discutem e analisam a questão do ensino na educação superior, bem como depoimentos assistemáticos de estudantes e professores que atuam em diferentes cursos na educação superior. Finalizamos com as possíveis implicações da prática docente no desenvolvimento e na profissionalização dos docentes na educação superior.

Mudanças e transformações nas trilhas da educação superior

As intensas mudanças na reconfiguração da economia, no sistema produtivo (Cunha 2010), nas relações sociais e humanas, nas tecnologias disruptivas, nas tendências culturais e na compreensão da vida na natureza apontam para novas exigências nas trilhas de transformações da educação superior. Estamos vivendo um tempo de crescimento populacional, com o aumento de megacidades, a intensificação da urbanização, o aumento de movimentos migratórios que reconfiguram a organização dos espaços sociais, gerando impactos na educação em razão da busca de acesso e de um maior número de matrículas na educação superior. No Brasil, saltou-se de 2.694.245 em 2000 para 8.987.120 em 2021, de acordo com dados do Inep.

Segundo o Ipea (2015, p. 54), a tendência de globalização coloca o mundo cada vez "mais interconectado e essa conexão global faz com que o comportamento de um país, de uma empresa e mesmo de um único indivíduo possa ter alto potencial de impacto nos demais", ao mesmo tempo, essa intensificação também tende a acarretar maior incerteza nas relações sociais. No campo das tecnologias, tem ocorrido uma aceleração do desenvolvimento multidisciplinar, com aplicações tecnológicas cada vez mais integradas, em que as TIC continuarão modificando a natureza do trabalho, a estrutura de produção, educação, relação entre as pessoas, o lazer e a cultura. Também há um crescimento das pesquisas e dos investimentos em automação e robótica. Essas transformações têm ocorrido em todas as áreas do conhecimento, cujos impactos têm sido mensurados de diversos modos, como apontam os estudos realizados pelo

Ipea (2015). O trabalho remoto e o emprego das videoconferências são indícios dessas mudanças decorrentes das tecnologias que revolucionam a organização e a natureza do trabalho e a organização pedagógica da educação superior. O crescimento da educação a distância indica que, em 2021, o ingresso foi de 62,3%, em um total de mais de três milhões de matrículas.

Os impactos da tecnologia são observados, ainda, no crescimento e popularização de redes sociais como Instagram, LinkedIn, Twitter, WhatsApp e outras, que se inserem nas comunicações entre as pessoas e mesmo fazem parte das relações estabelecidas entre professores e estudantes, conectados à internet tanto nas aulas remotas como no ensino híbrido e na educação informal (Freitas e Romanowski 2021).

As investigações científicas são fundamentais e se articulam com a educação em todas as disciplinas das ciências humanas, exatas, da saúde e das artes. As pesquisas básica e aplicada fornecem um alicerce para as ciências e tecnologias ampliadas e aprimoradas, favorecendo o desenvolvimento das capacidades cognitivas e críticas dos estudantes. Portanto, o papel central da educação no aumento das habilidades da população é considerado o melhor meio para reduzir as desigualdades, de acordo com o Ipea, em uma realidade de constantes mudanças e inovações. A questão da educação formal, em especial a educação superior, assume papel ainda mais relevante, no qual o investimento na melhoria da qualidade no ensino tende a contribuir para o avanço e a elevação dos índices de valores agregados à sociedade, à cultura e à economia.

As questões sobre a relação sociedade e natureza estão associadas às discussões em torno do meio ambiente, temas a serem examinados nas aulas do ensino superior. As mudanças acentuadas de toda ação humana no meio ambiente provocam consequências na dinâmica da própria natureza e afetam as condições de vida da população, da vida produtiva, da ciência e tecnologia e da economia. Cabe incluir essas discussões e debates no desenvolvimento da conscientização em torno do meio ambiente para uma educação crítica.

Ainda no campo dos direitos humanos, o ensino tem compromisso com uma formação baseada no respeito à dignidade da pessoa humana, estando orientado para "a mudança no sentido de eliminar tudo aquilo que está enraizado nas mentalidades por preconceitos, discriminação, não aceitação dos direitos de todos, não aceitação da diferença" (Benevides 2003, p. 1).

Assim, o exame realizado aponta mudanças intensas na modalidade de ensino, a preocupação com a diversidade de gênero (ainda que restrita a feminino e masculino), cor/raça e etnia, deficiência, nacionalidade, tanto de professores como de estudantes. Com o aumento significativo da população e os movimentos migratórios, tem ocorrido um impacto no número de matrículas, além disso, há mudanças em relação à categoria econômica dos estudantes que acessam a educação superior, com um maior número de estudantes mais pobres. Castanho (2000) aponta que o documento da Unesco (1998) propunha uma nova visão para a educação superior em um dos seus tópicos, para a inclusão de "minorias culturais e linguísticas", no caso, a inclusão dos indígenas, e para "grupos desfavorecidos". O conjunto dessas mudanças tem gerado uma reconfiguração na organização geral da educação superior. É fundamental neste estudo apontar para as mudanças e transformações nas trilhas do ensino, evidenciando as proposições para a educação presencial, remota e híbrida desencadeada e acentuada durante a pandemia da Covid-19.

As abordagens críticas de ensino constituem desafios para novas tramas das práticas pedagógicas em que a relação ensino, pesquisa e extensão forma o tripé da universidade e cujos elementos são indissociáveis, pilares do conhecimento acadêmico que se espraiam no cotidiano das aulas.

Ensino presencial, remoto e híbrido: A compreensão dos conceitos

No início de 2020, a humanidade foi surpreendida por uma crise sanitária provocada pelo coronavírus, que desencadeou a pandemia da Covid-19, provocando a necessidade de isolamento social. Entre as medidas tomadas pelas autoridades de saúde para a contenção da contaminação pela doença, houve a suspensão das aulas presenciais em todos os níveis de ensino. Essa suspensão e a própria doença geraram um cenário de angústias e incertezas, como relatam Nez, Fernandes e Woicolesco (2022), Margeviča-Grinberga e Laganovska (2022), Souza e Cunha (2022), entre outras.

Diante desse cenário, o Conselho Nacional de Educação aprovou, em 28/4/2020, o Parecer n. 5, que dispõe sobre a reorganização do calendário escolar e a possibilidade de cômputo de atividades não presenciais para fins de cumprimento da carga horária mínima anual, em razão da pandemia da Covid-19. Esse parecer foi reformulado em CNE/CP n. 9/2020, em 1/6/2020, e revisto em seguida pelos pareceres CNE/CP n. 15/2020, aprovado em 6/10/ 2020 e CNE/CP n. 16/2020, aprovado em 9/10/ 2020. Nesses documentos, está ressaltada a preocupação com a dificuldade para repor de forma presencial a integralidade das aulas suspensas ao final do período de emergência, com o comprometimento, ainda, do calendário escolar de 2021 e, eventualmente, em 2022 (Romanowski *et al.* 2022), com retorno pleno em 2023. Nesse contexto, origina-se o ensino remoto. Nez e Fernandes (2022, p. 3) advertem que "a velocidade de resposta das instituições de educação superior para a manutenção das atividades acadêmicas neste cenário esteve relacionada às capacidades técnicas, tecnológicas e ao domínio do modelo de educação à distância e/ou online já instalado".

Behar (2020), ao se referir a essa situação, nomina-a como ensino remoto emergencial (ERE), para possibilitar a continuidade dos estudos aos estudantes enquanto as instituições de ensino superior (IES) continuam fechadas e segue o confinamento em casa. Alerta que o ERE não pode ser sinônimo de educação a distância, pois o termo "remoto" significa distante no espaço e se refere a um distanciamento geográfico. No ensino remoto, professores e alunos estavam impedidos por decreto de frequentar instituições educacionais, a fim de evitar a disseminação do vírus. É emergencial, porque brusco, sem um planejamento pedagógico definido. A propósito, Saviani (Saviani e Galvão 2021, p 38) explica que a "expressão *ensino remoto* passou a ser usada como alternativa à educação a distância (EAD) (...) que já tem existência estabelecida, coexistindo com a educação presencial como uma modalidade distinta, oferecida regularmente".

Esse ensino originado na pandemia passa ser nominado nas instituições e nos documentos legais de *ensino remoto*, e consistiu em realizar o ensino *online* (Hodges *et al.* 2020). Ressaltam esses autores que mover o ensino *online* permite a flexibilidade de ensinar e aprender em qualquer lugar, a qualquer hora e, na pandemia, a velocidade com que essa mudança aconteceu no ensino foi impressionante e sem precedentes. Como essa mudança ocorreu de modo emergencial, no contexto norte-americano, os professores se sentiram como MacGyvers[1] (*ibid.*). No Brasil, muitos empregaram a expressão "se vira nos trinta",[2] pois, nas instituições, poucos profissionais tinham experiência nessa modalidade de ensino. Como forma de buscar alternativas para a prática docente, muitas redes de apoio se formaram pelo WhatsApp (Freitas e Romanowski 2021).

Mesmo nesse cenário emergencial, as interações entre os professores não se realizaram da perspectiva de um ensino espontaneísta. O intenso aprendizado dos professores manteve a preocupação com um ensino sistemático, em que a compreensão da prática social se realizasse pelo estudo intenso e pela análise densa de conceitos e princípios e pela produção de explicações fundamentadas. Apesar de omissões do governo e das condições adversas, com a falta de equipamentos adequados (Galvão e Saviani 2021), os professores realizaram um esforço para manter o compromisso com o ensino e promover a formação dos estudantes (Romanowski *et al.* 2022). Destarte, as questões não se restringiram aos aspectos técnicos da organização pedagógica durante a pandemia. Envolveram também sentimentos de angústia e insegurança diante do quadro de incertezas e consternação,

---

1. *MacGyver* (*Profissão: Perigo*, no Brasil) foi uma série de televisão norte-americana de ação-aventura, criada por Lee David Zlotoff, exibida de 1985 a 1992, em que o personagem principal resolve problemas complexos ao criar coisas extraordinárias com objetos comuns.

2. "Se vira nos trinta": a expressão surgiu com o quadro do programa televisivo "Domingão do Faustão", de mesmo nome, em que o artista tinha 30 segundos para fazer algo incrível, que chamasse a atenção do público.

ocasionado pelas perdas de familiares e pessoas próximas. A isso se somam as mudanças abruptas na prática docente, desde o ambiente, que passa a ser o espaço da família, no qual a conciliação da docência com as atribuições domésticas alargou e estendeu a jornada de trabalho (Lopes e Cavazzani 2022). Em decorrência, são muitas as tarefas, tanto para os alunos como para os professores. Os alunos, supostamente "autônomos", ficam sobrecarregados com leituras, vídeos, *podcasts*, webinários etc. Os professores, com muito trabalho para dar conta. Trabalhos para corrigir, *e-mails* para responder, organização de fóruns de ambientes virtuais entre outros (Galvão e Saviani 2021).

No ensino remoto, foi necessária a utilização das tecnologias digitais da informação e comunicação, o que viabilizou o surgimento de novas formas de conexão com as ferramentas digitais, utilizando-se as plataformas e/ou programas tais como Microsoft Teams, Google Meet, Mentimer, Zoom, Hangouts, Duo, Jitsi Meet, entre outros, que passaram a ser empregados nos ambientes acadêmicos como destacam Nez, Fernandes e Woicolesco (2022).

Esses programas permitem que professores e estudantes estejam presentes *online*, no mesmo espaço virtual, mas em territórios diferentes. O ensino remoto se realiza em uma imaterialidade efetiva de presencialidade desterritorializada, não se trata de um ensino "face a face" em um espaço físico coletivo comum, pois se realiza em um espaço físico individual que se materializa no contato da imagem presente (Romanowski *et al.* 2022). Lévy (1996, p. 21) se refere ao virtual assim:

> Quando uma pessoa, uma coletividade, um ato, uma informação se virtualizam, eles se tornam "não-presentes", se desterritorializam. Uma espécie de desengate os separa do espaço físico ou geográfico ordinários e da temporalidade do relógio e do calendário. É verdade que não são totalmente independentes do espaço-tempo de referência, uma vez que devem sempre se inserir em suportes físicos e se atualizar aqui ou alhures, agora ou mais tarde. No entanto, a virtualização lhes fez tomar a tangente.

Com efeito, novas dualidades são estabelecidas, numa dinâmica de transformação como ressalta Lévy (1996). No caso do ensino remoto virtual, há uma interioridade e uma exterioridade diversa de espaço – todos estão no mesmo espaço virtual, mas em espaços físicos diversos. O privado e o público são concomitantes – cada um se mantém presente virtualmente, formando um coletivo, mas preservam sua privacidade. Decorre que o próprio/comum desloca o lugar em que a configuração do espaço do professor e dos estudantes é comum a todos; no entanto, é próprio de cada um, pois a sala/tela permite a presença/ausência pela câmara (Romanowski *et al.* 2022).

A relação professor/aluno/conhecimento evidencia uma mediação nova, virtualizada, em que o subjetivo/objetivo dialoga com a possibilidade da virtualização do conhecimento no espaço da cibercultura. O lugar do professor e dos estudantes configura um novo mapa e território, numa dinâmica original de movimento; o espaço físico do professor já não é hegemônico, a aula pertence a todos. Esse movimento coloca em suspensão a compreensão do ensino presencial, que não se materializa no mesmo território, mas a presencialidade é efetiva na sua virtualização, na possiblidade de ser presente em territórios diversos ancorados no mesmo espaço virtual. Na "virtualização do ensino, o professor procura transpor para o meio virtual o paradigma do espaço-tempo da aula", como argumentam Costa e Teixeira (2021, p. 30). Não é teleaula, pois há possibilidade de interação real de professores e estudantes e entre os estudantes; não é aula a distância, pois há presencialidade no espaço virtual. A mediação entre professor e alunos é uma possibilidade concreta. Assim, o é ensino remoto se se considerar que o tempo é o mesmo nessa presencialidade virtualizada, embora o tempo do relógio possa ser diverso, em razão da diversidade de território; enfim, é um novo ensino, mediado pelas TICs, ou seja, o ensino presencial virtual (Romanowski *et al.* 2022).

O ensino remoto interpõe uma nova organização do tempo, dos objetos a serem incluídos no espaço para interações, com novas possiblidades de comunicações entre os estudantes, considerando o *chat*, a integração dos quadros brancos para registro das participações, a inserção de enquetes, os textos, os vídeos, o uso de *emojis*, as possibilidades de discussões em pequenos grupos nas salas simultâneas.

Entre as recomendações para uma aula participativa, uma das questões a ser discutida com os estudantes é a de que a aula remota é um espaço virtual presencial, portanto, todos mantêm sua imagem com as câmeras abertas e podem participar tanto pela fala como pelo *chat*, enviando perguntas, dúvidas e contribuições. Portanto, é uma aula presencial virtual, mediada pelas tecnologias digitais. Como se trata de espaço virtual na internet, entre as condições para participação há necessidade de acesso à rede de internet com boa conexão de megabits por segundo,[3] com bons equipamentos. O celular é um equipamento adequado para comunicação, mas, para as aulas, ainda que permita o acesso, tem sido limitado para participação nas aulas.[4] Ainda, outra indicação se refere à segurança na internet, pois podem ocorrer "invasões" no espaço virtual, o que exige gerenciamento, a fim de evitar pessoas não convidadas na aula.

De outra perspectiva, Galvão e Saviani (2021, p. 38) examinam, durante a pandemia, essa proposta de favorecimento dos interesses privatistas que colocam a educação como mercadoria. Os processos de imposição desse modelo implicam a ausência de democracia nos processos decisórios, a precarização e intensificação do trabalho de professores e colaboradores. Além disso, implica que o acesso à internet não se efetiva para todos, como expressam os dados do Cetic. As implicações desse modelo podem "resultar da falta de uma verdadeira responsabilidade com a educação pública de qualidade" (*ibid.*), em que importa a certificação e não um processo de formação para uma compreensão do conhecimento e da sociedade. Ressalta-se que as condições de insuficiência de acesso aos bens tecnológicos e sociais contribui para o aumento da desigualdade.

---

3. Dados do Centro Regional de Estudos para o Desenvolvimento da Sociedade de Informação (Cetic) apontam que muitas regiões brasileiras têm acesso limitado à internet. Para melhores informações, acessar https://cetic.br/pt/pesquisa/educacao/.

4. Pesquisas sobre equipamentos para aulas remotas precisam ser realizadas.

O ensino híbrido provém da expressão blended learning, ou seja, "aprendizagem misturada", que segundo Moran (2015, p. 27) "significa misturado, mesclado", em que as possibilidades de estudo e compreensão da prática social não se restringem aos espaços formais, mas se articulam com leituras e pesquisa em situações complementares além da sala de aula. Nascimento, Brito e Padilha (2020, p. 953),[5] ao revisar o conceito, destacam que, em 2013, Horn e Staker associaram essa metodologia a uma perspectiva de "inovação sustentada e disruptiva, tendo como base o uso das tecnologias digitais de informação e comunicação para integrar momentos presenciais e virtuais em prol da aprendizagem do sujeito".

Com efeito, a proposição de um ensino disruptivo implica romper, interromper, desfazer, rescindir, ou seja, buscar novas direções, novos modos de realizar o ensino. A origem desse ensino é marcada pela inserção das TICs como possibilidade de gerarem aprendizagem por disponibilizar no ciberespaço o acesso ao conhecimento. Para Horne Staker (2015), o ensino *online* foi empregado para os estudantes que buscavam recuperar suas notas, seu desempenho nas avaliações. Entretanto, na abordagem PHC, mantém-se o foco na compreensão da prática social.

Para examinar a possibilidade da PHC no ensino híbrido, a sua categorização em Hodges *et al.* (2020) indica os modos de organização do ensino: se totalmente *online*, combinado (em torno de 50% ou em torno de 25 a 50% *online*) ou face a face, habilitado para *web*. De acordo com o ritmo, é possível individualizar o acesso ou haver participação concomitante do coletivo. Ainda se deve levar em conta, o número de estudantes em cada grupo, o processo de avaliação, o modo de comunicação entre professores e estudantes, o papel dos estudantes e as possibilidades de devolutiva. Nesse caso, a forma de organização do ensino precisa perseverar para a efetivação de uma pedagogia crítica.

Não basta incluir um laboratório de informática para sustentar o ensino híbrido, as atividades de busca de informação não constituem um ensino híbrido, pois este pressupõe uma programação com

---

5. No artigo "Engajamento de docentes na educação superior: Implementando ensino híbrido", os autores relacionam vários estudos sobre o ensino híbrido.

acompanhamento dos estudantes, ou seja, integra a educação formal, segundo Horn e Staker (2015). Esse ensino envolve parte *online* e parte presencial, realizada em uma instituição de ensino, uma educação institucionalizada. Para Saviani (2022, p. 2), na realização do ensino, os sujeitos passam a compreender o contexto em que se situam, permitindo exercer a crítica para o desenvolvimento da consciência social. Assim, as modalidades de ensino carecem assumir essa perspectiva.

Ensino presencial, ensino remoto e ensino híbrido na educação superior: Abordagem crítica

O desafio de desenvolver o ensino na educação superior com uma perspectiva crítica, tendo em vista a transformação social, remonta à década de 1980, período de grandes mobilizações sociais e consequente problematização das formas e práticas desenvolvidas nas escolas de todos os níveis de ensino. Nesse contexto, tornou-se o centro das discussões acerca do ensino na educação superior a proposição de práticas que buscassem a estreita articulação entre teoria e prática, como a PHC de Dermeval Saviani (1991) e a pedagogia dos conflitos sociais de Oder José dos Santos (1992), entre outras. As duas propostas têm uma visão crítica da educação. A finalidade é formar profissionais críticos, situados historicamente, capazes de compreender os determinantes da prática para atuar na transformação social. Propõem como ponto de partida e de chegada para o ensino a prática social comum a professores e estudantes. Dessa perspectiva, guardadas as características próprias de cada proposta, com eixos epistemológicos distintos,[6] ambas valorizam a interlocução da universidade com os campos profissionais das diferentes áreas de formação, tomando como ponto de partida as práticas desenvolvidas pelos profissionais em atuação, apreendidas na sua concreticidade, como recomenda Saviani (2017).

6. Para informações acerca dos eixos epistemológicos distintos, consultar Martins (2011).

Considerando a proposta deste livro, focalizamos a concepção pedagógica histórico-crítica (Saviani 2021a), para a qual é de fundamental importância o acesso das classes populares ao saber sistematizado, para que expressem os seus interesses, chegando, assim, a uma cultura popular elaborada. Portanto, faz-se necessário garantir às "camadas populares" a apropriação do saber sistematizado, produzido social e historicamente e veiculado pela escola, como instrumento de luta. Em outros termos, "se os membros das camadas populares não dominam os conteúdos culturais, eles não podem fazer valer os seus interesses, porque ficam desarmados contra os dominadores, que se servem desses conteúdos culturais para legitimar e consolidar a sua dominação" (*ibid.*, p. 59).

O ensino na PHC se centra na socialização do saber elaborado pelo eixo da transmissão-assimilação em instituição escolar de todos os níveis, entendida como "uma instituição cujo papel consiste na socialização do saber sistematizado. (...) a escola diz respeito ao conhecimento elaborado e não ao conhecimento espontâneo; o saber sistematizado e não o saber fragmentado; à cultura erudita e não à cultura popular" (Saviani 1984, pp. 9-13).

A organização do processo de ensino se faz em cinco momentos fundamentais e intimamente relacionados, quais sejam: prática social como ponto de partida, problematização, instrumentalização, catarse e prática social como ponto de chegada. Percorrendo esse caminho metodológico, "a cultura popular, entendida como aquela cultura que o povo domina, pode ser a cultura erudita, que passou a ser dominada pela população" (Saviani 1991, p. 69). Trazer a prática social como *ponto de partida* e de chegada ao processo de ensino na PHC significa ter a cultura popular assistemática e espontânea como ponto de partida. E, por meio do acesso à cultura erudita, ao saber sistematizado veiculado pela escola, expressar de forma elaborada os conteúdos da cultura popular que correspondam aos seus interesses, *ponto de chegada*: "O processo pedagógico tem que realizar no ponto de chegada o que no ponto de partida não está dado" (*ibid.*, p. 70)

Com efeito, dessa perspectiva, o processo de ensino na educação superior, para tomar como ponto de partida a prática social e sua problematização, sugere que professor e estudantes busquem pesquisas que expressem dados empíricos sobre o tema da prática a ser examinada, realizem inventários, entrevistas semiestruturadas, convidem profissionais para uma conversa sobre sua prática profissional, de forma presencial ou *online*. A possibilidade de realizar entrevistas e fazer contato com profissionais da área de forma virtual enriquece esse momento do ensino, possibilitando um contato com a prática que pode envolver profissionais de várias partes do país.

Para explicar e compreender os determinantes da prática social problematizada, o momento da instrumentalização é fundamental no percurso metodológico proposto por Saviani na PHC. Refere-se à busca de um referencial teórico que se faz tendo presentes os problemas levantados da prática profissional interrogada no início do processo de ensino. Esse estudo concebe uma pesquisa de publicações a respeito do tema e admite aula invertida como momento de leitura para apreciação dos estudos, considerando a jurisdição do professor sobre suas pesquisas em torno do assunto focalizado; permite a inserção de seminário entre os estudantes, respeitando as recomendações de Severino (2017), e painel integrado, viabilizando a sistematização coletiva do referencial teórico.

O processo tem sua culminância na catarse, entendida como a expressão elaborada de uma nova forma para entender a prática social mediada pela teoria. Em outros termos, a catarse viabiliza a compreensão da prática social no nível da totalidade, para compreender a razão de ser dos problemas levantados pelo cotejamento com o saber elaborado, historicamente produzido. Professor e estudantes compreendem e sintetizam suas análises. As sínteses são elaboradas individualmente, em duplas, em grupo, e admitem novas formas de texto – *podcasts*, *folders*, portifólios, infográficos, vídeos. Nesse momento, é importante o envolvimento e a expressão do aprendido, que vai além do conteúdo. Pressupõe a capacidade de análise crítica, de reflexão sobre a prática profissional em estudo, buscando compreender a razão de ser dos problemas, possibilitando a elaboração de propostas de intervenção na prática tendo em vista sua transformação. Essas produções podem constituir elementos de avaliação das aprendizagens realizadas.

É o retorno à prática compreendida como as possibilidades, atitudes e ações de transformações sociais. São as ocasiões de rompimento, rupturas para uma nova prática, novas disposições que se expressam nas intenções de como os estudantes devolvem à prática, fora da sala de aula, os novos conhecimentos científicos elaborados (Saviani 1991 e 2007). Os estudantes se envolvem em virtude das ações que se dispõem a realizar em seu cotidiano, colocando uma nova prática social elaborada com base na compreensão dos conhecimentos e das análises empreendidas. É a prática social como ponto de chegada.

Ensino presencial, ensino remoto e ensino híbrido: Compreensão das práticas de uma perspectiva crítica

O ensino presencial no mês de março de 2020 foi abruptamente interrompido para atender as exigências da segurança sanitária, em razão da pandemia da Covid-19, que exigia o isolamento social. Nesse período, as instituições migraram as aulas presenciais físicas (face a face) para as aulas presenciais virtuais, mediadas por tecnologias digitais denominadas de aulas remotas, como já explicitado em itens anteriores.Assim, neste item, serão focalizadas práticas de ensino na educação superior baseadas em depoimentos e experiências no contexto de intensificação das aulas presenciais virtuais (aulas remotas), considerando a abordagem crítica.

Nesse período, ocorreu uma intensificação da inserção no ensino presencial das tecnologias digitais, como os ambientes virtuais de aprendizagem (AVA). Eles passaram a ser de uso contínuo para o desenvolvimento do ensino e a disponibilização de textos e orientações para a realização de análises críticas, a saber: textos e vídeos de aulas gravadas pelos professores indicando os quesitos fundamentais das proposições teóricas para a reflexão dos estudantes; repositórios das sínteses feitas pelos estudantes no momento de catarse; fóruns de discussão para promover a catarse, cotejando a prática e o conhecimento proposto nas abordagens de ensino críticas. As aulas em vídeo eram gravadas com uso do PowerPoint (Mira 2023) ou de outros aplicativos e programas, mas a abordagem persistia na busca da compreensão da prática social.

AVAs mais robustos contam com *links* de acesso a bibliotecas virtuais, registros da vida acadêmica estudantil, calendário acadêmico, roteiro de estudos, normas e regulamentos, atendimento *online*, eventos, ou seja, o acesso à vida acadêmica disponível virtualmente. Além disso, as aulas presenciais virtuais nas plataformas Zoom, Meet ou Teams permite a discussão em grupos, o uso de vídeos, a realização de seminários, TBL (*team-based learning* ou aprendizagem baseada em equipes), sala de aula invertida, PBL (*problem-based learning*), *gamificação*, infográficos, registro de contribuições no *chat* e no quadro branco. Associada aos ambientes virtuais e aulas nos aplicativos virtuais, a inserção de comunicação pelo WhatsApp tem sido constante. Ressalta-se que esses dispositivos e técnicas de ensino se associam às possibilidades dos momentos relacionados às abordagens críticas de ensino que, na PHC, considera que os educandos, enquanto indivíduos concretos, se manifestam como unidades da diversidade, como "uma rica totalidade de determinações e de relações numerosas, como sínteses de relações sociais", como pondera Saviani (2022, p. 3).

Destaca-se que os momentos da PHC que tomam como ponto de partida a prática social, sua problematização por meio do estudo sistemático, provocando a catarse e o retorno à prática social, não são a descrição técnica de momentos da aula. Trata-se de um movimento permanente para constituir "uma metodologia que, encarnando a natureza da educação como uma atividade mediadora no seio da prática social global, tem como ponto de partida e ponto de chegada a própria prática social" (*ibid.*, p. 6). Seu desenvolvimento ocorre ao longo de uma disciplina, e se recompõe na abordagem de cada um dos assuntos do programa da disciplina: "O trabalho pedagógico se configura, pois, como um processo de mediação que permite a passagem dos educandos de uma inserção acrítica e inintencional no âmbito da sociedade a uma inserção crítica e intencional" (Saviani 2002, p. 6).

Em relação às avaliações realizadas nesses ambientes, é possível a realização de provas, com acompanhamento e controle para acesso por meio de câmeras. Os testes de múltipla escolha randomizados são mais frequentes, mas, como aponta Mira (2023), é possível realizar avaliações que contenham elaborações de análises críticas. Com efeito, a avaliação se associa aos fins da educação "que permeia toda a estrutura social, adquire especificidade ao ser organizada na forma escolar, constituindo-se num importante instrumento para elaborar intelectuais de diversos níveis e também para elevar o nível cultural das massas" (Saviani 2022, p 5).

Entre as limitações do uso dos ambientes virtuais, podemos dizer que se referem à programação de encontros coletivos, que fica restrita aos professores na maioria das instituições. Outra limitação é a indisponibilidade de ambientes adequados para estudantes e professores em suas residências, no que diz respeito a espaço, mobiliário, equipamento, isolamento acústico etc.

A migração das aulas presenciais para remotas, nesses novos ambientes, não ocorreu de imediato. Muitos professores, bem como estudantes, tinham pouca vivência nesses ambientes, além disso, nem todos possuíam equipamento adequado. Nesse cenário, as incertezas foram muitas, principalmente em tempos pandêmicos, quando a convivência com as perdas também esteve presente e gerou o desenvolvimento de uma afetividade solidária em espaços virtuais.

Ressalta-se que o ensino híbrido, em que se combinam a presencialidade e a não presencialidade em estudos, investigações, discussões com participação de todos/todas, a fim de que a mediação do professor constitua apoio às análises e reflexões para o desenvolvimento da cognição do conhecimento de modo intenso no exame dos determinantes históricos, sociais e políticos da prática social se efetive, pode ocorrer tanto no ensino presencial face a face como no ensino presencial virtual (ensino remoto).

O ensino híbrido, que combina os estudos em aula e em "casa", anteriormente se caracterizava pela reprodução do conhecimento. O aluno aprendia, aplicava e repetia o conteúdo. Assim, se, antes, as atividades externas às aulas tinham por finalidade a fixação e aplicação do conhecimento com a realização de exercícios e resumos de leituras, entendidos como "tarefas de casa", em uma abordagem crítica, o híbrido se reporta à compreensão da realidade, da prática e do próprio conhecimento, com a finalidade de entendimento, explicação para possíveis melhorias, mudanças, transformações a favor de uma sociedade mais igualitária. Nesse sentido, as apreciações, os estudos e as investigações externas às aulas podem ser coletivos, mas contêm um vir a ser, uma possibilidade interpretativa baseada nos referencias de cada sujeito. Nessa direção, incluem-se investigações que permitam associar o ensino à pesquisa, além do que não se trata de ler e estudar para manter o existente, mas para explicar, interpretar, analisar criticamente, compreender e propor.

Em relação à virtualização do ensino, com possibilidade de ensino imersivo em laboratórios remotos, ela tem sido experimentada em vários cursos. Gericota, Sousa e Alves (2010) analisam essa possiblidade, apoiada por recursos baseados em novas informações e tecnologias de comunicação. Dizem os autores (*ibid.*, p. 266; tradução nossa) que "agora é possível controlar remotamente uma ampla variedade de laboratórios reais. No entanto, a maioria deles são projetados especificamente para este propósito". Destacamos que os laboratórios remotos podem ser integrados aos sistemas de gerenciamento de abordagens críticas e combinados com outras discussões colaborativas na compreensão de princípios científicos que exijam práticas laboratoriais passíveis de serem realizadas via web para subsidiar a compreensão desses princípios. Em várias áreas, a possibilidade do ensino imersivo tem sido examinada. Ainda, a desafiar as novas possibilidades do ensino e aprendizagem com as tecnologias digitais, apresenta-se o metaverso.

Cabe ao ensino a responsabilidade de assegurar às gerações presentes e futuras a formação de uma consciência crítica para a construção do ser social capaz de se inserir criticamente no processo de transformação da sociedade (Saviani 2022, p. 16). Assim, a prática de ensino, considerando as mudanças e transformações na educação superior, articula-se com o desenvolvimento e a profissionalização docente na educação superior. Os dados sobre a educação superior apontam para uma melhoria do estatuto da formação docente, com elevação dos níveis de formação, com professores em sua maioria mestres e doutores. Somam-se, igualmente, estudos e pesquisas que mostram os professores muito mais envolvidos na promoção da melhoria da prática pedagógica, no desenvolvimento da pesquisa e na concretização da extensão. Esse movimento fortalece a universidade no atual contexto de uma sociedade do conhecimento, em que expandir as abordagens críticas de ensino é uma exigência.

Além disso, são muito mais acentuadas as práticas de inclusão e de atendimento à diversidade, tanto de estudantes como de novas formas de organização pedagógica do ensino. No entanto, contraditoriamente, tem ocorrido o aumento da desvalorização docente, bem como uma precarização das condições de trabalho, pois há um aumento de tarefas e ampliação de novas atribuições e responsabilidades, com aumento de número de alunos nas classes e inserção de novas tecnologias.

Finalizando este capítulo, grifamos que, em todas as formas de ensino presencial, remoto, virtual e híbrido, é fundamental a *interação entre professor, estudantes e conhecimento*. As interações nas abordagens críticas tomam a prática social como ponto de partida e sua análise requer a colaboração e a participação dos estudantes e do professor, mas o processo exige esforço de reflexão crítica. Para a compreensão dessa prática, o apoio do conhecimento historicamente elaborado e as tecnologias disponíveis são essenciais, a fim de que os efeitos do ensino constituam anúncio de novas tramas e trilhas para uma nova prática social. Nesse processo de interação, estudantes e professores se transformam e a teoria expressa essa prática.

Referências bibliográficas

BEHAR, P.A. (2020). "Ensino remoto emergencial: Organização e possibilidades". Apresentação de trabalho/Conferência.

BENEVIDES, M.V. (2003). *Educação em direitos humanos: De que se trata? Formação de educadores. Desafios e perspectivas*. São Paulo: Unesp.

BERNHEIM, C.T. e CHAUÍ, M. (2008). *Desafios da universidade na sociedade do conhecimento*. Brasília: Unesco.

BRASIL (2020a). Deliberação 9/2020. Brasília: Conselho Nacional de Educação.

________ (2020b). Deliberação 15/2020. Brasília: Conselho Nacional de Educação.

________ (2020c). Parecer 16/2020. Brasília: Conselho Nacional de Educação.

CASTANHO, S. (2000). "A educação superior no século XXI: Comentários sobre o documento da Unesco". *Interface*, Botucatu, v. 4, n. 7, ago.CETIC (2019). "Acesso das tecnologias pela comunidade escolar". [Disponível na internet: https://cetic.br/pt/pesquisa/educacao.]

CHAUÍ, M. (2003). "A universidade pública sob nova perspectiva". *Revista Brasileira de Educação*, n. 24, pp. 5-15.

COSTA, P.C. da e TEIXEIRA, L.A.C. (2021). "Meios digitais, ensino e prática docente: Mudanças e permanências no contexto da pandemia de Covid-19". *Revista Teias*, Rio de Janeiro, v. 22, n. 65, abr., pp. 26-40. [Disponível na internet: http://educa.fcc.org.br/scielo.php?script=sci_arttext&pid=S1982, acesso em 1/8/2023.]

CUNHA, M.I. (2010). *Trajetórias de lugares de formação da docência universitária: Da perspectiva individual ao espaço institucional*, v. 1. Araraquara: Junqueira & Marin.

FREITAS, M.F. e ROMANOWSKI, J.P. (2021). "O WhatsApp como espaço de formação docente para o ensino remoto emergencial durante a pandemia da Covid-19". Enfoc – Encontro de Iniciação Científica e Fórum Científico, seminário Pibid–Programa Institucional de Bolsa de Iniciação à Docência. *Anais do Enfoc*. V. 1. Curitiba: Uninter, pp. 1-1.

GALVÃO, A.C. e SAVIANI, D. (2021). "Educação na pandemia: A falácia do 'ensino' remoto". *Universidade e Sociedade*, Brasília, v. 67, pp. 36-49.

GERICOTA, M.; SOUSA, N. e ALVES, G. (2010). "An integrated reusable remote laboratory to complement electronics teaching". *IEEE Transactions on Learning Technologies*, v. 3, n. 3, jul.-set., pp. 265-271.

HODGES, C. *et al.* (2020). "The difference between emergency remote teaching and online learning". *Educase Review*, mar. [Disponível na internet: https://er.educause.edu/articles/2020/3/the-difference-between-emergency-remote-teaching-and-online-learning, acesso em 10/2/2023.]

HORN, M.B. e STAKER, H. (2015). *Blended: Usando a inovação disruptiva para aprimorar a educação*. Trad. Maria Cristina Gularte Monteiro. Porto Alegre: Penso.

INEP (2000). *Sinopse estatística. Educação superior*. Brasília: Inep.

________ (2021). *Sinopse estatística. Educação superior*. Brasília: Inep.

IPEA (2015). *Megatendências mundiais 2030: O que entidades e personalidades internacionais pensam sobre o futuro do mundo? Contribuição para um debate de longo prazo para o Brasil*. Organização de Elaine C. Marcial. Brasília: Ipea.

LÉVY, P. (1996). *O que é virtual?*. Trad. Paulo Neves. São Paulo: Ed. 34.

LOPES, L.F. e CAVAZZANI, A.L.M. (2022). "'Um instante, por favor, meu filho está me chamando': Notas sobre maternidade e trabalho pós-março de 2020 a partir do Youtube". *Revista Intersaberes* 17(41), pp. 616-635.

MANCEBO, D. (2020). "Trabalho remoto na educação superior brasileira: Efeitos e possibilidades no contexto da pandemia". *Revista USP*, v. 127, pp. 105-116.

MARGEVIČA-GRINBERGA, I. e LAGANOVSKA, E. (2022). "Experiências do corpo docente feminino durante a Covid-19". *Revista Intersaberes* 17(41), pp. 399-422.

MARTINS, P.L.O. (2011). "A relação conteúdo-forma: Expressão das contradições da prática pedagógica na escola capitalista". *In*: VEIGA, I.P.A. (org.). *Didática: O ensino e suas relações*. 18ª ed. Campinas: Papirus, pp. 77-103.

________ (2016). "Pesquisa-ensino na formação inicial de professores e a interlocução com a educação básica: Princípios e metodologia". *In:* ROMANOWSKI, J.P.; MARTINS, P.L.O. e CARTAXO, S.R.M. (orgs.). *Prática de formação de professores: Da educação básica à educação superior*. Curitiba: PUCPress, pp. 13-31.

MIRA, M.M. (2023). "A prática docente na pandemia de Covid-19". Texto digitado.

MORAN, J. (2015). "Mudando a educação com metodologias ativas". *Convergências Midiáticas, Educação e Cidadania: Aproximações Jovens*, v II. [Disponível na internet: http://www2.eca.usp.br/moran/wp-content/uploads/2013/12/mudando_moran.pdf, acesso em 10/2/2023.]

MORGADO, J.C. (2017). "Currículo e educação comparada: Perspectivas e desafios". *Revista Teias* [*online*], v. 18, n. 50, pp. 182-192. [Disponível na internet: http://educa.fcc.org.br/scielo.php?script=sci_arttext&pid=S1982-03052017000300182&lng=pt&nrm=iso, acesso em 25/1/2023.]

NASCIMENTO, E.R.; BRITO, I.P.L. de; PADILHA, M.A.S. (2020). "Engajamento de docentes na educação superior: Implementando ensino híbrido". *Revista e-Curriculum*, São Paulo, v. 18, n. 2, abr.-jun., pp. 951-969.

NEZ, E. de; FERNANDES, C.M.B. e WOICOLESCO, V.G. (2022). "Currículo e práticas na educação superior no contexto da pandemia da Covid-19". *Rev. Int. Educ. Super.*, Campinas, v. 8. [Disponível na internet: http://educa.fcc.org.br/scielo.php?script=sci_arttext&pid=S2446-94242022000100106&lng=pt&nrm=iso, acesso em 11/2/2023.]

ROMANOWSKI, J.P. *et al.* (2022). "O movimento das tecnologias no fomento do ensino remoto na pós-graduação stricto sensu: Análises a partir de experiências". *In*: WUNSCH, L.P. e ALMEIDA, S. do C.D. de (orgs.). *Educação e tecnologias: Encurtamento de distâncias na contemporaneidade*. Curitiba: Bagai, pp. 139-156.

SANTOS, O.J. (1992). *Pedagogia dos conflitos sociais*. Campinas: Papirus.

SAVIANI, D. (1984). "O ensino básico e o processo de democratização da sociedade brasileira". *Revista da Associação Nacional de Educação*, São Paulo, n. 7, pp. 9-13.

________ (1991). *Pedagogia histórico-crítica: Primeiras aproximações*. Campinas: Autores Associados.

________ (2007). *Pedagogia histórico-crítica: Primeiras aproximações*. 10ª ed. Campinas: Autores Associados.

________ (2009). "Educação: Eixo do desenvolvimento nacional". *Presença Pedagógica*, v. 15, pp. 78-80.

________ (2017). "Da inspiração à formulação da pedagogia histórico-crítica (PHC): Os três momentos da PHC que toda teoria verdadeiramente crítica deve conter". *Interface – Comunicação, Saúde, Educação*, v. 21, pp. 711-725.

________ (2020). "Políticas educacionais em tempos de golpe: Retrocessos e formas de resistência". *Roteiro*, v. 45, pp. 1-18.

________ (2021a). *Escola e democracia*. 44ª ed. Campinas: Autores Associados.

________ (2021b). "Pedagogia histórico-crítica e pedagogia da libertação: Aproximações e distanciamentos". *Germinal: Marxismo e Educação em Debate*, v. 13, pp. 170-176.

________ (2022). "Pedagogia histórico-crítica, construção do ser social e educação ambiental". *Geografia Ensino & Pesquisa*, v. 26, pp. 1-17.

SEVERINO, A.J. (2013). "Da docência no ensino superior: Condições e exigências". *Comunicações* (Unimep), v. 20, n. 1, pp. 43-52.

________ (2017). *Metodologia do trabalho científico*. 2ª ed. São Paulo: Cortez.

SOUZA, C.L.C. de e CUNHA, V.M.P. da (2022). "As significações de uma mãe-docente-pesquisadora em meio à pandemia". *Revista Intersaberes*17(41), pp. 486-499.

UNESCO (1998). *Conferencia mundial sobre la educación superior. La educación superior en el siglo XXI: Visión y acción*. Paris: Unesco.

VEIGA, I.P.A. (2019). *Relação pedagógica na aula da educação superior*. Campinas: Papirus.

3
TRILHAS PARA O APRENDER NA EDUCAÇÃO SUPERIOR

Maria Eugênia Castanho
Sérgio Castanho

Só uma relação viva e responsável com o passado (história) e com o futuro (utopia) nos torna solidários com o destino da humanidade.
Paolo Nosella

Introdução

2023. Acaba de ser vitoriosa, nas eleições gerais do Brasil, a proposta que visa à reconstrução da democracia no país. Com entusiasmo, enfrentamos os tempos desafiadores em todos os sentidos, tanto na área da educação quanto nas demais.

Desafios da aprendizagem no ciberespaço também estão presentes (não atingindo a todos) em diversas realidades da vida humana atual, criando possibilidades novas para saberes e competências.

Nosso texto trata da educação superior, entendendo-se como tal os níveis e modalidades também das Instituições de Ensino Superior (IES) que a oferecem em universidades e centros universitários, institutos, instituições integradas, instituições isoladas e faculdades tecnológicas.

A educação superior, de acordo com a Lei de Diretrizes e Bases da Educação Nacional (Lei 9.394/96), define prioridades como o estímulo à criação cultural e ao desenvolvimento do espírito científico e do pensamento reflexivo; a formação de pessoas aptas à inserção em setores profissionais e participação no desenvolvimento da sociedade brasileira. Também, colaborar na formação contínua; incentivar o trabalho de pesquisa e investigação cientifica, visando ao desenvolvimento da ciência e da tecnologia e à criação e difusão da cultura; divulgar conhecimentos culturais, científicos e técnicos que constituem patrimônio da humanidade e comunicar o saber por meio do ensino, de publicações ou de outras formas de comunicação; suscitar o desejo permanente de aperfeiçoamento cultural e profissional e possibilitar a concretização, integrando os conhecimentos que vão sendo adquiridos numa estrutura intelectual sistematizadora do conhecimento de cada geração.

Os objetivos consagrados na Lei 9.394/96 deverão ser contemplados, assim como estimular o conhecimento dos problemas nacionais e regionais, visando à difusão das conquistas e dos benefícios resultantes da criação cultural e da pesquisa científica e tecnológica geradas nas instituições.

Na verdade, vemos que são finalidades e objetivos amplos no contexto das tramas e trilhas da educação superior. As tramas socioeconômicas, políticas e educacionais provocaram danos à sociedade e à educação brasileira que devem ficar no passado, necessitando, para isso, de análise crítica e criativa. Buscamos novas trilhas legais, conceituais, processuais e práticas. Trilhas indicam movimento para o presente/futuro: trilhar pelos caminhos da consciência crítica, criativa e propositiva.

No âmbito deste livro, cabe-nos refletir sobre o aprender. Ensinar e aprender sempre estiveram ligados. Será que, a todo ensino, corresponde aprendizagem? Há diferentes formas de ensinar e diferentes formas de aprender? Dito isso, pode-se imaginar que nem tudo que um professor crê ter ensinado tenha sido aprendido. Algumas formas de aprender e reter informações são mais eficazes que outras. Mais de um século de pesquisa nos conta que podemos testar a nós mesmos com questões práticas. Podemos dar espaço às sessões de estudo, melhorando a aprendizagem e a memória de longo prazo. Além de tudo, essas práticas economizam tempo.

Alguns dados educacionais

O censo da educação superior no Brasil, apresentado em 2021, mostra que, das quase nove milhões de matrículas (8.986.554), 76,8% correspondem a alunos na rede privada. Seis em cada dez ingressantes optam por EaD. Do total de 2.574 instituições de ensino superior, 313 são públicas e 2.261, particulares. Há 827.045 vagas em cursos de graduação em instituições públicas e 21.850.441 em instituições privadas. Em 2021, houve quase um milhão e meio (1.467.523) de ingressantes em cursos de graduação presenciais e quase dois milhões e meio (2.447.374) em cursos de graduação a distância. Os problemas na educação são desafiadores, porque o país vive dramas em múltiplas áreas.

Gaudêncio Frigotto (2022) aponta que, para aquilatarmos nosso problema educacional, basta dizer que temos 11 milhões de analfabetos e 70 milhões de analfabetos funcionais na população adulta. Ainda, o Brasil tem 33 milhões de famintos e pelo menos 200 mil pessoas moram nas ruas. Isso sem falar nos sem-teto que vivem em habitações precaríssimas e nos com-teto que ocupam áreas de risco sujeitas a tragédias, como a ocorrida em 2023 no litoral norte do estado de São Paulo.

Problemas estruturais discutidos em gabinetes e soluções intempestivas "jogadas" à comunidade sempre são reprováveis. Um olhar pela história da educação brasileira, especialmente a partir da instituição da República, mostra que a luta por educação de qualidade enfrenta dificuldades imensas, principalmente por parte dos que deveriam promovê-la. Em São Paulo, lemos notas como estas: "No estado mais rico do país, faltam recursos e professores; último concurso público foi realizado há nove anos"; "Desempenho de estudantes no Saresp não melhorou"; "As condições de trabalho não melhoraram para tornar a carreira mais atraente". "Os professores lidam com turmas muito grandes, problemas de violência", afirma Andreza Barboza, pesquisadora da Rede Escola Pública e Universidade (Repu) à *Folha de S.Paulo* em 27/12/2022 (p. B1). Ela afirma ainda que "o aumento do piso não é garantia de que o professor vá receber a remuneração prometida, já que são poucos os que conseguem preencher a jornada completa". As políticas de Estado planejadas obtêm baixos resultados. Isso, do lado da oferta de ensino. Do lado que aqui abordaremos, o do aprendizado, a situação é igualmente dramática. Como um aprendiz de dez anos pode aprender, ou seja, ser propriamente um aprendiz, se não dispõe de computador, se não está conectado à internet, se o meio familiar e de vizinhança em que vive é de absoluta precariedade cultural? Acentuemos, desde já: esses problemas, tão pungentes no aprendizado da educação básica, permanecem com grande intensidade à medida em que se avança para a faixa etária da educação superior.

As atuais diretrizes do Programa de Reconstrução e Transformação do Brasil, elaborado pela Coligação Brasil da Esperança (Lula-Alckmin 2023-2026), nos tópicos 21 e 22, abordam a volta de investimentos de qualidade no setor em todos os níveis de ensino, retomando as metas do Plano Nacional de Educação. Além disso, também há um compromisso com a recuperação de alunos que sofreram com as limitações impostas pela pandemia. O tópico 22 trata do fortalecimento do projeto democrático de educação, especialmente do ensino público, universal, gratuito, de qualidade, socialmente referenciado, laico e inclusivo. Também é citada a valorização dos profissionais da área. Nas demais diretrizes, a educação volta a ser debatida como forma de garantir o desenvolvimento social e a igualdade. A continuidade da política de cotas sociais e raciais no ensino superior continua assegurada. No Brasil, a produção de pesquisa ainda está mais associada às IES públicas. São poucas as instituições privadas que investem em pesquisa e em pós-graduação. Muitas oferecem MBAs ou mestrados profissionais, que são cursos mais rentáveis.

Só podemos esperar que as novas luzes que clareiam a política educacional brasileira não se esqueçam de oferecer à sociedade condições de acesso à educação superior e, no seu âmbito, condições de aprendizagem efetiva para uma ótima inclusão dos seus egressos na promoção e na fruição de um desenvolvimento sustentável e socialmente justo.

Pedagogia histórico-crítica

Neste capítulo, trataremos da questão da aprendizagem na educação superior tendo como fundamento teórico-metodológico exatamente o fornecido pela assim chamada pedagogia histórico-crítica, também divulgada pelas iniciais PHC, formulada no Brasil com base nos trabalhos filosóficos e científicos desenvolvidos por Dermeval Saviani e o grupo de estudos e pesquisas que esse professor emérito da Unicamp, ainda vinculado à Faculdade de Educação como professor colaborador. Nacionalmente, ele preside o Grupo de Estudos e Pesquisas História, Educação e Sociedade no Brasil (HistedBr).

O berço teórico da PHC é, sem dúvida, Marx. Sobre a teoria da história de Marx e seus desenvolvimentos posteriores, Sérgio Castanho (2010b) escreveu obra sintética, mas abrangente, em texto lido e aprovado por Dermeval Saviani antes da edição original, prefaciada por José Luís Sanfelice, já falecido, então colega de Castanho e Saviani na Faculdade de Educação da Unicamp.

Numa síntese apertada, formulada com propriedade pelo próprio Saviani, há este registro de "uma primeira aproximação ao significado da pedagogia histórico-crítica. Isto porque está em curso o processo de elaboração dessa corrente pedagógica" (Saviani 1995, p. 6). Após dizer que essa corrente tem o seu selo e também o de vários outros estudiosos, o autor acrescenta que sua pesquisa sempre teve como guia, desde as origens, o conceito de "modo de produção": "Trata-se de explicitar como as mudanças das formas de produção da existência humana foram gerando historicamente novas formas de educação, as quais, por sua vez, exerceram influxo sobre o processo de transformação do modo de produção correspondente" (*ibid.*). É uma tarefa urgente, mas sem o acicate da pressa. O autor chama em seu apoio o italiano Antonio Gramsci: "É, como diria Gramsci, uma tarefa *für ewig*, isto é, de caráter duradouro" (*ibid.*, p. 7), que, no seu caso, "dá continuidade a *escola e democracia*" (Saviani 2008). É de salientar que essa obra é citada aqui na edição comemorativa dos 25 anos de seu lançamento, sua quadragésima edição, há 15 anos. Terá chegado ou ultrapassado hoje a quinquagésima edição?

A pedagogia histórico-crítica nasce, segundo Saviani, do conceito de modo de produção, amplamente empregado por Marx na sua crítica à economia política do capitalismo. Nasce, pois, de Marx. De Marx, foi sorvido por Gramsci e aplicado à crítica da superestrutura cultural, especialmente na sua dimensão educacional da sociedade no modo capitalista de produção.Outro pensador que se especializou na aplicação do pensamento de Marx ao âmbito educacional foi o francês Georges Snyders, cuja obra *Escola, classe e luta de classes* (Snyders 1977) é citada com relevo por Saviani em *Escola e democracia*, a que anteriormente se aludiu. Dessa sorte, já podemos vislumbrar Marx, Gramsci e Snyders no nascedouro da pedagogia histórico-crítica. A respeito de Snyders, diz Aline Serdeira (2019, p. 73):

> Em 1976, Snyders publica *Escola, classe e luta de classes*, expondo a necessidade urgente de reconhecer a escola como instituição capaz de conduzir as crianças das classes operárias à apropriação de um universo cultural e intelectual que lhes é, a princípio, tão estranho quanto valioso. Nessa medida, toma a cultura clássica como fundamento de uma pedagogia pautada na ideia de formar as gerações mais novas para a democracia e a tomada de consciência.

Sua teoria apresenta-se, a partir de então, explicitamente alicerçada em princípios gramscianos. Como desdobramentos dessa filiação, podemos citar fundamentalmente a negação das teorias crítico-reprodutivistas, representadas, sobretudo, pelos trabalhos de Bourdieu-Passeron, Baudelot e Illich. Para Snyders, a escola não é apenas aparelho de reprodução ideológica, mas um universo complexo, marcado por conflitos e contradições, cujas brechas abrem espaço para a formação intelectual das massas e para a constituição de uma ordem social pautada pelo acesso universal à cultura elaborada.

Dessa maneira, a pedagogia histórico-crítica foi-se constituindo, com essas bases, ao longo das publicações de um grupo de educadores, historiadores, filósofos, pesquisadores humanistas, enfim, com centro na obra e na atividade incessante de Dermeval Saviani. Na história das ideias pedagógicas no Brasil (ver Saviani 2007), essa teoria faz a crítica da pedagogia tradicional, que supera, embora incorpore, sua valorização da cultura clássica, e da pedagogia escolanovista, que também supera, embora incorpore, grande parte de seus postulados, como a valorização da escola pública.

Os autores deste capítulo participaram ativamente do processo de formação da pedagogia histórico-crítica, de início, como doutorandos, logo também como seus colegas no magistério universitário e seus parceiros no Grupo de Estudos e Pesquisas História, Educação e Sociedade no Brasil.

Relação com a psicologia histórico-cultural

Existe uma unidade intrínseca entre a psicologia histórico-cultural e a pedagogia histórico-crítica. Ambas indicam a educação escolar como condição tanto de humanização dos indivíduos quanto de transmissão de conhecimentos sistematizados ao longo da história. A teoria pedagógica de matriz histórico-crítica e a psicologia de fundamento histórico-cultural apresentam conceitos e formulações que se completam e harmonizam. Quem está fazendo com excelência a ponte entre essa pedagogia e essa psicologia é Newton Duarte, em estreita colaboração com Dermeval Saviani (Saviani e Duarte 2012).

Vigotski, pensador russo, conhecido sobretudo por sua psicologia, deixou uma extensa obra, que abrange desde a origem do homem – no que era, como Engels, um paleoantropólogo – até os meandros do ensino e da aprendizagem. Foi sempre um marxista e, como tal, sua psicologia da aprendizagem não poderia se fechar nem no conteúdo da relação educativa – a cultura – nem apenas no sujeito de sua apropriação – o ser humano que aprende, o estudante, o lado da subjetividade na relação. Era, pois, um interacionista, mas à maneira marxista, que centra todo o processo educativo na história, e não apenas em estruturas permanentes, apesar de ter excelente interlocução com psicólogos como Jean Piaget. Aliás, todo grande pensador, apesar de possuir um referencial nuclear que jamais abandona, tem grande liberdade para absorver as contribuições válidas geradas por referenciais diferentes.

A grande contribuição de Vigotski é a explicitação dos processos pelos quais o conhecimento é socialmente constituído. Isso é feito com base em dois conceitos básicos: internalização e desenvolvimento proximal. O funcionamento no plano intersubjetivo cria o funcionamento individual. O plano interno não consiste em reprodução das ações no plano externo. O plano intrassubjetivo da ação é formado pela internalização de capacidades originadas no plano intersubjetivo. O plano intersubjetivo não é o plano do outro, mas, sim, o plano da relação do sujeito com o outro.

Vigotski criou o conceito de *zona de desenvolvimento proximal*: são funções emergentes no sujeito, capacidades apoiadas em recursos auxiliares oferecidos pelos outros. Funções consolidadas refletem o desenvolvimento atingido. A zona de desenvolvimento proximal é a distância entre o nível real e o nível potencial. Assim, a boa aprendizagem é aquela que consolida e, principalmente, cria zonas de desenvolvimento proximal sucessivas. A gênese do conhecimento é social. A presença do outro é constitutiva do conhecimento. Assim, a relação entre sujeito e objeto é socialmente mediada. As funções têm origem nas relações entre as pessoas. O professor constrói sua prática pessoal integrando, de acordo com toda sua história, as várias contribuições das várias disciplinas, sendo capaz de refletir sobre seu trabalho, observando e avaliando a caminhada, enriquecendo-se e enriquecendo seus estudantes.

Em suma, a teoria da aprendizagem deve muito à psicologia histórico-cultural vigostkiana, em especial quando associada às conquistas educacionais da pedagogia histórico-crítica.

Ciência em transformação

A renovação da pedagogia, em pleno curso, haverá de promover, além da metodologia, a renovação dos conteúdos: é preciso casar uma sólida formação clássica com uma ágil incorporação da ciência e da tecnologia da contemporaneidade. É isso que os estudantes precisam aprender. É isso que os estudantes querem aprender. É isso que o desenvolvimento socioeconômico e cultural do país exige que aprendam os estudantes de todos os níveis, culminando com os da educação superior.

Tal pedagogia consiste na unidade dialética de dois movimentos: continuidade e ruptura. Com conteúdo que assegure essa dialética, podem se estabelecer entre professores e alunos relações harmoniosas e verdadeiras: se o conteúdo se inscreve no prolongamento daquilo que os alunos esperam, o professor deixa de ser um contendor, alguém de fora que de repente aparece. A partir daí, torna-se possível estabelecer o diálogo freireano entre aprendente-ensinante e ensinante-aprendente. Na verdadeira relação dialética proposta pela pedagogia histórico-crítica, não há lugar para protagonismos conflitantes, de um lado quem aprende, de outro lado quem ensina.

Trata-se de buscar uma síntese que represente uma troca autêntica professor-aluno, que inclua uma síntese continuidade-ruptura. São várias as rupturas a fazer, a começar pela ruptura da ilusão idealista, em que os fatores dominantes são as ideias. Essa ilusão é constante, e é essencial romper com essa aparência, pois as ideias mantêm relações estreitas com o modo como os homens produzem sua existência e se relacionam na sociedade.

Outra ruptura é com a ilusão de que as concepções morais são puras e desinteressadas, pois, em todo o curso da história, a moral tem sido sempre fruto do contexto. A verdade se encontra no prolongamento da vida. O esforço é de unificar o vivido. Explicar ao mundo suas próprias ações.

Georges Snyders (1995, p. 140) afirmou em entrevista:

> A didática me parece uma ciência em transformação, pelo menos na França. Um processo difícil, mas importante. Durante muito tempo, baseamo-nos na ideia de que bastava dar prosseguimento à

> experiência dos alunos para que eles progredissem. Acreditávamos que se eles observassem bem os fenômenos, fizessem pequenos experimentos sozinhos e os olhassem atentamente, eles aprenderiam. Esta didática é a de Freinet, de Claparède e mesmo de Piaget. Ela se apoia na continuidade. A grande mudança atualmente é que se sabe que os alunos partem de uma concepção sobre as coisas. Mas estas concepções são, geralmente, falsas. Eles formam estas ideias a partir das possibilidades de nossa civilização, da TV [acrescentaríamos hoje as mídias sociais), de tudo que existe por aí.

Em suma, há que espantar do aprendizado científico os fantasmas das ilusões baconianas, que a cultura dominante pretende inculcar na mente dos estudantes pelos meios de divulgação e entretenimento.

A teoria e prática da aprendizagem levarão em conta essa necessidade de desconstrução das informações falsas (as *fake news*) e das noções que delas derivam. "Ah! Essa falsa cultura!", já alertava o impagável e inapagável Millôr Fernandes. Voltando a Snyders, é interessante observar como, mesmo na educação superior, num curso de engenharia, por exemplo, os estudantes tanto sofrem com as matemáticas, no seu caso específico, a disciplina de cálculo:

> A matemática é lógica e coerente e o raciocínio matemático deveria constituir-se sem grandes problemas. Ora, qualquer professor de matemática vai dizer que a metade da classe não conseguiu acompanhar a matéria. São as ideias falsas que as crianças têm da matemática que as impedem de avançar no raciocínio matemático. Então, uma crítica de sua reflexão é necessária para que eles possam ter condições de avançar. (Snyders 1995, p. 98)

Snyders considera um absurdo a transmissão, na escola, de uma cultura fragmentária, não ligada aos anseios populares e não tradutora da cultura elaborada, que deixa de lado o objetivo para o qual a instituição escolar foi criada e provoca a resignação dos mais explorados. É necessário aprender conteúdos clássicos e populares, universais e identitários, pois a construção de sociedades mais justas supõe a integração de ambas as dimensões da cultura, e não a imposição de uma sobre a outra.

Partir do que o estudante já sabe

A educação precisa desenvolver o aprender em todos os níveis e graus, orientar para ser sujeito, conhecer sua posição no mundo e poder lutar para crescer. Para ensinar, é fundamental conhecer o que o estudante já sabe. Um celebrado autor, não importa se partindo ou não de referenciais acríticos e a-históricos, John Ausubel, fez uma advertência muito séria e relevante tanto para a aprendizagem quanto para o ensino: "Se eu tivesse que reduzir toda a psicologia educacional a um único princípio, diria isto: o fato isolado mais importante na aprendizagem é aquilo que o aprendiz já conhece. Descubra o que ele sabe e baseie nisso os seus ensinamentos" (Ausubel 1983). A raiz de acertos e desacertos nas situações de aprendizagem pode estar aí. O processo de ensino-aprendizagem deve fazer sentido para o estudante, a informação nova interagindo, ancorando-se nos conceitos já existentes na estrutura do aluno. É claro que essa estrutura de quem aprende deve ter sido, previamente, depurada das falsidades snyderianas que a comprometem.

Consideramos que o futuro da universidade está na educação básica, no aperfeiçoamento da educação pública de qualidade para todos. Sem isso, adeus ao sonho de boas universidades. De sua parte, o futuro da educação básica está, em grande parte, na universidade, porque é na educação superior que se formam os professores. A universidade forma e profissionaliza, embora a dimensão mais esquecida seja a de aprofundar a questão da relação entre ensino e aprendizagem. Fundamente ligado a esse processo, está a avaliação. É necessário atingir a chamada "avaliação processual", diagnóstica e contínua, respeitando as diferenças entre os alunos e favorecendo a apropriação significativa dos conhecimentos – e sobretudo, acompanhando passo a passo o desenvolvimento da aprendizagem.

Há várias indicações que podem permitir o desabrochar dos estudantes para o amor ao estudo e à solidariedade. O que é o aprender?

Entendemos que seja a aquisição cognitiva, física e emocional da capacidade de compreender, manipular, aplicar e/ou comunicar conhecimentos e competências. São mudanças que vão além do amadurecimento biológico ou do envelhecimento. Vários pesquisadores criaram divisão didática por domínios, definindo classificação dos objetivos de aprendizagem que sempre ajudam a planejar os encontros com os alunos. Cada ser humano tem uma forma preferencial para coletar e processar as informações, seja no domínio físico (visão, audição, tato, paladar e olfato), seja no emocional. Existem fatores internos que influenciam a capacidade de aprender (fome, sede, doença etc.) e fatores externos (conforto ambiental, temperatura, luminosidade, barulho etc.). Estes últimos constituem aquilo que, em bom espanhol, designa-se por *los entornos del aprendizaje*.

Convém trabalhar adequando a forma de ensinar às características da forma de aprender dos estudantes. Esses estilos também podem fazer articulação com os vários modelos de aprendizagem *online*. Conhecendo as características pessoais da forma principal de aprender, consegue-se estudar mais eficientemente, aproveitar o tempo, conhecer-se e ter confiança em si. Se a aprendizagem é mais auditiva, sugerimos gravar as aulas, falar o que estudou, conversar sobre o assunto, participar de grupos de estudo. Se é cinestésica, convêm abordagens mais práticas (anotar com desenhos ou mapas), usar réguas, canetas, maquetes etc., fazer intervalos de 15 minutos, por exemplo. Em contrapartida, se o aprender tende para o estilo visual, o estudante faz anotações a mão e aproveita mais quando as informações são apresentadas oralmente. Convém estudar em ambientes silenciosos, usar várias cores para as anotações e a caneta marca-texto. E escrever à mão durante os estudos.

Não se trata de autoajuda. É a necessidade de incluir no currículo escolar o conhecimento de modos práticos de estudar. Simples assim. Até Comênio já pensava nisso.

Vemos a necessidade de construir ambientes educativos favoráveis a uma diversidade de situações e dinâmicas de aprendizagem, ao estudo, à cooperação, ao conhecimento, à comunicação e à criação. Os alunos sozinhos e em grupo podem construir conhecimentos com apoio dos professores, realizar projetos de trabalho e pesquisa. É preciso entrelaçar o trabalho educativo dentro e fora das escolas. Pela vivência com a pandemia, vimos que não se aprende apenas nas aulas. Há décadas, sabemos que a educação se faz em todos os tempos, e que ela se dá em todos os espaços. Assim, veio a educação permanente, a educação ao longo da vida, a educação integral. A realidade vem mostrando que não se aprende apenas dentro das escolas. A educação se faz em todos os espaços. E não só a educação básica, também a educação superior.

Vejamos alguns itens de interesse para o aprender na educação superior:

- Respeito crítico à identidade cultural. A realidade está em transformação. O estudante, como ser social, também.
- Imagens e sons ao lado de textos para pensar. Ver filmes, propaganda, mapas, desenhos, sempre tendo antes passado por processo crítico de alfabetização midiática A sociedade hoje funciona com diversidade de linguagens, de mídias e de culturas, que exige do estudante alfabetização midiática crítica.
- Uso da problematização. O problema é o cerne da ciência e da arte. Os problemas desinstalam, geram inquietude, o que leva à produção do conhecimento. Não basta o tema. Há de ser localizado o problema a pesquisar.
- Desenvolvimento pessoal com mente perquiridora, curiosa, perspicaz. Ver textos opostos, visões distintas de um autor a outro.
- Valorização das inquietações, via de acesso ao conhecimento científico e filosófico.
- Desenvolvimento da criatividade. Discussões, encenações, debates, dramatizações, atividades as mais variadas, usadas com clareza de objetivos, podem desenvolver as forças criativas.
- Busca do sentido original de conhecimento que era único e foi se fragmentando, perdendo a noção do todo. É preciso dirigir o espírito à observação sistemática sobre a experiência

vivida. Fugir dos formalismos e dos detalhismos. Valorizar o conhecimento.
- Trabalho presencial para conhecimentos e habilidades que exigem atividade laboratorial e não podem ser adquiridos à distância.

Esses princípios podem e devem ser completados à medida que forem sendo enriquecidos com novas ideias, decorrentes da prática (Castanho e Castanho 2022).

Técnicas para o aprender

Discutir sobre técnicas remete à reflexão sobre a apropriação, por parte dos estudantes, dos instrumentos teóricos e práticos necessários ao equacionamento dos problemas encontrados na prática social. Tem havido poucas tentativas de se compreender como os diferentes discursos e práticas de sala de aula funcionam na formação das consciências e dos comportamentos dos estudantes. É nesse contexto que precisamos pensar sobre a questão das técnicas na prática educacional.

A técnica é sempre meio, nunca fim. A técnica deve ajudar a abrir perspectivas para que o estudante possa expor questões, permitindo-lhe progredir e avançar. A discussão abre o campo da verdade, porque põe em circulação uma pluralidade de pontos de vista. A proposta traduzida como *sala de aula invertida* sugere que a parte de informação seja feita fora da escola (por meio de vários recursos, destacando-se o tecnológico) e que os estudantes venham à escola para discussões e debates, com a presença do professor. A proposta de material para a fase de preparo do estudante antes de ir à sala de aula já vem propiciando oferta em sites, com todo tipo de orientação teórica. A questão do protagonismo de qualquer parte do processo pedagógico cede lugar à interação do aluno com seus colegas e com o professor.

Na verdade, estudante e professor estão no mesmo patamar de protagonismo. Atualmente, dado o desenvolvimento de todo tipo de recursos, vemos que o trabalho do professor não diminuiu, ele se modificou. O professor é ainda mais importante do que antes, porque a orientação para a incorporação de conhecimentos e a consequente constituição de processos mentais no estudante exige do professor mais hoje do que nunca (Castanho 2010).

A proposta "sala de aula invertida", por exemplo, deixa de acentuar a importância de etapas de *síncrese* (introdução geral) e *síntese* (término de um estudo e abertura para o seguinte), feitas pelo professor e que permitem a visão global do que foi analisado. A técnica apenas valoriza a análise, que é importante, por ser a ação em sala de aula com variadas formas de trabalho entre os estudantes com a presença do professor, mas deixa de enaltecer o quanto a síncrese inicial e a síntese final são indispensáveis. A proposta opõe a palestra à aprendizagem ativa, quando todos sabem da importância de uma palestra no início e no final de uma unidade teórica. Em resumo, usar essa e as demais técnicas terá efeito enriquecedor ou não, dependendo da competência em sua utilização com os estudantes.

Vemos que o ato de aprender envolve ganhar um modo de agir. Só aprendemos quando assimilamos uma coisa de tal jeito que, chegado o momento oportuno, sabemos agir de acordo com o aprendido.

O aprender presencial, digital e híbrido

Com professores e alunos sensíveis e com tato pedagógico, o digital pode ser um instrumento importante para apoiar as mudanças necessárias na educação e na aprendizagem. O recurso ao digital não é inocente e seu uso público é condicionado por ser controlado pelas grandes empresas educacionais privadas. Urgente é assegurar o acesso de todos ao digital e valorizar o *software* livre, universal e gratuito. O aprender digital, de modo geral, não atinge as camadas mais carentes da população brasileira (Martins, Romanowski e Garcia 2021). Acreditamos que os novos rumos da educação no Brasil, após a virada política da eleição presidencial de 2021, exige que todos os estudantes da educação básica e da educação superior, pelo menos os das instituições públicas estatais, e ainda os da rede privada que utilizam financiamento público (Fies e bolsas), disponham de computadores e de acesso à internet.

A tecnologia está revolucionando a aprendizagem. Há uma tendência de que a maior parte do conhecimento seja gratuita. Tudo o que a pessoa quiser conhecer ou aprender estará disponível no ensino a distância, pelo menos em áreas que não exijam atividade laboratorial presencial. Essa evolução tecnológica resulta em uma mudança no papel das IES, nas quais a apropriação do conhecimento inclui raciocinar, dominar esse conhecimento e colocá-lo em prática. Processo a ser interpretado no sentido de formar um bom profissional, mas também no de incentivar o estudante a se tornar uma pessoa que possa se incluir na vida da sociedade.

Registrar "matéria dada" (seja no aprender presencial, no digital ou no híbrido) é ilusão de que foi incorporada à estrutura cognitiva. Ledo engano. Essa posição remonta à teoria ultrapassada de que somos uma folha em branco onde são registradas as informações. Ao planejar o trabalho, há decisões, em cada item, sobre os processos mentais a desenvolver e quais atividades propiciam isso. Conteúdos e processos mentais devem estar claramente planejados.

O desafio enfrentado pelo aprender remoto é promover o valor do sentido da vida e do autocuidado, discutir as relações humanas, refletir sobre o meio ambiente e – ponto de extrema importância para este momento – o papel da ciência.

Antes de tudo, aprender a civilizar-se

Ao incorporarmos a premissa pedagógica do *historiocriticismo*, de que aprender implica a recusa inicial das informações e noções falsas e, portanto, da ingenuidade ante a cultura social, é preciso também levar em conta a reflexão feita por Margareth Mead (Mead, Benedict e Sapir 2015) sobre o que ela considera o imperativo civilizacional da educação. A antropóloga faz referência ao caso de um estudante que lhe perguntou o que considerava o primeiro sinal de civilização em uma cultura. O estudante esperava que ela falasse sobre ganchos, tigelas de barro ou pedras para afiar. Mead disse que o primeiro sinal de civilização em uma cultura antiga é a prova de uma pessoa com um fêmur partido e curado. Mead explicou que, no resto do reino animal, se você quebra a perna, você morre. Você não pode fugir do perigo, ir ao rio beber água ou caçar para se alimentar. Você se torna carne fresca para os predadores. Nenhum animal sobrevive o suficiente a uma pata quebrada para que o osso se cure. Um fêmur partido que se curou é a prova de que alguém dedicou tempo a ficar com aquele que caiu, curou a ferida, colocou a pessoa em segurança e cuidou dela até que se recuperasse.

Para Mead, ajudar alguém que passa por dificuldades é o ponto de partida da civilização. Civilização é apoio comunitário. A dimensão da cultura é caracterizada pelo crescimento da solidariedade. Será que, na cultura liberal individualista atual, ainda se pensa assim? O estudante da educação superior que trabalha e estuda e se prepara para progredir e ascender socialmente deve também se conscientizar para exercer seu trabalho com mais conhecimento, competência, civilizando-se cada vez mais. Trata-se não só de adquirir conhecimento, mas, por meio do trabalho, socializá-lo e abrir ao coletivo suas conquistas pessoais.

Muitos desses estudantes estão em atividades remuneradas ou desempregados e/ou buscando emprego. Há os estudantes de período integral que enfrentam toda sorte de dificuldades, exercendo atividades remuneradas no tempo que logram furtar ao repouso; a escola se torna outro turno do trabalho.

Ricardo Antunes (2009), destacado pesquisador da Unicamp, vinculado ao pensamento do húngaro radicado na Inglaterra István Mészáros, professor em Sussex, mostra as diversas categorias de trabalhadores que têm em comum a precariedade do emprego e da remuneração; a eventual desregulamentação das condições de trabalho e a consequente regressão dos direitos sociais; a ausência de proteção e expressão sindicais, configurando tendência à individualização extrema da relação laboral.

Brasil, 2023. Renasce a esperança, na área da educação, do restabelecimento de políticas públicas, da moralização da profissão, do enfrentamento do desgaste social, psicológico, da dificuldade da profissão. Tempo complexo, com muitas dificuldades. Precisamos de coragem, esperança e força. Tenhamos otimismo sem inocência (Castanho 2017).

Perspectivas

A humanidade nunca levantou problemas que não pudesse resolver. É preciso perceber as características macroestruturais do tempo presente, seus determinantes de contexto sociopolítico e trabalhar no microestrutural. O trabalho é grande, mas é um desafio a ser enfrentado. A educação vem dando lugar a atividades criadas depois da crise provocada pelo coronavírus, com utilização do ensino remoto, visando educandos capazes de analisar as várias alternativas diante dos desafios e que façam a diferença nos contextos em que atuam/atuarão.

Na educação superior, surgem problemas novos e inesperados, decorrentes de crítica à postura educacional tradicional. Há urgência de soluções criativas para nossos problemas, temos pressa de formar as novas gerações para criar propostas alternativas. Importantes agentes nessa situação, estudantes e professores são sujeitos históricos, vivendo num contexto social e político altamente complexo e desafiador. Vem surgindo uma nova forma de aprender que inclui a ousadia de inovar as práticas de sala de aula, trilhando caminhos novos, ainda que inseguros, expondo-se e não tendo medo de dividir com os colegas. São colocadas em ação outras habilidades além das cognitivas. Na verdade, é o caso de se pensar como participante do desvelamento do mundo e da construção de regras para viver com mais sabedoria (Castanho 2011).

A realidade atual leva a entender o conhecimento como construção, incentivando a dúvida, valorizando e trabalhando baseado no erro. A provisoriedade, a multiplicidade e o movimento permeiam o cotidiano. Caminhando com as dificuldades do momento atual, a aula pode ser entendida como espaço para dúvida, nela se praticando leitura e interpretação de textos, trabalhos em grupo, observações, vídeos. O aluno passa a ser de fato a referência, e os conteúdos emergem dos objetivos, a dúvida passa a ser princípio pedagógico e a perspectiva disso tudo é a recuperação do prazer de aprender, possibilidade de interdisciplinaridade, novas aprendizagens.

Em outro momento e em outro lugar, tratamos da importante questão do "ensino com pesquisa" (Castanho 2010a). É hora, aqui e agora, de abordar o "aprender com pesquisa".

Pesquisa é algo que se faz na pós-graduação; na graduação, basta o ensino. Certo? Não nos parece. A política educacional, de modo geral, tem entendido que a pesquisa, na educação superior, deve ser desenvolvida apenas nas universidades, que são organizações complexas e, nelas, apenas na pós-graduação, especialmente nos programas de mestrado e doutorado. Estaria, pois, excluída de organizações menos complexas, como as faculdades, as escolas e os institutos isolados, as faculdades integradas e os centros universitários.

Alguns pontos devem ser esclarecidos. O primeiro é que a "pesquisa" referida pela política educacional é aquela ligada à "produção institucionalizada", que resulta em dissertações de mestrado e teses de doutorado em sentido estrito e em artigos, comunicações e livros dos docentes pesquisadores. Além dessa pesquisa, há que se falar da pesquisa em sentido amplo – a que nos interessa quando nos referimos a aprender-com-pesquisa e a ensino-com-pesquisa.

Segundo ponto: ensino e aprendizado estão sempre juntos. Para que haja ensino, é necessário que haja aprendizado. Somente se ensina quando alguém efetivamente esteja aprendendo.

E aqui vem o terceiro ponto: para que alguém aprenda, é necessário que opere, que trabalhe com os dados, mais ainda, que vá à procura de informações ou de relações entre fatos. E o que é essa busca? Nada mais, nada menos que a pesquisa.

Para que a aprendizagem se realize e os conhecimentos e habilidades se incorporem ao universo cultural do estudante, é necessário que este "manipule" os conhecimentos, "aplique" as habilidades. E isso, tanto na graduação como na pós-graduação, não acontece em situação de aprendizagem passiva, ou não aprendizagem. A saída está na aprendizagem participativa, no aprender com pesquisa.

Em outras palavras, é necessário que o aluno se ponha em campo e aprenda a lidar com os mapas que o professor fornece. Que mapas? As noções fundamentais, os desenvolvimentos teóricos, as linhas que pesquisadores trilharam antes (as chamadas "linhas teóricas" dos Vigotskis, dos Gramscis, dos Snyders, dos Savianis, dos Piagets, dos Deweys, das Krupskayas).

Aprender com a extensão

A educação integral é sabidamente uma questão crucial. Em primeiro lugar, é preciso ficar claro que "educação integral" não é o mesmo que "escola de tempo integral", embora esta seja um dos pressupostos daquela. Há os que justificam propostas de escola de tempo integral nas redes de ensino público do país e há os que questionam adesões acríticas a tais escolas.

A educação integral pressupõe um sistema educacional com uma estrutura completa, baseada numa teoria pedagógica e implementada por uma prática educativa. Seus pilares são a plurilocação e a multitemporalidade. De modo bem resumido, a educação integral se dá no espaço ampliado, que inclui, mas supera, as paredes da escola e no tempo aberto, que inclui, mas supera, o calendário e o horário escolares. Muito se poderia dizer sobre outras implicações desse conceito, como, por exemplo, o currículo ampliado. Fica para um trabalho específico, que ainda apresentaremos sobre essa questão.

Por ora, diremos apenas que participamos de seminário sobre educação integral na cidade mineira de Araxá, apresentando a palestra de encerramento do evento no Centro Universitário de Araxá, em outubro de 2022. Na ocasião, dissemos que "seminário" vem do latim *semen, seminis*, que quer dizer semente. Portanto, seminário é um semeadouro, o lugar em que se semeia. Estávamos todos ali semeando ideias e projetos de uma educação integral.

Continuando na metáfora da semente, reafirmamos o que se havia dito na abertura do seminário, a saber, que somos todos jardineiros, semeando a ideia generosa de formar humanos em todas as suas dimensões: do conhecimento (*ciência*); da solidariedade e dos valores (*ética* e *axiologia*); e da estética (*arte* como forma de conhecer para mudar por meio do espaço simbólico).

Precisamos jardinar o tempo inteiro e em toda parte para que o fruto de nossa semeadura seja uma sociedade humana justa, verdadeira e bela. Precisamos ter *entusiasmo* pela educação integral, lembrando que entusiasmo vem do grego e significa algo como "deus dentro de nós".

É evidente que, em se tratando da educação superior, a integralidade não se fecha apenas com o ensino e a pesquisa. Faz-se necessário, com a extensão, completar o tripé da universidade e deixar claro que extensão universitária não é assistência social. A extensão faz parte do núcleo da universidade. Como o foco deste capítulo é o aprender na educação superior, nunca é demais repisar que se aprende também na extensão.

Considerações finais

As pesquisas levantam dúvidas, indagações, novos questionamentos. Ao invés de serem prescritivas, como foram, hoje nos incitam à busca de respostas para problemas da realidade, tão complexa e síntese de múltiplas determinações (Castanho 2008). Caminhar nessa busca é um dos objetivos principais deste livro.

Para que ocorra o aprender, é necessária reforma radical em todos os níveis; trabalho para uma geração. Sair da retórica e começar. Consideramos que é preciso desencadear programas de formação, aliando tecnologia e um conceito de qualidade sobre a formação da pessoa e do profissional com sua capacidade de criar e de construir. Após tantas cobranças de aprimoramento aos docentes de nossas escolas, é preciso readequar as condições de tal trabalho, já que o excesso de atribuições compromete o tempo desse aprimoramento.

Encerramos, deixando reforçada nossa opção pela pedagogia histórico-crítica e pela psicologia histórico-cultural, base da teoria do aprendizado. O aprofundamento dessas teorias e sua aplicação prática buscam, apesar de muitos obstáculos, encontrar soluções para os grandes e históricos impasses da educação brasileira.

Frigotto (2022) lembra Antônio Cândido, que dizia, citando um filósofo: "Não tenha medo da pobreza; tenha medo do medo; supere-o e lute pelo melhor". O medo é um dos grandes temas reprimidos de nossa cultura. Na política, por exemplo, encontra-se não só o que os homens deixam de fazer por covardia, mas o que fazem por medo. "Conhecer o medo, devassar seus arcanos não é só atender a uma curiosidade particular. É ampliar nossas consciências para reconhecer um fantasma, cuja força está em ser inconfesso" (Ribeiro 1989, prefácio).

É sempre oportuno lembrar o grande professor Florestan Fernandes (1986), que, em seu livro *O desafio educacional*, dizia que a educação é o maior dilema brasileiro, maior que a fome e maior que a miséria, pois priva os famintos e miseráveis do saber necessário para superar sua situação. Nossas palavras são convites abertos a novas contribuições de estudantes e docentes. São, no sentido que lhe atribui Umberto Eco (2015), "obra aberta".

Referências bibliográficas

ANTUNES, R. (2009). *Os sentidos do trabalho: Ensaio sobre a afirmação e a negação do trabalho*. São Paulo: Boitempo.

AUSUBEL, D.P. *et al.* (1983). *Psicología educativa: Un punto de vista cognoscitivo*. Cidade do México: Trillas.

BRASIL (1996). Lei de Diretrizes e Bases da Educação Nacional, Lei 9.394, de 20 de dezembro de 1996. [Disponível na internet: http://www.planalto.gov.br, acesso em 1/10/2020.]

CASTANHO, M.E. (1999). "Aprendizagem no ensino superior noturno: Uma questão metodológica?". *In*: BUSCHIAZZO, O. *et al.* (orgs.). *Pedagogia universitária: presente y perspectivas*. Montevidéu: Unesco-AUGM.

________ (2008). "Uma experiência de vida: Ensino e pesquisa na pedagogia universitária". *In*: EGGERT, E. (org.). *Trajetórias e processos de ensinar e aprender: Didática e formação de professores*. Livro I. Porto Alegre: EdiPucRS.

________ (2010). "Pesquisa em pedagogia universitária". *In*: CUNHA, M.I. (org.). *Reflexões e práticas em pedagogia universitária*. Campinas: Papirus.

CASTANHO, S. (2010a). "Ensino com pesquisa". *In*: PIERSON, A.H.C. e OLIVEIRA E SOUZA, M.H.A. (orgs.). *Formação de professores na Ufscar*. São Carlos: Edufscar.

________ (2010b). *Teoria da história e história da educação: Por uma história cultural não culturalista*. Rev. Dermeval Saviani. Prefácio de José Luís Sanfelice. Campinas: Autores Associados. [Edição em *e-book*. Campinas: Autores Associados, 2022.]

________ (2011). "Transformações históricas da escola pública no Brasil ou como chegamos à escola estatal que temos?". *In*: LOMBARDI, C. e SAVIANI, D. (orgs.). *História, educação e transformação: Tendências e perspectivas para a educação pública no Brasil*. Campinas: Autores Associados.

________ (2017). "Docência no ensino superior: Desafios contemporâneos". *Revista Evidência: Olhares e Pesquisa em Saberes Educacionais*, v. 13, n. 13. Instituto Superior de Educação.

CASTANHO, M.E. e CASTANHO, S. (2022). "Repensando a didática e suas contribuições ao longo do tempo". *In*: VIANA, C.M.Q.Q. e SILVA, E.F. (orgs.). *Formação docente, didática e projeto político-pedagógico: O legado de Ilma Passos Alencastro Veiga*. Campinas: Papirus.

DUARTE, N. (2000). *Vigotski e o "aprender a aprender": Crítica às apropriações neoliberais e pós-modernas da teoria vigotskiana*. Campinas: Autores Associados.

ECO, U. (2015). *Obra aberta*.10ª ed. São Paulo: Perspectiva.

FERNANDES, F. (1986). *O desafio educacional*. São Paulo: Expressão Popular.

FRIGOTTO, G. (2022). "Educação e Projeto Brasil". Palestra, promoção Sinpro e Apropucc, Campinas, SP, 13/10/2022.

GASPARIN, J.L. (2002) *Uma didática para a pedagogia histórico-crítica*. Campinas: Autores Associados.

KONDER, L. (2007). *Sobre o amor*. São Paulo: Boitempo.

MARTINS, L.M.; GALVÃO, A.C. e LAVOURA, T.N. (orgs.) (2019). *Fundamentos da didática histórico-crítica*. Campinas: Autores Associados.

MARTINS, P.L.O.; ROMANOWSKI, J.P. e GARCIA, M.S.S. (2021). "Tecnologias digitais da informação e comunicação: Novos desafios na educação superior". *In*: VEIGA, I.P.A. e FERNANDES, R.C.A. (orgs.). *Por uma didática da educação superior.* Campinas: Autores Associados.

MEAD, M.; BENEDICT, R. e SAPIR, E. (2015). *Cultura e personalidade*. Rio de Janeiro: Zahar.

NOSELLA, P. e BUFFA, E. (2021). *Schola Mater: A antiga Escola Normal de São Carlos*. São Carlos: Fapesp/Edufscar.

NÓVOA, A.S. da (2020). "E agora, escola?". *Jornal da USP*, 19/8/2020.

RIBEIRO, R.J. (1989). "Prefácio". *In*: DELUMEAU, J. *História do medo no Ocidente. 1300-1800*. São Paulo: Companhia das Letras.

________ (2018). *A pátria educadora em colapso*. São Paulo: Três Estrelas.

SAVIANI, D. (1995). *Pedagogia histórico-crítica: Primeiras aproximações*. Campinas: Autores Associados.

________ (2007). *História das ideias pedagógicas no Brasil*. Campinas: Autores Associados.

________ (2008). *Escola e democracia*. 40ª ed. Campinas: Autores Associados. (Edição comemorativa de 25 anos do lançamento)

________ (2014). Entrevista de 7/4/2014. Portal da Anped.

SAVIANI, D. e DUARTE, N. (orgs.) (2012). *Pedagogia histórico-crítica e luta de classes na educação escolar*. Campinas: Autores Associados.

SCHWARTSMAN, H. (2020). "A ciência do aprendizado". *Folha de S.Paulo*, 22/11/2020, p. A2.

SERDEIRA, A.H.I.C. (2019). "A obra de Georges Snyders: Cultura e política como pressupostos de uma escola progressista". *In*: BOTO, C. (org.). *Clássicos do pensamento pedagógico: Olhares entrecruzados* [*online*]. Uberlândia: Edufu, pp. 189-217.

SNYDERS, G. (1977). *Escola, classe e lutas de classes*. Trad. Maria Helena Albarran. Lisboa: Moraes.

________ (1995). *Feliz na universidade*. Rio de Janeiro: Paz e Terra.

SOUSA SANTOS, B. de (2020). *A cruel pedagogia do vírus*. Coimbra: Almedina.

VIGOTSKI, L. (1935/1978). *Mente na sociedade: O desenvolvimento dos processos psicológicos mais elevados*. Cambridge: Havard University Press.

________ (2007). *A formação social da mente*. São Paulo: Martins Fontes.

________ (2008). *Pensamento e linguagem*. Trad. Jefferson Luiz Camargo. Rio de Janeiro: Martins Fontes.

4
EDUCAÇÃO SUPERIOR: A PESQUISA INTERINSTITUCIONAL NO CONTEXTO COLABORATIVO

Ilma Passos Alencastro Veiga
Cleoni Maria Barboza Fernandes

Introdução

O objetivo deste capítulo é compreender o processo didático em sua dimensão de pesquisa, para que os docentes da educação superior possam concretizar o princípio da indissociabilidade entre ensino, pesquisa e extensão, ou seja, sociabilizar conhecimentos e tecnologias inovadoras para realizar a atividade de pesquisar. As Instituições de Ensino Superior (IES) desempenham as funções fundamentais de: formar profissionais de diferentes campos científicos; ofertar e desenvolver educação superior como continuidade da educação básica; desenvolver a indissociabilidade; prestar serviços especializados à sociedade de acordo com o capítulo IV da Lei de Diretrizes e Bases da Educação (LDB), n. 9.394/96, que, no artigo 43, define suas finalidades e explicita que elas devem ser desenvolvidas por todos os tipos de IES, como enumerado a seguir:

> I – estimular a criação cultural e o desenvolvimento do espírito científico e do pensamento reflexivo;
> II – formar diplomados nas diferentes áreas de conhecimento, aptos para a inserção em setores profissionais e para a participação no desenvolvimento da sociedade brasileira, e colaborar na sua formação contínua;
> III – incentivar o trabalho de pesquisa e investigação científica, visando ao desenvolvimento da ciência e da tecnologia e da criação e difusão da cultura e, desse modo, desenvolver o entendimento do homem e do meio em que vive;
> IV – promover a divulgação de conhecimentos culturais, científicos e técnicos que constituem patrimônio da humanidade e comunicar o saber através do ensino, de publicações ou de outras formas de comunicação;
> V – suscitar o desejo permanente de aperfeiçoamento cultural e profissional e possibilitar a correspondente concretização, integrando os conhecimentos que vão sendo adquiridos numa estrutura intelectual sistematizadora do conhecimento de cada geração;
> VI – estimular o conhecimento dos problemas do mundo presente, em particular os nacionais e regionais, prestar serviços especializados à comunidade e estabelecer com esta uma relação de reciprocidade; e
> VII – promover a extensão, aberta à participação da população, visando à difusão das conquistas e benefícios resultantes da criação cultural e da pesquisa científica e tecnológica geradas na instituição.

Cabe destacar que a legislação cuida das finalidades permeadas pelas concepções axiológicas e pelos princípios inerentes a essa modalidade de educação e procura também

> (...) rearticular os níveis de ensino (educação básica e educação superior), através de uma providência de formalização legal, trazendo a educação superior para o corpo da Lei de Diretrizes e Bases da Educação. Aliás, aqui é o seu lugar. (Carneiro 1999, p. 121)

O artigo 43 da LDB, ao definir as finalidades, explicita que elas devem ser desenvolvidas por todos os tipos de IES. Frauches e Fagundes (2007, p. 91), ao discutir as referidas finalidades, assim se expressam:

> A forma e a densidade do desenvolvimento de cada uma dessas finalidades dependem do tipo da IES e de sua missão e objetivos institucionais definidos no Plano de Desenvolvimento Institucional (PDI), incluindo o Projeto Pedagógico Institucional (PPI).

Muito deste texto foi pensado e elaborado tendo como referência o processo de descoberta de novos conhecimentos, por meio do método científico. Ao trilhar o caminho proposto, por meio da pesquisa interinstitucional colaborativa, contribuiremos para o desenvolvimento profissional docente e da instituição e isso nos leva a destacar que não bastam o ensinar e o aprender. É preciso que o processo didático inclua também pesquisar e pensar o ensino, a aprendizagem, a avaliação e concretizar a extensão mediada pelos processos investigativos e, assim, estimular o potencial construtivo, participativo, colaborativo dos docentes e dos estudantes da educação superior.

Pesquisa interinstitucional colaborativa: Vivências calcadas em grupos coletivos

A pesquisa, especialmente a interinstitucional, é uma proposta metodológica em construção. Vale apresentar sucintamente algumas experiências que giraram em torno das temáticas diversificadas com o propósito de clarear os significados desse processo metodológico.

A pesquisa interinstitucional em contexto colaborativo "Didática da educação superior e da formação pedagógica do docente na pós-graduação *stricto sensu*" foi desenvolvida com a Universidade Federal do Tocantins, a Universidade Federal de Alagoas, a Universidade Federal da Bahia, a Universidade Federal da Paraíba, a Universidade Federal de Goiás e a Universidade de Brasília. Essa pesquisa evidenciou que para construir a colaboração entre as instituições foi necessário formar grupos interinstitucionais, o que demonstrou uma aprendizagem compartilhada, orientada para a produção de conhecimento quanto ao desenvolvimento profissional do grupo de pesquisadores interinstitucionais no âmbito da abordagem qualitativa. A análise interpretativa dos dados indicou a reflexão epistemológica que pesquisou a formação pedagógica do docente na modalidade da pós-graduação *stricto sensu* como prática social, tomando-a como ponto de partida e de chegada (Veiga e Quixadá Viana 2023).

A pesquisa interinstitucional colaborativa denominada "Licenciatura em pedagogia: Realidades, incertezas, utopias" foi desenvolvida em quatro universidades federais: Universidade de Brasília, Universidade Federal de Pelotas, Universidade Federal de Uberlândia e Universidade Federal do Mato Grosso do Sul. Para tanto, foi necessário formar grupos interinstitucionais colaborativos, a fim de concretizar a pesquisa, que evidenciou uma aprendizagem investigativa em relação tanto ao conhecimento quanto ao desenvolvimento profissional dos grupos de investigadores. Nessa caminhada, a trajetória colaborativa e partilhada dos investigadores de diversas IES aprofundou os conhecimentos a respeito do curso de pedagogia (Fernandes e Cunha 1998).

Outra pesquisa interinstitucional colaborativa, denominada "Inovação como fator de revitalização do ensinar e aprender na universidade", exigiu uma série de reflexões com os grupos diversificados das seguintes universidades federais: Universidade Federal do Rio Grande do Sul, Universidade Federal de Pelotas, Universidade de Brasília e Universidade de Buenos Aires, na Argentina. As reflexões com os grupos, situados nas experiências vividas na prática investigativa, objetivaram a leitura e a compreensão da temática que evidenciou a importância da contextualização ao longo do processo. O trabalho também reforçou a construção coletiva como possibilidade de inovar e também a concepção da pesquisa no bojo da criticidade e da criatividade, princípios importantes para a análise interpretativa da realidade (Fernandes e Cunha 1995).

Como decorrência das pesquisas calcadas em grupos interinstitucionais, foi possível compreender que essa forma de investigação considera as seguintes dimensões: a política que concebe a educação como um ato político; a técnica que envolve as formas de produção do conhecimento acerca do foco temático da pesquisa; a estética como expressão da alegria, da beleza e do compromisso com o outro; a ética que envolve a seriedade e o respeito com relação aos dados, às informações e aos interlocutores e parceiros da investigação.

O que é a pesquisa interinstitucional colaborativa?

Para responder à indagação do que é a pesquisa interinstitucional colaborativa, partimos de duas concepções: a etimológica e a formal. No sentido etimológico, pesquisa é o ato de pesquisar. Para Ferreira (1999, p. 1.556; grifos nossos), significa "*investigação e estudo* minudentes e *sistemáticos*, com o fim de descobrir ou estabelecer *fatos* ou *princípios relativos* a um *campo* qualquer de *conhecimentos*". Dessa perspectiva, as expressões investigação, estudos sistemáticos, descobrir fatos e princípios e campo de conhecimentos se abrem como concepções importantes e significativas que integram a ideia de participação, de coletivo, de relação democrática e de envolvimento com outros investigadores e instituições.

Para Houaiss e Villar (2001, p. 225; grifos nossos), no sentido formal, "a pesquisa é o *conjunto de atividades* que têm por finalidade a *descoberta de novos conhecimentos* nos domínios *científico*, *literário*, *artístico* etc. *Investigação ou indagação* minuciosa. *Exame de laboratório*". Nesse sentido, pesquisar implica descobrir, indagar, argumentar e produzir conhecimentos diversificados e tecnológicos, entre outros sentidos.

A pesquisa interinstitucional colaborativa é de abordagem qualitativa entre as diversas características. Bogdan e Biklen (1994, p. 48) destacam que "a fonte é o ambiente natural, constituindo o investigador instrumento principal". Os pesquisadores qualitativos, os docentes e os estudantes assumem que o "comportamento humano é significativamente influenciado pelo contexto em que ocorre, destacando-se sempre que possível ao local do estudo" (Veiga 2015, p. 24).

Nessa ótica, a pesquisa interinstitucional colaborativa é um processo de construção de conhecimento que se concretiza coletivamente. Nela, o "pesquisador deve exercer o *papel subjetivo* de *participante* e o *papel objetivo de observador*, colocando-se numa *posição ímpar* para *compreender* e *explicar o comportamento humano*", como explicitam Lüdke e André (1999, p. 33; grifos nossos).

Nesse sentido, os problemas e questões que norteiam a pesquisa exigem uma base teórico-epistemológica que propicie aos pesquisadores novas indagações, novas respostas e argumentações no decorrer do processo investigativo. Vale ressaltar que, na análise interpretativa, estabelecem-se as relações entre as partes e o todo, "buscando a visão orgânica coerente e concisa das múltiplas determinações que explicam o objeto da investigação" destacado por Veiga (2015, p. 27).

A pesquisa interinstitucional colaborativa vem se destacando como uma alternativa qualitativa da concepção ao desenvolvimento e ao encerramento da investigação. Ela implica reciprocidade, participação, compartilhamento de problemas, objetivos comuns e soluções alternativas. Não se trata de uma simples justaposição dos sujeitos, ela representa a síntese das interlocuções entre os pesquisadores-docentes e os sujeitos pesquisados. O termo colaboração vem do verbo colaborar, "é derivado de *labore* – trabalhar, produzir, desenvolver atividades tendo em vista determinado fim" (Damiani 2008, p. 214).

Boavida e Ponte (2002, p. 4) destacam que

> a colaboração pode desenvolver-se entre pares, por exemplo, entre professores que trabalham num mesmo projeto; mas a colaboração pode também ter lugar entre atores com estatutos e papéis diferenciados, por exemplo; entre professores e investigadores, entre professores e alunos, entre professores e encarregados da educação, ou mesmo no seio de equipes que integram profissões diversificadas como os professores, psicólogos, sociólogos e pais.

Boavida (2005) indica três passos para efetivar a colaboração: o primeiro é o estabelecimento da *confiança mútua* entre os pares, a fim de possibilitar a comunicação das ideias, os valores compartilhados, os objetivos comuns; o segundo passo é o *diálogo* como "mediador entre a experiência e o significado", possibilitando o confronto de ideias e a construção de novas compreensões; e o terceiro passo é a *negociação*, nela se estabelecem os acordos realizados entre o grupo, objetivando a tomada de decisão conjunta em razão do desenvolvimento do coletivo e da interinstitucionalidade.

De acordo com os autores citados, o pesquisar se refere a um conjunto de atividades para descobrir, inventar, conviver com o coletivo dos estudantes e de outros pesquisadores e das instituições. Trata-se de compartilhar questões investigativas diversificadas, desenvolver metodologias inovadoras para enfrentar desafios, socializar experiências, construir conhecimentos e desenvolver tecnologias experimentos e inovações, entre outros objetivos. Veiga (2019, p. 97) afirma que "isso desmistifica a pesquisa como uma ação invariavelmente complexa e solitária, destinada a alguns iluminadamente privilegiados". A ideia central da pesquisa interinstitucional colaborativa é desenvolver o espírito crítico e criativo de forma participativa e de construção coletiva de conhecimentos, tecnologias e inovações.

Um diálogo com a pedagogia histórico-crítica: Princípios fundantes, compromissos metodológicos e ações da pesquisa

A pedagogia histórico-crítica (PHC), como teoria da educação, precisa avançar, por estar orientada para a dimensão sócio-histórica, fundada na articulação da educação com o movimento da sociedade e a sua historicidade, tendo como base os princípios norteadores, os compromissos metodológicos e as ações investigativas.

Os princípios fundantes da pesquisa e os compromissos dos investigadores

Entre as diversas características da investigação interinstitucional colaborativa já discutidas, este subitem apresenta os princípios fundantes necessários às mudanças e à construção de novas trilhas. Isso significa que as questões e os problemas que norteiam a pesquisa exigem uma orientação teórica, para que os pesquisadores formulem outros questionamentos no decorrer do trabalho, em razão da materialidade do processo investigativo. Estes princípios assumem lugar de destaque na constituição da pesquisa:

a) o processo de pesquisa parte da relação dialética entre educação, sociedade e IES, com vistas às transformações sociais;

b) o pesquisar é um processo de formação humana orientada pela racionalidade emancipatória;

c) a indissociabilidade entre ensino, pesquisa e extensão é articuladora do processo investigativo;

d) o processo investigativo é contextualizado e decorrente da análise crítica do contexto social onde se realiza.

e) o processo investigativo é interdisciplinar, por envolver conhecimentos científicos, pedagógicos, metodológicos e experienciais;

f) a pesquisa é um processo solidário, articulado e integrativo na relação com o outro de forma emancipatória;

g) a pesquisa é mediatizada pelos conhecimentos e pela metodologia colaborativa para produzir as aprendizagens.

Diante desses princípios fundantes, considerando que pesquisar é uma dimensão do processo didático e compreendendo que se trata de uma atividade humana, a questão agora é apresentar os compromissos dos pesquisadores em razão da materialidade do ato de pesquisar. Neste momento, cabe-nos apresentar os compromissos dos pesquisadores e suas implicações na pesquisa interinstitucional colaborativa:

a) exigir comprometimento ético com a investigação;

b) exigir postura contínua na prática reflexiva;

c) buscar a autonomia intelectual;

d) envolver a participação, a reciprocidade, o diálogo, a afetividade e a psicomotricidade;

e) desenvolver a consciência crítica, política, social, ética e estética.

Como se verifica, trata-se de compromissos orientados pela dimensão política dos atos de pesquisar e formar. O trabalho investigativo em grupo, interinstitucional, colaborativo, da perspectiva da integração "não se resume a um mesmo tempo, espaço e território. Ele se dá em diferentes espaços interinstitucionais com pesquisadores de distintas qualificações" (Leite *et al.* 1999, p. 48). Os pesquisadores são, portanto, sujeitos que constroem, desenvolvem, avaliam e socializam experiências, conhecimentos, tecnologias e inovações.

A pesquisa interinstitucional colaborativa e o método investigativo no âmbito da pedagogia histórico-crítica

A PHC, como método pedagógico participativo, assume a educação como mediação no seio da prática social e se estrutura em torno do enunciado proposto por Saviani (1983, p. 14): "(...) a educação supõe a heterogeneidade (diferença) no ponto de partida e a homogeneidade (igualdade) no ponto de chegada". Essa orientação tem como perspectiva uma finalidade educativa.

Em termos metodológicos, a pesquisa se dedica à concretização das finalidades (para que pesquisar), dos objetivos educativos (o que pesquisar) e do método (como pesquisar), estabelecendo relações entre a concepção de educação e política. A trilha a ser percorrida envolve cinco momentos baseados no fundamento do método "que busca expressar o movimento constituído como a passagem do *empírico ao concreto pela mediação do abstrato*, ou seja, a passagem da *síncrese à síntese pela mediação da análise*" (Galvão, Lavoura e Martins 2019, p. 127; grifos nossos).

O movimento da travessia representa a forma como situamos a realidade e as possibilidades de solução. Essa travessia metodológica envolve determinada opção de compreender a realidade visando à sua transformação, trazendo-a para a realidade educacional concreta, pensada em suas múltiplas determinações nos diferentes contextos históricos e sociais. O método pedagógico desenvolvido no contexto da PHC por Saviani (1983, p. 73) é compreendido como teoria da educação assumida como mediação: "Os métodos que preconizo mantêm continuamente presente a vinculação entre educação e sociedade".

A abordagem histórico-crítica concebe a ciência como um produto da ação do homem, visto como ser social e histórico determinado pelos múltiplos contextos. A atividade de pesquisar como uma modalidade da prática social significa que, "em hipótese alguma, saímos da prática social para desenvolvermos atividades de estudo e depois retornamos a ela para agir praticamente", como afirmam Galvão, Lavoura e Martins (2019, p. 128). Assim, os movimentos intermediários "não perdem sua relação com a prática social. São necessários justamente para qualificá-la de forma superior", como explicam Marsiglia (*apud* Galvão, Lavoura e Martins 2019, p. 128). Essa é a trilha a ser percorrida pelo processo investigativo.

Essa orientação gira em torno do pesquisar por meio dos cinco movimentos que visam à interpretação da realidade e dos fenômenos a serem investigados, à visão de mundo e à práxis – concebida como prática articulada à teoria. Para realizar a travessia do método pedagógico para o método investigativo, esse percurso é um desafio.

Assim, tendo o ponto de partida como primeiro momento, é necessário unir pesquisadores, docentes, estudantes e instituições, para a definição do objeto a ser pesquisado e a construção do problema e de seus objetivos. Isso significa

> (...) apreender o que essa prática social realmente é, considerando esse ser em sua processualidade histórica, ou seja, em seu surgimento, desenvolvimento, estrutura atual e tendências futuras de transformação, (...). Implica não apenas deter informações caóticas e precárias dessa prática social, mas também compreendê-las como síntese de múltiplas relações e determinações numerosas. (Lavoura e Martins 2017, p. 534)

Nessa ótica, são necessários a compreensão social e histórica do fenômeno a ser investigado e o entendimento de que pesquisadores, estudantes e as instituições envolvidas no processo investigativo estão em posições diferentes. Uns se situam na posição sincrética da prática social, ao passo que outros ascenderam a uma visão concreta dessa mesma prática social, a síntese, como explicitado por Galvão, Lavoura e Martins (2019).

O conceito fundamental que orienta o método proposto é o da prática social, uma vez que este se "apresenta como interlocução para a participação desde o ponto de partida (1° passo) ao final (5° passo) do processo pedagógico, de acordo com Araújo (2017, p. 39).

A seguir, temos os elementos mediadores *particulares*, delimitados por Saviani (1983), como *problematização* e *instrumentalização.* São mediadores particulares "da relação dialética entre a genericidade humana da prática social (o universal) e a culminância de ação pedagógica promovida pela *catarse*, singularmente em cada indivíduo (o singular)" (*ibid*., p. 114).

O ponto de partida é a prática social, momento em que professores e alunos se encontram em posições diferentes. O aluno, com uma visão sincrética, e o professor, com uma visão mais concreta dessa prática social (*ibid*., p. 72). O segundo momento ou passo é a problematização, que significa interrogar, lançar dúvidas na identificação dos problemas postos pela prática social. Saviani (2019, p. 212) afirma que é preciso ir além das aparências.

> Para isso, não basta descrever o fenômeno tal como se manifesta na experiência imediata como um produto já constituído. É necessário passar da descrição à gênese do fenômeno, ou seja, é preciso passar do produto ao modo como foi produzido, buscando apreender como a educação se constitui.

O movimento da problematização para a instrumentalização não é o momento de procedimentos práticos. Esse terceiro movimento ou passo ou procura compreender a função social de educação. O objetivo é produzir avanços teóricos em torno da problematização proveniente da prática social. Ao mesmo tempo, "surge a necessidade de uma *nova problematização*, isso significa que a *instrumentalização* em pauta é produzir avanços" (Galvão, Lavoura e Martins 2019, p. 135; grifos nossos). Trata-se da fundamentação teórica, de ordem cultural, no âmbito de uma perspectiva crítica da realidade e do objeto pesquisado.

O quarto movimento ou passo é a catarse, que trata de "viabilizar sua incorporação como elemento integrante da própria vida dos alunos" (Saviani 1983, p. 82) e na vida dos docentes, dos pesquisadores e das instituições envolvidas. Esse movimento da catarse ocorrerá na especificidade da educação, da educação superior, nas questões problematizadoras que constituem a pesquisa. A catarse aponta na direção do produto que se almeja por meio do processo didático.

O quinto movimento, o retorno à prática social, não é o mesmo, por ser qualitativamente diferenciado da prática social do ponto de partida. A prática social como ponto de vista de partida e de chegada foi tomada para a caracterização dos momentos do método de pesquisa.

O ponto de chegada não é o mesmo. Lavoura e Marsiglia (2015, p. 349) salientam, com muita propriedade, que

> (...) a relação entre o ponto de partida e o ponto de chegada reflete o *movimento* dialético inerente ao método marxiano, presente em todo o encaminhamento da proposta pedagógica e que exige o planejamento do ensino, a pontuação dos conteúdos escolares que possibilitem aos alunos a visão de *totalidade* dos fenômenos da prática social, analisados em sua *história e contradições*.

Do ponto de vista da pesquisa e do planejamento da investigação, a concepção, o desenvolvimento e os resultados devem refletir o movimento dialético, a totalidade dos fenômenos da prática social e da análise histórica e das contradições. Cabe ao processo investigativo determinar as ações dos momentos da pesquisa, distante de passos lineares, formais, mecânicos e fragmentados.

A pesquisa interinstitucional colaborativa e o método investigativo no âmbito da pedagogia histórico-crítica: Os desafios da travessia

É necessário que se tenha clareza quanto às questões sociopolíticas e culturais que condicionam a prática investigativa, para que se possa trilhar e estimular o pensamento crítico, criativo, colaborativo, participativo e ético. Pesquisar é uma atividade complexa, que exige posicionamento teórico e método de ação, ou seja, a sistematização desse processo. Outros desafios interligados à participação são: a colaboração dos pesquisadores interinstitucionais; a ausência do domínio conceitual dos princípios e dos fundamentos de base da PHC e dos movimentos do método proposto.

Diante dos desafios apresentados de forma sucinta, reportamo-nos ao método preconizado pela PHC como instrumento para a formação humana por meio dos cinco movimentos já apresentados. Assim, ao longo deste capítulo, compreendemos que a PHC defende a educação como prática social, articulação entre educação e política, enfatizando que cada uma tem a sua especificidade e que são inseparáveis, porém distintas. Há que se valorizar o diálogo e a cultura acumulada historicamente e compreender a práxis como atividade material humana, transformadora do mundo e do próprio homem, segundo Saviani (2019).

Uma síntese provisória

O estudo acerca do método investigativo no âmbito da PHC implica uma série de possibilidades e algumas dificuldades.

No campo das possibilidades, é importante que o método investigativo esteja em conexão com as realidades institucionais, seus docentes, os pesquisadores e os estudantes em seu contexto social, bem como com o domínio do campo teórico consistente e seus fundamentos metodológicos. A confiança e o respeito mútuo, da perspectiva da construção colegiada, participativa e colaborativa, são imprescindíveis. Os participantes do projeto interinstitucional colaborativo compartilham objetivos comuns e assumem compromissos e responsabilidades com as tarefas e os cronogramas necessários ao desenvolvimento da pesquisa em suas instituições. Os diálogos entre os interlocutores das diferentes IES são organizados, realizados e avaliados por meio de materiais e textos do referencial teórico e metodológico.

Os pontos frágeis têm evidenciado que o processo, além de complexo, é permeado por dificuldades de ordem teórica, no tocante ao referencial teórico e metodológico, provocando limitações e incompreensões, e também pelo não cumprimento das tarefas acadêmicas de acordo com o cronograma previamente negociado e pelas incompreensões que afetam as relações interpessoais nos grupos interinstitucionais.

Finalmente, não podemos refletir a respeito do método investigativo da perspectiva da PHC e seu desenvolvimento na pesquisa interinstitucional colaborativa sem o domínio do referencial teórico. O grande desafio está posto: estimular a construção coletiva de projetos de pesquisas interinstitucionais colaborativas nas múltiplas e diversificadas IES espalhadas pelo país. Assim, a pesquisa objetiva compreender o fenômeno nas suas diferentes características, a fim de analisar e interpretar o movimento do seu desenvolvimento e sua possível superação.

Referências bibliográficas

ARAÚJO, J.C.S. (2017). "Da metodologia ativa à metodologia participativa". *In*: VEIGA, I.P.A. (org.). *Metodologia participativa e as técnicas de ensino-aprendizagem*. Curitiba: CRV.

BOAVIDA, A.M. (2005). *A argumentação em matemática: Investigando o trabalho de duas professoras em contexto de colaboração*. Lisboa: APM.

BOAVIDA, A.M. e PONTE, J.P. da (2002). "Investigação colaborativa: Potencialidades e problemas". *In*: GRUPO DE TRABALHO DE INVESTIGAÇÃO (org.). *Refletir e investigar sobre a prática profissional*. Lisboa: APM.

BOGDAN, R.C. e BIKLEN, S.K. (1994). *Investigação qualitativa em educação*. Porto: Porto.

CARNEIRO, M.A. (1999). *LDB fácil: Leitura crítica compreensiva artigo a artigo*. 4ª ed. Revisada e aumentada. Petrópolis: Vozes.

DAMIANI, M.F. (2008). "Entendendo o trabalho colaborativo em educação e revelando seus benefícios". *Educar em Revista*, Curitiba, n. 31.

FERNANDES, C.B. e CUNHA, M.I. da (1995). "Inovação como fator de revitalização do ensinar e do aprender na universidade". Documento digitado.

________ (1998). "Licenciatura em Pedagogia: Realidades incertezas, utopias". Documento digitado.

FERREIRA, A.B.H. (1999). *Novo Aurélio XXI: O dicionário da língua portuguesa*. 3ª ed. Rio de Janeiro: Nova Fronteira.

FRAUCHES, C. da C. e FAGUNDES, G.M. (2007). *LDB anotada e comentada e reflexões sobre a educação superior*. 2ª ed. atualizada. Brasília: Ilape.

GALVÃO, A.C.; LAVOURA, T.C. e MARTINS, L.M. (2019). *Fundamentos da didática histórico-crítica*. Campinas: Autores Associados.

HOUAISS, A. e VILLAR, M.S. (2001). *Dicionário Houaiss da Língua Portuguesa*. Rio de Janeiro: Objetiva.

LAVOURA, T.N. e MARSIGLIA, A.C.G. (2015). "A pedagogia histórico-crítica e a defesa da transmissão do saber elaborado: Apontamentos acerca do método pedagógico". *Perspectiva*, Florianópolis, v. 33, n. 1, pp. 345-376.

LAVOURA, T.N. e MARTINS L.M. (2017). "A dialética do ensino e da aprendizagem na atividade pedagógica histórico-crítica". *Interface: Comunicação, Saúde, Educação*, Botucatu, v. 21, n. 62, pp. 531-541.

LEITE, D. *et al.* (1999). "Inovação na universidade: A pesquisa em parceria". *Interface: Comunicação, Saúde, Educação*, v. 3, n. 4, pp. 37-52.

LÜDKE, M. e ANDRÉ, M. (1999). *Pesquisa em educação: Abordagens qualitativas*. São Paulo: EPU.

SAVIANI, D. (1983). *Escola e democracia*. Campinas: Autores Associados/Cortez.

________ (2007). *Educação: Do senso comum à consciência filosófica*. 17ª ed. Campinas: Autores Associados.

________ (2019). *Pedagogia histórico-crítica, quadragésimo ano: Novas aproximações*. Campinas: Autores Associados.

VEIGA, I.P.A. (2015). *Formação médica: Aprendizagem baseada em problemas*. Campinas: Papirus.

________ (2019). *Relação pedagógica na aula da educação superior*. Campinas: Papirus.

VEIGA, I.P.A e QUIXADÁ VIANA, C.M.O. (orgs.) (2023). "Didática na educação superior e a formação pedagógica do docente na pós-graduação *stricto sensu*". Documento encaminhado para publicação.

5
DE TRAMAS A TRILHAS PARA AVALIAR AS APRENDIZAGENS NA EDUCAÇÃO SUPERIOR

Mara Regina Lemes de Sordi
Marcos Henrique Almeida dos Santos

Introdução

A avaliação continua sendo a categoria do trabalho pedagógico que mobiliza interesses dos professores para o entendimento de suas lógicas de ação e, mais ainda, para a aprendizagem de formas favorecedoras de decisões mais potentes que subsidiem transformações qualitativas de suas práticas junto dos estudantes.

Dessa forma, o tema nunca perde atualidade, dada a complexidade de variáveis que o afetam e os atravessamentos de ordem ética, política e econômica que o constituem historicamente. Na direção de uma perspectiva histórico-crítica, considerando o caráter da educação como mediação no seio da prática social global (Saviani 1983) e, na condição de agentes sociais, não podemos nos furtar à análise da avaliação no seio da compreensão da realidade. Aprendizagens continuadas e incrementais são geradas por esse estado de inquietação e curiosidade epistemológicas e podem propiciar reflexões desestabilizadoras, na direção de concepções de qualidade educacional socialmente pertinentes.

Este capítulo se estrutura em três movimentos. O primeiro deles busca demarcar tramas que têm afetado a avaliação, em suas diferentes abordagens, perpassadas por políticas que expressam disputas pela hegemonia de projetos históricos distintos e seus desdobramentos no futuro das novas gerações. O segundo movimento explora os sentidos e repercussões da adoção da avaliação formativa pelos professores na mediação das aprendizagens requeridas em projetos político-pedagógicos (PPP) dos cursos de graduação, socialmente referenciados. Sem se furtar a oferecer subsídios concretos (trilhas) para a ação pedagógica dos docentes, o movimento dará visibilidade aos limites das condições objetivas que constrangem o trabalho pedagógico inovador e iniciará a reflexão sobre a responsabilização participativa dos atores para alteração da realidade. O último movimento, de cunho conclusivo, objetiva o fortalecimento da ação ético-política dos professores no uso de uma avaliação referenciada na qualidade social, ampliando a potência da categoria para o desenvolvimento profissional e pessoal dos estudantes. Finaliza lembrando a importância dos espaços coletivos dos cursos que, implicados na qualidade social do ensino de graduação, enfrentarão de forma organizada e historicamente engajada, os desafios cotidianos de sua construção.

Tramas na e da educação superior e os desafios à docência implicada na qualidade social

Há muito se denunciam contradições quando, simultaneamente, advogamos por uma educação superior de qualidade social e subordinamos a avaliação dessa qualidade aos interesses mercadológicos. Esse aparente contrassenso favorece a reprodução das lógicas de avaliação historicamente assentadas na classificação, na meritocracia, na responsabilização vertical e individual, que se revelam perversas e fortemente excludentes. Nessa trama, as forças contextuais, internas e externas, que atuam sobre os resultados dos estudantes, se e quando admitidas como procedentes, tendem a ser reduzidas a meros detalhes do processo, dificultando reações propositivas por parte dos atores do trabalho pedagógico.

Evidentemente, esse estado de coisas não transcorre sem resistência e, de há muito, busca-se contraposição na direção de uma concepção de qualidade com pertinência social, tomada como balizamento para os processos de avaliação, em suas diferentes abordagens: micro, meso e macro e suas interfaces (Freitas *et al.* 2012).

A mesoabordagem da avaliação tem sido decisiva para estabelecer conexões entre as políticas externas de avaliação e seus reflexos nas decisões que são tomadas no interior das salas de aula pelos professores. Sem a presença dessa instância, de avaliação institucional, despotencializa-se o diálogo entre os dados que chegam aos cursos e que priorizam uma faceta da realidade (reducionismo intencional) e as decisões deles decorrentes, cuja repercussão é bastante abrangente (globalidade dos efeitos).

Fato é que a avaliação externa produz consequências, diretas ou indiretas, parciais e estruturais, com efeitos pretendidos e colaterais. Tais consequências ganham força pela legitimação discursiva, procedimental e simbólica que atravessa a avaliação externa, fazendo crer que se trabalha pela qualidade (Pacheco *et al.* 2020).

Fruto dessa relação mecânica e linear, vozes, saberes e quereres dos coletivos tendem a ser desperdiçados, e obstaculizam leituras que ultrapassem os aspectos lacunares presentes nas métricas convencionais das avaliações externas. Ao incidirem sem crítica sobre o projeto político-pedagógico dos cursos, interpretações e deliberações vão se naturalizando e produzem ativamente alterações na dinâmica curricular, na gestão dos cursos e nas práticas docentes.

A insistência nesse circuito, regido pela idolatria dos resultados e pelo apagamento dos espaços coletivos de reflexão, negociação e deliberação repercute diretamente na avaliação das e para as aprendizagens dos estudantes, contribuindo para a manutenção de suas características de controle e de poder sobre os atores, exigindo deles respostas adaptativas ao padrão preestabelecido, desprovidas quase sempre de criticidade. O que conta são os resultados, mesmo que não expressem concepções de qualidade mais substantivas e disruptivas.

Compete aos professores a responsabilidade pela mediação dos processos de ensino e aprendizagem, o que os leva a transitar nesse cenário nebuloso e controverso. A ausência de espaços comuns para pensar sobre o processo, associado ao tarefismo acadêmico, pode ser uma das razões explicativas para a não mudança da práxis avaliativa.

De uma perspectiva histórica, reconhecemos o movimento das forças progressistas do campo educacional, implementado no sentido de refrear as mudanças impostas pelas políticas neoliberais, acentuadamente a partir de 1990, as quais culminam com as reformas empresariais da educação que passam a ditar a agenda educacional contemporânea. As injunções políticas e a correlação de forças assimétricas revelam uma disputa sobre os contornos e desdobramentos de um projeto focado na defesa da qualidade da educação superior, semelhantes em nível discursivo, porém diametralmente opostas na forma como operam e nos efeitos que querem produzir. Tal semântica mais confunde do que esclarece os envolvidos, razão pela qual a parada reflexiva se impõe como estratégia de interpelação dos sentidos.

Dado o caráter não monolítico das transformações sociais, diferentes políticas educacionais vêm sendo gestadas, atendendo a fortes demandas sociais, visando à democratização do acesso à educação superior e ao enfrentamento da exclusão, imposta de forma nem sempre velada às populações mais fragilizadas socialmente. Por outro lado, resistências de alguns segmentos foram igualmente observadas, condenando tais aberturas pelo risco que traziam à qualidade (?) das instituições, reforçando o caráter elitista da educação superior, em um cenário altamente competitivo e pretensamente reservado às classes dominantes. Como se pretende demonstrar, esse campo sempre foi nebuloso e permeado por interesses opostos, complexificando ainda mais o trabalho docente, com destaque à avaliação das e para as aprendizagens dos estudantes. A quem servir? Por quem mudar?

A criação do Sistema Nacional de Avaliação da Educação Superior – Sinaes (Brasil 2004), importante marco histórico brasileiro, buscou consolidar entendimentos acerca das distinções entre ensino e educação superior, optando-se por uma concepção de qualidade que se orientasse pelo compromisso com a educação, o que abrangeria muito mais do que o compromisso com um ensino performático, de cunho utilitarista e atravessado por interesses imediatistas de mercado. Porém, é necessário reconhecer o conjunto de metamorfoses que o modelo Sinaes foi sofrendo, em princípio tímidas, mas com efeitos pesados e detratores da lógica formativa que permeava o *design* avaliativo inicial (Dias Sobrinho 2008 e 2010).

Uma das conquistas foi a expansão de vagas garantidoras do acesso dos estudantes à educação superior, que, lamentavelmente, foi concretizada, em grande parte, pela iniciativa privada (regulada pelo sistema federal). Esta, quase sempre, compreendia a educação como mercadoria e a geria tal como negócio rentável. Concepções avançadas de qualidade social, que já germinavam nos PPPs de alguns cursos de graduação de universidades públicas, sofreram forte abalo diante da alteração das formas de regulação da qualidade, revelando a disputa pela hegemonia no campo educacional. A presença forte de grandes *lobbies* foi redesenhando o contorno das políticas educacionais brasileiras, fazendo uso das avaliações de cunho pragmático para reafirmar seus fins, seguindo tendência global.

Curioso considerar que a formação de professores da educação superior, em meio a esse cenário híbrido, pouco foi afetada. As mudanças, em uma direção ou outra, indicavam a necessidade de olhar para o trabalho pedagógico, indagando que rupturas paradigmáticas seriam requeridas, sobretudo se a formação humana, presente no ideário do Sinaes, fosse assumida como direito a ser assegurado aos novos profissionais e cidadãos a serem formados.

Muito embora houvesse consenso sobre a precariedade da formação pedagógica dos profissionais/professores para o exercício da docência na educação superior, poucas instituições se voltaram a esse propósito, exibindo sinais inequívocos de aderência aos pressupostos da qualidade social que remetiam a uma formação mais abrangente que ultrapassasse a perspectiva tecnicista. Deriva daí a manutenção das problemáticas relativas à avaliação dos estudantes, com repercussões no perfil dos egressos dos cursos de graduação. Pouco ou nada se agregou a essa categoria do trabalho pedagógico, que permaneceu ligada aos resultados dos estudantes, quase sempre desvinculados dos diferentes contextos que os afetavam. O caráter processual e formativo da avaliação, presente no modelo Sinaes, foi gradativamente corrompido pela fragmentação do modelo, que passou a prestigiar o Exame Nacional de Desempenho dos Estudantes (Enade), antes um componente e, agora, tomado como expressão maior da qualidade, revelador de êxito ou fracasso dos cursos e da ação docente, por conseguinte.

Para complexificar ainda mais a cena, observamos que a expansão da oferta de vagas e a instituição de políticas afirmativas, que incluíram uma massa de estudantes detentores de diferentes repertórios culturais e itinerários escolares, expressando suas distinções socioeconômicas, foram desconsiderados quanto ao efeito que gerariam no trabalho docente e nas políticas institucionais. Ao longo de uma década, desde a implementação da política de cotas (Brasil 2012), identificou-se um significativo avanço do ingresso de grupos historicamente excluídos da educação superior: pretos, pardos, indígenas, estudantes de escola pública, pessoas com deficiência e de baixa renda.

Ao mesmo tempo que se tem observado, no espaço acadêmico, certa sensibilidade quanto a esse perfil estudantil, identifica-se o predomínio da lógica da culpabilização. Acirra-se a ideia de que os estudantes mudaram e *para pior*. Em que pese o fato de se ter vencido um "primeiro" preconceito, na medida em que se defende o ingresso de grupos historicamente excluídos, é inegável a perpetuação de uma vertente excludente que afeta a permanência e a conclusão do percurso desses estudantes na educação superior. Brada-se na cultura institucional: "No meu tempo, era diferente!".

Nesse cenário, os professores compreendem que seu trabalho pedagógico foi afetado, sendo comuns queixas acerca do perfil diferenciado de seus alunos e a impossibilidade de produzirem qualidade em condições sobre as quais não têm responsabilidade e nenhuma governabilidade. A diversidade dos estudantes foi compreendida como risco e não como oportunidade de novas relações interpessoais e aprendizagens colaborativas, atenuadas pelas políticas de avaliação voltadas para resultados.

A convivência com a exclusão sem culpa dos estudantes, validada pela crença numa avaliação neutra, padronizada e compromissada com uma qualidade abstrata, fez reacender a preocupação com o papel dos professores na formação superior, com destaque para os rituais e dispositivos de avaliação. Cabe lembrar o desconforto dos professores com a práxis avaliativa que desenvolvem, quase sempre separada dos objetivos educacionais presentes nos PPP. Tal desconforto se intensificou ainda mais com certa legitimação do discurso dos reformadores empresariais. O confronto entre as lógicas de mercado e as lógicas voltadas à qualidade social e à formação humana está presente e exige que tomemos partido.

A ênfase nos exames externos e o apelo à competitividade fizeram crescer o individualismo entre os estudantes. Práticas avaliativas colaborativas e menos centradas em provas ligadas a memorização, que vinham sendo experimentadas, passaram a ser contestadas pela ausência de resultados imediatos (leiam-se boas notas no Enade). Sobretudo em instituições privadas, os docentes evitam ser responsabilizados e passaram a guiar suas escolhas pedagógicas de forma mais atenta aos modelos padronizados. Muitos começaram a justificar as escolhas reducionistas em nome da empregabilidade que queriam garantir aos estudantes, olvidando as transformações estruturais do modelo econômico produtor e responsável pela exclusão real desses mesmos estudantes em uma sociedade abissal. Segundo Pacheco *et al.* (2020, p. 32), é necessário dizer que "a pior discriminação dos alunos é aquela praticada em nome da igualdade de direitos e da uniformização de conhecimentos".

Novas tendências pedagógicas e tecnológicas, visando instrumentalizar a docência para os desafios contemporâneos impostos pelo mercado, contribuíram para o retorno do neotecnicismo educacional, que desvirtua o olhar dos professores e das instituições sobre o significado real das inovações que deveriam pôr em prática.

A possibilidade de inclusão de uma parcela grande da população de jovens e adultos, interessados em se munir de competências que os levasse à condição de sucesso no mercado de trabalho, contribuiu para a naturalização da modalidade de educação a distância (EaD). A ideologia meritocrática, ativamente disseminada pelos discursos oficiais, produziu nos estudantes das classes menos favorecidas a aceitação dessa modalidade como saída. Lamentavelmente, fez crescer também o mercado educacional, que passou a lucrar com a inclusão formal dos estudantes. Ao disponibilizarem as vagas, passaram a ganhar para além das mensalidades pagas pelos estudantes. A oferta de materiais apostilados, a complexa questão das plataformas educacionais e a aposta no *marketing* institucional podem ser lembrados como um conjunto de vantagens para os empresários do ramo educacional.

O maior desafio, qual seja, associar ao acesso dos estudantes à educação superior o direito de permanecerem nos cursos e de apropriação dos saberes necessários para sua formação e inclusão real no mundo do trabalho, encontrou dificuldades de concretização. Exigiram-se, assim, novas investidas para entender qual o lugar da avaliação das e para as aprendizagens e como as lógicas tradicionais dos processos avaliativos não se coadunavam com as competências presentes nas diretrizes curriculares nacionais dos diferentes cursos.

O apelo ao espírito do empreendedorismo, crescente entre as novas gerações, e o receio da culpabilização individual pelo fracasso tornaram os jovens vulneráveis a um projeto educativo de qualidade questionável e incapaz de garantir o sucesso prometido nos *slogans* institucionais de um futuro para todos. Não sem razão, temos visto estudantes contabilizando créditos e nem sempre lutando pela apropriação sólida de conhecimentos e valores verdadeiramente emancipatórios.

Pode-se inferir que esses jovens, recém-incluídos nas instituições de ensino superior, experimentam formas nem sempre sutis de exclusão no interior dos cursos e a avaliação das aprendizagens é a categoria que mais os maltrata no seu processo formativo. Ao se desiludirem, tendem a se descomprometer com o ofício de estudante, afetando, direta ou indiretamente, o trabalho pedagógico mediado pelos professores, no qual se inclui a categoria da avaliação, que se tornou mais complexa ainda no contexto das políticas educacionais centradas nos resultados e em suas consequências.

Professores em jornadas de trabalho intensificadas, com turmas numerosas e rapidamente "preparados" para o uso tecnicista de metodologias ativas e/ou das tecnologias da informação e comunicação, viram-se subitamente impotentes para educar e foram se contentando em instruir com base nas lógicas dos exames e testes de progresso.

Não fora isso suficiente, de repente, a pandemia do novo coronavírus se instalou de modo cruel sobre a realidade social e educativa, levando ao denominado "ensino remoto", que se instaurou nas instituições de educação básica e superior, predominantemente, nos anos de 2020 e 2021.

Da noite para o dia, professores tiveram de readaptar seu modo de fazer docência. Certo improviso foi inevitável e o que se viu foram alguns avanços pedagógicos em construção retroagirem uma vez mais. As videoaulas predominaram e quase que substituíram a ação do docente que se esforçava na construção de uma relação intersubjetiva potente e acolhedora, agora restrita à decisão dos estudantes de abrirem ou não suas câmeras. Ênfase no ensino. Aulas dadas, conteúdos expostos. Tudo corria bem dentro do possível. O problema recrudesceu quando chegou a hora da avaliação das e para as aprendizagens. Tornou-se frequente, no espaço acadêmico, atestar as defasagens quanto às aprendizagens de domínio cognitivo, provocadas pelo ensino remoto em um contexto pandêmico.

O que teria mudado no novo cenário? O que tranquilizava era imaginar que voltaríamos ao normal (em breve). O normal agora designado como "novo normal". A pergunta que se impôs: o que haveria de normalidade, nova ou requentada, num cenário tão complexo quanto o da avaliação? O que teríamos aprendido no campo da avaliação, a ponto de podermos denominá-lo como novo e simultaneamente normal? Normal para quem? Seria possível mudar a avaliação das aprendizagens sem tocar e interpelar os fins educativos presentes em seu DNA? Ou é necessário repensar os objetivos que regem os projetos de formação universitária para além da atual forma escola, que preserva suas funções sociais de excluir e subordinar (Freitas 2010)?

Portanto, retomar o debate sobre a avaliação das aprendizagens na educação superior, no atual cenário em que vivemos, parece-nos primordial, pelo fato de essa categoria ainda constituir ponto nevrálgico na organização do trabalho pedagógico e resistente a mudar sua lógica de ação (Sordi e Santos 2021).

Os professores que atuam na educação superior, imersos nas múltiplas demandas inerentes à sua função, anseiam por respostas imediatas para desenvolver o trabalho no ensino de graduação, sobretudo quando não transitaram, em suas trajetórias de formação, por áreas afins ao campo científico da educação. Em alguns contextos institucionais, contam com o apoio de assessores pedagógicos, que podem atuar, propositivamente, no diálogo com esses anseios e com vistas a uma docência implicada na qualidade social.

No bojo desse diálogo, indaga-se: quais procedimentos, técnicas ou instrumentos seriam mais adequados para avaliar os estudantes? Qual caminho se pode trilhar? E aí incide nossa preocupação. Será normal mantermos a categoria da avaliação presa aos interesses mercadológicos que a reduzem, muitas vezes, a medidas descoladas do compromisso com a formação humana? Os processos de desenvolvimento profissional docente e institucional têm favorecido a compreensão contínua e crítica do movimento histórico que afeta o trabalho pedagógico na educação superior? Como se configura o comprometimento das instituições e de seus profissionais com a formação de estudantes que compreendam, por meio dos conhecimentos apropriados, a sociedade na qual estão inseridos?

Assumindo a necessidade de exercermos nosso protagonismo na luta por um projeto educativo emancipatório e nos recusando a apenas denunciar os usos e desusos da avaliação, vamos enveredar por trilhas propositivas e reunir subsídios para que os professores da educação superior se fortaleçam para as mediações pedagógicas que podem e devem acionar a fim de que a formação dos estudantes seja regida pelo *ethos* da qualidade social, no limite das condições historicamente existentes.

Trilhas propositivas para uma avaliação formativa imbricada em uma responsabilização participativa

A avaliação se configura ainda como uma categoria conservadora, assumindo um formato quase que imutável, mesmo que se observem avanços quanto às tentativas de inovação nos métodos de ensino na educação superior. Tornam-se cada vez mais recorrentes as reclamações dos estudantes sobre as experiências avaliativas que eles têm vivenciado no decorrer de suas trajetórias no ensino de graduação. Por outro lado, os professores têm adotado, quase sempre, uma postura reativa e defensiva para justificar suas escolhas avaliativas.

Trazer à tona o perfil dos estudantes é primordial para assumirmos uma posição quanto à avaliação das aprendizagens. O que os estudantes, de fato, conseguiram aprender ao longo de suas experiências formativas, com as condições que lhes foram oportunizadas? O que eles precisam, essencialmente, aprender no tempo e espaço delimitado para cada unidade curricular em seu percurso na educação superior? Qual a clareza que eles têm sobre a finalidade do objeto de conhecimento que está sendo abordado? Em que medida estão gradativamente se apropriando desse conhecimento? Quais são os avanços e dificuldades que têm demonstrado? O que pode ser feito com os resultados que apresentam? Qual a clareza que têm sobre seu papel no âmbito do trabalho pedagógico que está proposto e desenvolvido por cada professor? Essas são algumas das questões que revelam a posição de uma avaliação com intenção diagnóstica e formativa, comprometida com as aprendizagens (Fernandes 2009; Villas Boas 2011).

"Em geral uma avaliação responde às perguntas básicas do Que, Por que, Quem, Como, Para que, Onde. As respostas a estas perguntas direcionam as escolhas a serem feitas em termos de métodos, formatos, modelos, paradigmas, opções de avaliação" (Leite e Polidori 2021, p. 392). Desse modo, a compreensão dos caminhos que se podem trilhar perpassa, necessariamente, pela concepção assumida na organização do trabalho pedagógico (da instituição, do curso e do componente curricular) e que, consequentemente, afetará a relação pedagógica constituída entre professores, estudantes e objeto do conhecimento. Se o que interessa é saber se o estudante memorizou ou não o conteúdo transmitido (reproduzindo-o, verbalmente e/ou por escrito), com vistas à sua classificação, consequentemente se descartam possibilidades pautadas por uma avaliação diagnóstica e formativa.

O ponto de partida para encontrar pistas para os processos de avaliação das aprendizagens é problematizar as práticas avaliativas já existentes e consolidadas nas trajetórias de formação e atuação profissional dos professores: o que temos feito? Quais concepções essas práticas revelam? Isso implica a assunção de uma postura dialógica entre os pares e com os assessores pedagógicos, que dê abertura à partilha de experiências vividas.

Mediante essa problematização, podemos avançar para a compreensão do que se espera que os estudantes aprendam ao longo de cada componente curricular, o que envolve, portanto, a seleção daquilo que é essencial dentro dos limites curriculares. Não basta apenas informá-los, para que tomem ciência. Eles precisam compreender a finalidade específica daquele componente para a sua constituição profissional e transformação da prática social, da qual são agentes. Essa compreensão lhes dará melhores condições de acompanhar o progresso das próprias aprendizagens, no âmbito da autoavaliação.

De igual modo, é preciso compreender também o que se espera que os estudantes já saibam, incluindo não só os conhecimentos que foram apropriados na sua formação universitária ("pré-requisitos"), como também aqueles que foram adquiridos ao longo de sua trajetória formativa na educação básica. Não adianta pressupor que os estudantes dominem, por exemplo, a realização de cálculos matemáticos básicos ou a produção de textos simples para avançar na abordagem de determinado conteúdo, sem diagnosticar, em conjunto com eles, quais as suas necessidades de aprendizagem.

Parece-nos potente a construção coletiva e negociada de rubricas de avaliação, que nos remete à reflexão: o que é que conta nessa avaliação? No âmbito desse procedimento, definem-se, em conjunto, com clareza e detalhadamente, indicadores e critérios de qualidade para cada objetivo previsto, ou seja: o que (e como) se espera diante daquilo que se propõe? E ainda: de quem se espera? Qual o compromisso que cada professor e cada estudante assume diante do que foi negociado?

Na esteira de uma responsabilização participativa (Sordi e Freitas 2013), cabe problematizar o papel dos estudantes, para além de enxergá-los (ou de eles mesmo se assumirem) como vítimas desse processo. Parece haver um consenso quanto ao discurso de que eles são os responsáveis pela própria aprendizagem e, portanto, precisam se esforçar.

Entretanto, quais condições de ensino e avaliação estão sendo ofertadas para que eles assumam, de fato, essa responsabilidade? Quem são nossos estudantes? Nós, de fato, os conhecemos? Quem somos nós quando avaliamos? Reconhecemos nossos limites e lacunas na qualidade de mediadores estratégicos para que as aprendizagens ocorram nas condições objetivas existentes? Demandamos responsavelmente, e em conjunto, a instituição de ensino para que esta se comprometa com as condições de ensino indispensáveis para a construção da qualidade social presente nas entrelinhas do PPP do curso? Os percursos formativos para o exercício da docência, quando constituídos institucionalmente, tomam como referência a análise crítica do trabalho pedagógico concretamente desenvolvido e as necessidades sentidas pelos docentes? Ou são promotores da instrução de técnicas que não desmobilizam as relações de poder historicamente constituídas no âmbito da categoria da avaliação?

A clareza dos referentes de qualidade ambicionados requer esforço de tradução para que a avaliação não surpreenda os envolvidos. Nunca será demais lembrarmos o lugar dos objetivos educacionais para balizar as microdecisões pedagógicas tomadas e nos cabe admitir a impossibilidade de neutralidade nesse campo.

A definição de indicadores e critérios nas rubricas de avaliação pode ser tanto específica, para determinada atividade avaliativa, como geral, envolvendo os conhecimentos propostos na unidade curricular.

A noção de conjunto é garantida pelos objetivos educacionais de curto, médio e longo prazo e envolve também aspectos axiológicos.

Vale ressaltar que os indicadores devem perpassar não só a dimensão cognitiva da formação profissional do estudante, como também a político-social, ética, afetiva, corporal, artística e cultural, no seio de uma formação humana. Para cada indicador, definem-se critérios que especifiquem as graduações de qualidade, classificados em determinada escala (de zero a dez, por exemplo), revelando aquilo que cada estudante conseguiu alcançar: conseguiu aprender aquilo que se esperava? Conseguiu de forma parcial? Não conseguiu? Se não conseguiu, como agir?

Se o objetivo, por exemplo, for desenvolver um projeto de engenharia, podem-se definir indicadores que envolvam tanto o conhecimento dos cálculos necessários para a consecução do produto quanto as relações entre os estudantes da perspectiva de um trabalho coletivo, além da própria percepção crítica do grupo sobre os problemas inerentes a sua área de formação. Desse modo, podem-se definir critérios tanto individuais quanto coletivos, como por exemplo, a qualidade da dinâmica de interação entre os membros e a participação efetiva de cada estudante nessa dinâmica.

Na medida em que se conclama a responsabilidade do estudante no processo de avaliação da sua aprendizagem, desestabiliza-se a perspectiva de uma avaliação como instrumento de controle exclusivo do professor. Isso nos remete a outra "pista" no âmbito dos caminhos que podemos trilhar em uma avaliação formativa: a ressignificação do sentido da autoavaliação. Para tanto, nos processos de desenvolvimento profissional docente e institucional, é relevante provocar a reflexão: a quem pertence a avaliação das aprendizagens?

Ainda hoje, remanesce no espaço acadêmico o discurso de que isso é responsabilidade exclusiva do professor. Afinal, teria o estudante maturidade suficiente para atribuir uma nota a si mesmo, de forma justa e honesta? Daí, outra provocação: será que esse é o verdadeiro sentido da autoavaliação? Comparar, julgar e classificar a autoavaliação do estudante se valendo de uma base conceitual que nunca se afastou da avaliação-controle, da avaliação-poder?

É inegável a preocupação que o professor tem com a formação profissional. Afinal, ele não quer se responsabilizar pela aprovação de um futuro profissional que, por ter feito sua autoavaliação de forma "equivocada", pode colocar em risco a vida de um paciente, por exemplo. Advertimos que os processos de avaliação das e para as aprendizagens precisam se constituir de modo multifacetado e relacional, razão pela qual devem se pautar pela responsabilização participativa.

> Mais importante do que o jeito como se estruturam os formatos avaliativos alternativos, são as relações intersubjetivas que oportunizam e o quão includentes estas conseguem ser. Os pilares que sustentam os modelos de responsabilização participativa se ancoram na participação e na negociação entre todos os atores. Práticas de participação democrática se tornam mais consequentes e realistas por meio da vivência. Isso é entendido como um processo que quando bem conduzido pode melhorar a envergadura dialógica que se espera dos atores, preparando-se para que negociem entre si e com as instâncias decisórias das redes, que devem igualmente prestar contas de sua responsabilidade no que tange à garantia de condições objetivas para que o trabalho pedagógico possa ser desenvolvido com propriedade. (Sordi e Freitas 2013, p. 92)

Por vezes, o rigor excessivo que o professor assume em matéria de avaliação é uma tentativa de clamar pelo compromisso dos estudantes. São cada vez mais notáveis as angústias que os professores manifestam diante de um perfil de estudantes supostamente desmotivados, desinteressados, descompromissados, indiferentes, apáticos, que apresentam muitas dificuldades diante de suas "precárias" trajetórias de escolarização... E por aí vai.

Na impossibilidade de identificar canais de reflexão e apoio no espaço institucional, o professor encontra saídas para suas angústias nos próprios processos de avaliação: elabora uma prova difícil, por vezes incompreensível ou incoerente com o trabalho desenvolvido ao longo das aulas, em uma tentativa de clamar pela responsabilidade do estudante:

você precisa estudar, se esforçar! E, assim, acredita que alcançará a maturidade e o compromisso almejado. Diante do resultado obtido pelos estudantes, orgulha-se: "Minha disciplina é a que tem o maior índice de reprovações!"; "Não quero perder a fama de ser um professor exigente, pois só assim os estudantes vão se comprometer".

Seria possível reverter esse cenário? É imprudente responder taxativamente, diante da complexidade que permeia os múltiplos processos de desenvolvimento profissional docente e institucional. Sem dúvidas, é preciso, de forma imperiosa, amenizar as angústias (e, por vezes, o sentimento de solidão) que os professores sentem e que reverberam, às vezes de forma nefasta, em suas microdecisões acerca do processo de avaliação das aprendizagens.

Acionamos, então, um novo sentido para o processo de autoavaliação, de modo que ele venha a ser construído de forma participativa, dialogada entre o professor e a turma. Não se trata aqui de defender a autoavaliação como um processo único e exclusivo para todo o processo de avaliação, mas que pode estar integrado à coavaliação (pelos colegas/grupos) e à heteroavaliação (pelo professor).

Trata-se de um processo que necessariamente é contínuo e que pode recorrer a diversos instrumentos, a depender do objeto do conhecimento que está sendo avaliado. Portanto, uma das estratégias potentes para desencadear esse processo pode ser a construção do dossiê de aprendizagem (Simon e Forgette-Giroux 1994): ao longo do seu percurso em determinada trilha curricular, o estudante pode selecionar, com a colaboração do professor, um conjunto de trabalhos acadêmicos significativos que contribuíram para sua apropriação do objeto do conhecimento. Paralelamente à seleção, produz textos curtos que revelem as suas percepções ("balanço") sobre o processo de aprendizagem: o que mudou em relação à sua compreensão do conteúdo abordado? Qual dificuldade sentiu ou está sentindo? Negociam-se, no conjunto da turma, os tempos e espaços em que a partilha do dossiê se concretizará e as estratégias que o professor adotará para acompanhar a sua produção, com vistas à intervenção sobre as necessidades sentidas pelos estudantes.

Trata-se de uma construção que contribuirá para o gradativo processo de autorregulação da aprendizagem pelo estudante, restituindo a ele a tão conclamada autonomia e fortalecendo o sentido de uma responsabilização participativa.

O *feedback* propositivo é outra estratégia potente no âmbito de uma avaliação formativa. Para além de atestar o que está certo ou errado, na devolutiva de alguns instrumentos avaliativos (como a própria prova), ele permite colocar o professor e os estudantes em situações de diálogo sobre os resultados das produções individuais e coletivas. Trata-se de um diálogo qualificado, que tanto valoriza os avanços e as potencialidades identificados na atividade avaliativa quanto possibilita o esclarecimento sobre as linhas de raciocínio dos estudantes ("no que você pensou?"; "por que seguiu por esse caminho?"; "no que você se embasou?"), além de questionamentos de sentido formativo, que visem não constranger ou comparar os estudantes, mas provocar a reflexão sobre os caminhos que poderiam ter percorrido (e podem percorrer) na consecução da atividade avaliativa.

O sentido propositivo do *feedback* está em, justamente, buscar esses caminhos: não basta atestar o desempenho, é necessário refletir sobre o que precisa ser feito para que o estudante, de fato, aprenda. Isso implica acionar responsabilidades individuais ou coletivas, por meio de diversificadas estratégias: revisão do conteúdo pelo professor; constituição de grupos de estudos; indicação de referências e recursos didáticos alternativos; orientação para auxílio de monitorias institucionais; encaminhamento às equipes multiprofissionais de apoio ao estudante, dentre outras.

Embora possa parecer óbvio, a qualidade do *feedback* e sua potência educativa é afetada pelo investimento prévio do professor na construção de relações de confiança com os estudantes, fortalecidas pelo diálogo e pela escuta sensível.

A categoria tempo/espaço precisa ser revisitada para que a avaliação formativa possa acontecer. A naturalização do tempo acelerado ou o recurso ao álibi do tarefismo, a superficialidade nas e das interações humanas e a ausência de espaços comuns para que se dê o encontro avaliativo são inimigos da avaliação que se quer processual, continuada e emancipatória. Isso nos remete novamente à compreensão da luta por condições objetivas de trabalho, reforçando a inclusão da instituição no processo de responsabilização participativa, no seio do desenvolvimento profissional docente e institucional.

O desenvolvimento profissional docente na direção de uma avaliação emancipatória: A indissociabilidade de valores e procedimentos

Ao iniciarmos este último movimento do capítulo, vem-nos à mente o pensamento de Manoel de Barros, "liberdade caça jeito".

Delineado o contexto de alta complexidade social, que nos envolve e que arrasta a avaliação das aprendizagens a uma repetição sem sentido dos limites e das insuficiências em que opera, desde sua institucionalização na forma escola que conhecemos, cumpre-nos "caçar um jeito, ou melhor, caçar jeitos" para superarmos alguns dos constrangimentos que cerceiam sua reconfiguração. Do contrário, como atuaremos, em especial no assessoramento pedagógico dos professores que nos procuram em busca de soluções práticas para seus problemas reais, cujas raízes estão fora das salas de aula?

Parece-nos essencial atentarmos para uma aplicação edificante da avaliação, parafraseando Santos (1996), que defende uma pedagogia assente na não dicotomização entre técnica e ética. Assim, há que se contemplar nos processos formativos dos professores uma discussão sobre a avaliação que inclua a dimensão instrumental (ponta do *iceberg* do problema), mas que a coloque em perspectiva relacional com a dimensão valorativa da avaliação (nem sempre percebida à primeira vista). Há que se desocultar essa dimensão de forma cautelosa, para que os professores não se percebam impotentes diante das tramas e dos contextos até então mantidos na subalternidade da cena.

O que fazer quando começo a entender tramas e contextos? Aqui reside a razão de ser dos processos formativos dos professores da educação superior. E mais do que nunca importa ultrapassar as díades individual/coletivo, as classificações categóricas aluno/professor e as visões estanques certo/errado. O que está em jogo é a luta pela inclusão real dos estudantes no processo de aprendizagens múltiplas a que têm direito, para que possam atuar em prol de uma sociedade mais justa na qual a exclusão e a estigmatização deixem de ser naturalizadas e interpretadas de modo meritocrático e insolúvel.

A dura aprendizagem da avaliação formativa (e sua práxis), em tempos sociais que justificam o sucesso individual em meio à miséria humana (Goergen 2001), requer que se valorizem as aprendizagens colaborativas e solidárias e que se confrontem com a lógica de ação da avaliação, ainda hegemônica nas escolas, nos cursos, na vida social. Há que fortalecer os professores e profissionais que assumem ensinar e aprender em tempos neoliberais, para seu compromisso ético-político com as novas gerações de estudantes e com seus pares, a fim de que se produzam práticas alicerçadas na ideia de coletivos organizados para a construção da qualidade socialmente referenciada.

Este último movimento objetiva, portanto, o fortalecimento da ação ético-política dos professores no uso de uma avaliação referenciada na qualidade social, ampliando a potência da categoria para o desenvolvimento profissional e pessoal dos estudantes. E desafia aqueles que se engajam com a formação inicial ou continuada dos professores da educação superior a igualmente refletirem sobre seu *modus operandi* na forma como ensinam e desenvolvem avaliações que se negam a ser meras medidas estáticas e desprovidas de significados e desdobramentos no campo dos valores. Não há como se negarem a ajudar professores a encontrar soluções factíveis para os problemas reais que os atingem no cotidiano. Porém, não parece nada formativo e emancipatório reduzir o debate com os professores sobre a avaliação das e para as aprendizagens a uma dimensão técnica e utilitarista, ignorando a dimensão ética da avaliação e seu potencial indutor na direção de uma qualidade socialmente referenciada. Que não se alegue inocência nesse campo e que não falte criatividade para a travessia. Liberdade caça jeito.

Referências bibliográficas

BRASIL (2004). Lei n. 10.861, de 14 de abril de 2004. Institui o Sistema Nacional de Avaliação da Educação Superior – Sinaes e dá outras providências. *Diário Oficial da União*, Brasília, 15/4/2004.

________ (2012). Lei n. 12.711, de 29 de agosto de 2012. Dispõe sobre o ingresso nas universidades federais e nas instituições federais de ensino técnico de nível médio e dá outras providências. *Diário Oficial da União*, Brasília, 30/8/2012.

DIAS SOBRINHO, J. (2008). "Qualidade, avaliação: Do Sinaes a índices". *Avaliação*, Campinas/Sorocaba, v. 13, n. 3, nov., pp. 817-825.

________ (2010). "Avaliação e transformações da educação superior brasileira (1995-2009): Do Provão ao Sinaes". *Avaliação*, Campinas/Sorocaba, v. 15, n. 1, mar., pp. 195-224.

FERNANDES, D. (2009). "Avaliação interna: Dos fundamentos e práticas". *In*: FERNANDES, D. *Avaliar para aprender: Fundamentos, práticas e políticas*. São Paulo: Unesp.

FREITAS, L.C. (2010). "Avaliação: Para além da 'forma escola'". *Educação: Teoria e Prática*, Rio Claro, v. 20, n. 35, jul.-dez., pp. 89-99.

________ *et al.* (2012). *Avaliação educacional: Caminhando pela contramão.* 4ª ed. Petrópolis: Vozes.

GOERGEN, P. (2001). "Ensino superior e formação: Elementos para um olhar ampliado de avaliação". *Avaliação: Revista da Avaliação da Educação Superior*, Campinas/ Sorocaba, v. 6, n. 4, pp. 63-76.

LEITE, D.B.C. e POLIDORI, M.M. (2021). "Avaliação da educação superior". *In*: MOROSINI, M. (org.). *Enciclopédia brasileira de educação superior – Ebes*. Porto Alegre: EdiPucRS, pp. 391-476.

PACHECO, J.A. *et al.* (2020). "Avaliação externa de escolas: Quadro teórico-conceptual no contexto metodológico de um estudo nacional". *In*: PACHECO, J.A.; MORGADO, J.C. e SOUSA, J.R.S. *Avaliação institucional e inspeção: Perspectivas teórico-conceptuais*. Porto: Porto.

SANTOS, B. de S. (1996). "Para uma pedagogia do conflito". *In*: SILVA, L.H. (org.). *Novos mapas culturais, novas perspectivas educacionais*. Porto Alegre: Sulinas.

SAVIANI, D. (1983). *Escola e democracia*. São Paulo: Cortez/Autores Associados.

SIMON, M. e FORGETTE-GIROUX, R. (1994). "Vers une utilisation rationnelle du dossier d'apprentissage". *Mesure et Évaluation en Éducation*, 16 (3/4), pp. 27-49.

SORDI, M.R.L. de e FREITAS, L.C. de (2013). "Responsabilização participativa". *Retratos da Escola*, v. 7, n. 12, pp. 87-99. [Disponível na internet: https://retratosdaescola.emnuvens.com.br/rde/article/view/263, acesso em 10/2/2023.]

SORDI, M.R.L. de e SANTOS, M.H.A. dos (2021). "O lugar da avaliação das aprendizagens em uma perspectiva histórico-crítica". *In*: VEIGA, I.P.A. e FERNANDES, R.C. de A. *Por uma didática da educação superior*. Campinas: Autores Associados.

VILLAS BOAS, B.M.F. (2011). "Compreendendo a avaliação formativa". *In*: VILLAS BOAS, B.M.F. (org.). *Avaliação formativa: Práticas inovadoras*. Campinas: Papirus.

6
SOCIALIZAR PELA EXTENSÃO: ESPAÇO-TEMPO PARA INTERLIGAR O ENSINAR, O APRENDER E O PESQUISAR COM AS DEMANDAS DA SOCIEDADE

José Leonardo Rolim de Lima Severo
Maria Eulina Pessoa de Carvalho

Considerações introdutórias

Socializar é um aspecto inerente às funções humanas. O humano se produz em contextos de socialização da cultura, entendida como repertórios plurais de códigos simbólicos e materiais que modulam as relações estabelecidas pelos sujeitos. Tornamo-nos sujeitos de culturas pela experiência socializada em diferentes contextos de interação. A socialização corresponde, portanto, a um conjunto de dispositivos que propiciam, pelas relações intersubjetivas, os elementos que nos inserem na história, na cultura, na vida social e política, imprimindo sentido de pertencimento coletivo e de interdependência ao que somos e fazemos. Trata-se de um processo que se desdobra ao longo de toda a vida, dada sua condição estruturante da interação humana, imbricando-se em múltiplos processos societais, dentre os quais a educação. De acordo com Grigorowitschs (2008, p. 38), a socialização "abrange os processos que permeiam toda a vida de um indivíduo, nos quais este toma parte ativamente por meio da participação em comunicações sociais, ações sociais, língua, costumes sociais, regras, normas e saberes".

Tomada, por vezes equivocadamente, como sinônimo de socialização, a educação é um recurso antropológico que se apoia em arranjos distintos de/para socialização, criando campos de experiências para o desenvolvimento de capacidades humanas de acordo com as finalidades sociopolíticas às quais se atrela.

Do ponto de vista da pedagogia, a socialização é uma finalidade da educação e o modo pelo qual as instituições e os agentes educativos concebem a finalidade das experiências de aprendizagem impacta diretamente os arranjos de socialização, bem como aquilo que é socializado (valores, saberes, normas e condutas). O sentido atribuído à socialização é um parâmetro de análise das concepções pedagógicas que pautam as práticas educativas e, dentre elas, as que se efetuam em contextos institucionais, como escolas e universidades.

De uma perspectiva histórico-crítica e dialética de pedagogia, a função socializadora da educação institucionalizada, em contextos escolares/acadêmicos, cumpre o objetivo de permitir aos indivíduos o acesso, a apropriação e a reelaboração dos conhecimentos produzidos historicamente pela humanidade para que exerçam sua condição de sujeitos históricos (Saviani 2005), portanto conscientes e engajados em processos de mudança superadora das desigualdades que obstruem a práxis social transformadora (Pimenta 2010).

No âmbito da educação superior, essa função se traduz em concepções que defendem a formação centrada no desenvolvimento da consciência crítica sobre as possiblidades de emancipação humana e de capacidades profissionais que promovam condições favoráveis à construção do bem comum como princípio da vida em coletividade. Assim, a formação profissional perseguida pelas Instituições de Educação Superior (IES) é colocada a serviço de um projeto mais amplo de sociedade justa e igualitária, cuja realização transpassa a produção, socialização e aplicação de conhecimentos acadêmicos em diferentes esferas. Em outras palavras, "à universidade compete a missão de formar pessoas com alto sentido cultural, moral e político de cidadania e de contribuir, em sua esfera de possibilidades e em seus limites, para a solução de problemas da coletividade" (Dias Sobrinho 2015, p. 584).

Como espaço de produção e de circulação de conhecimentos e práticas de referência para a formação humana e para o desenvolvimento social, a educação superior tem, entre as suas finalidades, o propósito de "promover a extensão, aberta à participação da população, visando à difusão das conquistas e benefícios resultantes da criação cultural e da pesquisa científica e tecnológica geradas na instituição" (Brasil 1996, art. 43, § VII). A extensão na educação superior revela um caráter estruturante da função social da educação superior que transcende uma atitude meramente pragmática de certificar habilidades profissionais, pois compete às IES, em atendimento às finalidades dispostas no referido artigo 43 da Lei de Diretrizes e Bases da Educação Nacional (LDB), estabelecer relações de reciprocidade entre seu projeto institucional e as demandas que emergem no espaço/tempo em que se inserem, engajando práticas de pesquisa e de ensino em contextos concretos que as respaldam socialmente.

Neste capítulo, desenvolvemos uma reflexão sobre a extensão na educação superior e seu potencial pedagógico, pautando-nos por argumentos que a situam como esfera de socialização e de criação de redes de conhecimentos e experiências que, dialogando com demandas da sociedade, estabelecem conexões entre as IES e diferentes contextos, possibilitando impactos relevantes pela produção colaborativa de alternativas promotoras do bem comum e pela oferta de serviços socialmente significativos. Por esse princípio de responsabilidade social, as IES são convocadas a democratizar o acesso de diferentes grupos humanos – especialmente aqueles em situação de marginalidade e vulnerabilidade – aos benefícios resultantes das práticas dialógicas, com vistas à construção de saberes e estratégias que colaborem para o enfrentamento de problemas socialmente relevantes. Desse ponto de vista, a extensão posiciona as IES em um lugar estratégico de construção da esfera pública como espaço para problematizar os aspectos culturais, políticos, econômicos e educativos que impactam as relações societais. Como afirma Sousa Santos (2004, p. 100), "a ideia da democratização externa confunde-se com a responsabilização social da universidade, pois o que está em causa é a criação de um vínculo político orgânico entre a universidade e a sociedade".

Notas históricas sobre a extensão na educação superior

Segundo Paula (2013), em sua origem, na segunda metade do século XIX, a extensão na educação superior teve duas vertentes: uma que buscava compensar a exploração capitalista, no contexto do desenvolvimento do Estado de bem-estar social, na Inglaterra e na Europa continental, e outra que objetivava aproximar a universidade do setor empresarial no enfrentamento das questões econômicas, caso do modelo liberal norte-americano.

Na América Latina, já no século XX, desde a Reforma Universitária de Córdoba de 1918, a luta pela reforma universitária é parte da luta nacionalista (estudantil, operária e camponesa) contra a dependência e o subdesenvolvimento, expressos no distanciamento das universidades dos grandes problemas sociais, econômicos, políticos e culturais. A partir dos anos 1960, as propostas de reforma, que iam do reformismo nacional-popular ao socialismo, foram sustadas pelas ditaduras em vários países, assim como no Brasil (*ibid.*).

Entre nós, conforme Coelho (2014), há dois marcos de experiências pioneiras em extensão: a da Universidade Livre de São Paulo, em 1912, com a oferta de cursos e conferências à comunidade, segundo o modelo das universidades populares da Europa, e a da Escola Superior de Agricultura e Veterinária de Viçosa, criada em 1926, de difusão de conhecimentos e oferta de serviços, segundo o modelo das *land grant universities* estadunidenses.

Como se sabe, a implantação da universidade no Brasil foi tardia. No Estatuto da Universidade Brasileira de 1931 (Decreto 19.851 de 11 de abril de 1931), a extensão é concebida como cursos e conferências "de caráter educacional ou utilitário" para o grande público (art. 42), destinados "à difusão de conhecimentos úteis à vida individual ou coletiva, à solução de problemas sociais ou à propagação de ideias e princípios que salvaguardem os altos interesses nacionais" (§ 1º). Ainda de acordo com o referido estatuto, a extensão concretiza a vida social da universidade (art. 99) de uma perspectiva solidária, através da difusão de conhecimentos filosóficos, artísticos, literários e científicos (art. 109) (Brasil 1931).

Assim, a oferta de extensão vai depender do lento desenvolvimento das universidades, ganhando impulso com o surgimento das universidades federais por volta dos anos de 1960 e, mais adiante, com a expansão das universidades estaduais e o incentivo à pesquisa, sob o lema do tripé ensino-pesquisa-extensão.

Apesar de a ditadura militar ter cerceado as iniciativas de transformação social via extensão popular, na década de 1970, a extensão era concebida como prestação de serviços à comunidade e retroalimentação do ensino e da pesquisa. Com a redemocratização e o ressurgimento dos movimentos sociais, duas perspectivas conviveram nas propostas de extensão: de um lado, assistencialismo e domesticação; de outro, responsabilidade social e emancipação (Carbonari e Pereira 2007). Desta última perspectiva, a extensão, concebida como troca de saberes entre universidade e comunidade, instrumentaliza a missão emancipatória da universidade na superação da desigual apropriação social da ciência e da tecnologia (Paula 2013).

É importante ressaltar que a crítica à prática extensionista tradicional de difusão de conhecimentos é referenciada em Paulo Freire, que abordou a questão na obra *Extensão ou comunicação?*, publicada originalmente em espanhol, em 1969, no Chile. Paula (*ibid.*, p. 17) lembra que:

> Foi na Universidade de Recife, através do Serviço de Extensão Universitária, dirigido por Paulo Freire, que se manifestou com clareza a efetiva integração da universidade, da extensão universitária, às grandes questões nacionais, ampliando o que já vinha sendo feito pelos estudantes com a luta pela Reforma Universitária. De fato, é com Paulo Freire que a universidade descobre e desenvolve instrumentos que a aproximam dos setores populares, tanto mediante a ação concreta de alfabetização, quanto mediante a elaboração de metodologias de interação entre o saber técnico-científico e as culturas populares.

A partir da década de 1980, segundo Coelho (2014, p. 13), a extensão ganha impulso no Brasil e no mundo como "uma estratégia de buscar ou justificar maiores investimentos e, ao mesmo tempo, promover uma legitimação do saber acadêmico na direção das demandas sociais, tornando-o mais aplicado e buscando sua validação em situações mais tangíveis". Como explicita o autor, diversas motivações impulsionam o desenvolvimento da extensão: da parte dos/as docentes, ela rompe o isolamento da universidade e aumenta sua influência social; da parte dos/as discentes, propicia experiências práticas, importantes para a formação profissional; da parte da comunidade, traz benefícios por meio de conhecimentos úteis à solução de problemas e, ademais, possibilita ao Estado a promoção de políticas sociais e a qualificação de seus agentes.

Com efeito, o fim da ditadura e o avanço da luta democrática ampliam o rol de sujeitos e direitos reconhecidos: direitos humanos de crianças, adolescentes e idosos; direitos ambientais; universalização da atenção à saúde; lutas contra as discriminações étnico-raciais, de gênero e de orientação sexual. Nesse contexto de expansão das políticas públicas dirigidas a esses novos sujeitos e direitos, amplia-se o alcance da extensão na educação superior (Paula 2013).

Paula (*ibid.*, pp. 19-20) destaca três etapas no desenvolvimento da extensão nas universidades brasileiras: até 1964, no contexto da Campanha pela Escola Pública e do Movimento das Reformas de Base; até 1985, etapa marcada pelas demandas dos movimentos sociais urbanos; e no período pós-ditadura, com as demandas dos movimentos sociais urbanos e rurais, de novos sujeitos e direitos e do setor produtivo nos campos da tecnologia e da prestação de serviços.

A extensão ganha impulso institucional com a criação do Fórum Nacional de Pró-Reitores de Extensão das Universidades Públicas Brasileiras (Forproex) em 1987, que "organizou a atuação da extensão universitária em oito áreas temáticas: saúde, educação, trabalho, meio ambiente, comunicação, direitos humanos e justiça, tecnologia de produção e cultura" (*ibid.*, p 20). Desde então, como reconhecem Cristofoletti e Serafim (2020, p. 7), o Forproex tem sido "o principal ator extensionista em âmbito nacional, tanto conceitualmente quanto no desenho de políticas nacionais de extensão", pautando sua atuação na institucionalização, na avaliação e no financiamento.

O Forproex vai assumir a perspectiva crítica/emancipatória da extensão como prática dialógica, de mão dupla – isto é, como práxis acadêmica de transformação social, em que docentes e discentes submetem à reflexão teórica o aprendizado adquirido nas ações extensionistas –, constituindo um novo paradigma pedagógico da extensão (Coelho 2014). Esse paradigma foi incorporado posteriormente à LDB de 1996. Ressalta-se aí a origem da curricularização da extensão, com o seu reconhecimento como instrumento pedagógico importante para uma formação superior integral e de qualidade (*ibid.*).

A LDB, o Plano Nacional de Extensão (1999-2001) e a Lei n. 10.861, de 14 de abril de 2004, que institui o Sistema Nacional de Avaliação da Educação Superior, reafirmam a indissociabilidade ensino-pesquisa-extensão e a busca de soluções para problemas sociais com transferência de conhecimento, com vistas ao desenvolvimento regional e nacional, além da promoção da cidadania, reconhecendo a extensão como um projeto social de cidadania responsável (Carbonari e Pereira 2007).

Como afirma Paula (2013, p. 22), "trata-se, essencialmente, de ver a extensão universitária como uma cultura, como uma prática, como um compromisso, indispensáveis à plena realização da universidade como instrumento emancipatório" e mandatório, como enfatiza Corrêa (2003), porque essencial na formação técnica e cidadã. Daí o reconhecimento da dimensão pedagógica da extensão, assim sintetizado por Coelho (2014, p 11):

> De uma atividade unidirecional destinada à difusão do conhecimento acadêmico à comunidade extramuros e à prestação de serviços, a extensão passou a ser entendida como uma interação dialógica com a sociedade. Como consequência, uma dimensão pedagógica tem sido atribuída à extensão universitária.

Em suma, como um instrumento pedagógico, de aprendizagem e geração de conhecimentos, a extensão contribui para o desenvolvimento acadêmico e sociopolítico de discentes, qualificando sua trajetória formativa, além de contribuir para o desenvolvimento profissional de docentes e o desenvolvimento comunitário.

Assim, a integração com o ensino e a pesquisa significa curricularização da extensão. Em 2012, a Política Nacional de Extensão, lançada pelo Forproex, já enfatizava a universalização da extensão, por meio da "integralização curricular de ações extensionistas" (Forproex 2012, p. 54):

> Um dos passos fundamentais em direção à universalização da Extensão Universitária está em sua inclusão nos currículos, flexibilizando-os e imprimindo neles um novo significado com a adoção dos novos conceitos de "sala de aula" e de "eixo pedagógico". É importante ter claro que não se trata apenas de aproveitamento de créditos oriundos de atividades extensionistas, para efeitos de integralização curricular ou de criação de novas disciplinas relacionadas com a Extensão Universitária, mas, sim, de sua inclusão criativa no projeto pedagógico dos cursos universitários, assimilando-a como elemento fundamental no processo de formação profissional e de produção do conhecimento. (*Ibid.*, p. 53)

Posteriormente, a Resolução n. 7, de 18 de dezembro de 2018, da Câmara de Educação Superior do Conselho Nacional de Educação, que estabelece as diretrizes para a extensão na educação superior brasileira – conforme os Planos de Desenvolvimento Institucionais, os Projetos

Políticos Institucionais e os Projetos Pedagógicos dos Cursos (art. 2º) – e regulamenta o disposto na Meta 12.7 do PNE 2014-2024, que dispõe, no art. 3º, que a extensão se integre à matriz curricular e à organização da pesquisa (Brasil-Ministério da Educação 2018).

Ademais, estipula, no art. 4º, que as atividades de extensão – programas, projetos, cursos e oficinas, eventos, prestação de serviços, segundo o art. 8º – devem compor, no mínimo, 10% da carga horária curricular dos cursos de graduação, de tal forma que a articulação entre ensino, pesquisa e extensão se ancore "em processo pedagógico único, interdisciplinar, político educacional, cultural, científico e tecnológico" (art 5º, IV), passível de creditação curricular (art. 11, I) e devidamente registrado na forma de planos de trabalho, com metodologias, instrumentos e resultados, ou seja, conhecimentos gerados (art. 15) (*ibid.*).

Concepções de extensão

Em revisão de literatura sobre a extensão na educação superior no Brasil, Cristofoletti e Serafim (2020, pp. 4-6) apontam cinco práticas e concepções ou modelos: 1) assistencialista, via repasse de conhecimento científico ou técnico para solução de problemas pontuais; 2) prestação de serviços a empresas, organizações não governamentais e governos, sob demanda; 3) comunitária, com grupos marginalizados, de viés freireano, dialógico, conscientizador; 4) divulgação científica e formação técnica por intermédio de museus de ciências, cursos, palestras, eventos; 5) parceria universidade-empresa, de viés economicista, para transferir conhecimento via cursos e consultorias e desenvolver inovações tecnológicas.

Ressaltam que essas concepções e práticas de extensão "não são puras, pois misturam-se entre si nas práticas concretas" (*ibid.*, p. 6) e concluem que o "padrão acadêmico extensionista brasileiro [é] assistemático, pontual (...), fragmentado, não integrado institucionalmente à pesquisa e ao ensino e conceitualmente deficiente no que se refere ao entendimento da comunidade acadêmica sobre a natureza e características da extensão" (p. 7). Ademais, apontam que a extensão é "uma função relativamente desvalorizada academicamente, sobretudo a chamada extensão comunitária" (p. 7), como indicam os achados empíricos de Silva (2000).

Por sua vez, Silva (2000) elabora três concepções de extensão assumidas pelas universidades brasileiras contemporâneas: 1) a concepção tradicional ou funcionalista, em que a universidade executa políticas públicas, "numa perspectiva apolítica e assistencialista" (p. 7), complementado a ação estatal com serviços de assistência à população, como o hospital universitário; 2) a concepção processual, "oficial na maioria das instituições universitárias" (p. 8), que se caracteriza pela politização das ações em contraponto ao assistencialismo, realizando o compromisso social da universidade e assumindo a indissociabilidade com a pesquisa e o ensino; 3) a concepção crítica, que considera a extensão intrinsecamente ligada ao ensino e à pesquisa, integrando-se a essas duas funções para redimensioná-las, conferindo-lhes pertinência social.

Como elucida a autora, na concepção tradicional ou funcionalista, a extensão é autônoma e desarticulada do ensino e da pesquisa. Na concepção processual, articula o ensino e a pesquisa. Na concepção crítica, é uma dimensão do ensino e da pesquisa, "matéria de currículo" (*ibid.*, p. 8), e não uma função específica, única responsável por articular universidade e sociedade.

Todavia, os resultados da investigação empírica de Silva (2000) com docentes e dirigentes "apontam que a prática extensionista se realiza numa perspectiva funcionalista, ou seja, suas ações são eventuais, sem continuidade, de iniciativa pessoal do docente e sem vínculo com ensino e pesquisa", convergindo com Cristofoletti e Serafim (2020). Ademais, sugerem "que os efeitos do trabalho de extensão são irrelevantes para a universidade" (Silva 2000, p. 9).

Os docentes engajados em extensão entrevistados por Silva criticam a predominância da "docência baseada na aula tradicional, desvinculada da realidade concreta", porque "extensão dá trabalho" (p. 10), e nem todos acreditam na exequibilidade da indissociabilidade ensino-pesquisa-extensão, em face da fragmentação das funções e dos órgãos da universidade.

Considerar a extensão como essência do ensino e da pesquisa, de acordo com a concepção crítica, contrapõe-se à fragmentação e descontextualização do conhecimento, à dicotomia teoria/prática, e exige o compromisso do ensino e da pesquisa com a problematização e intervenção na realidade, como salienta Silva.

O paradigma pedagógico da extensão

Cristofoletti e Serafim (2020) mencionam brevemente uma "pedagogia das práticas extensionistas" (p. 7), a necessidade de desenvolver "metodologias e pedagogias extensionistas" (p.14) visando à transferência de conhecimentos ou construção em conjunto com a comunidade por meio de "metodologias participativas e dialógicas, pesquisa-ação ou pesquisa participante" (p.14).

Já Coelho (2014, pp. 13-14), ao conceituar extensão, de modo amplo, como "atividades que a comunidade universitária realiza com a comunidade externa", tais como "cursos, assistência técnica, formação continuada a profissionais diversos e prestação de serviços", apresenta as bases teóricas da extensão como "atividade formativa, de cunho pedagógico" (p. 13), com impactos na vida acadêmica e na qualificação da formação superior.

O Plano Nacional de Extensão Universitária aponta que, para formar o "profissional cidadão, é imprescindível sua efetiva interação com a sociedade, seja para se situar historicamente, para se identificar culturalmente e/ou para referenciar sua formação técnica com os problemas que um dia terá de enfrentar" (Brasil 2000/2001, p. 7). Nesse sentido, de acordo com Coelho (2014), as atividades extensionistas impactam a formação, sobretudo "nos aspectos cívico-políticos e afetivo-comportamentais" (p. 11), assim como nos aspectos profissionais e cognitivos (p. 19), embora sejam escassos os estudos sobre os impactos na comunidade externa (p. 17).

Ao mesmo tempo em que têm oportunidades de aumentar seu engajamento social e vivenciar a cidadania, os estudantes se qualificam para o exercício profissional em interação com a comunidade no enfrentamento de problemas concretos, como explica o autor:

> Certas habilidades adquiridas na extensão não são usualmente assimiladas na experiência do ensino formal (por meio de disciplinas), tais como: capacidade de interagir e organizar o trabalho em equipes (especialmente as multidisciplinares); saber ouvir e saber comunicar diante de públicos diversos e diferentes daqueles que circulam no meio acadêmico (Degreas; Katakura, 2009; Muscio, 2011; Laursen *et al.*, 2012; Matthews, 2012). (Coelho 2014, p. 16)

Coelho ressalta, ainda, que a participação em atividades de extensão amplia, complementa, enriquece e reforça os aprendizados até mesmo dos estágios.

Em relato de pesquisa documental e empírica com estudantes de graduação de uma IES de Belo Horizonte, enfocando as contribuições da extensão universitária integrada ao ensino e à pesquisa para a formação acadêmica e profissional, Santos, Rocha e Passaglio (2016) corroboram a compreensão de que a extensão é "parte importante no processo de formação indicando um crescimento acadêmico, profissional e pessoal" (p. 23). Tal crescimento se dá com base na reflexão entre teoria e prática contextualizada, do conhecimento do campo de atuação profissional, do "desenvolvimento de uma postura ética e crítica" (p. 25), e da troca de conhecimentos com a comunidade.

O desenvolvimento de habilidades pessoais e profissionais na prática extensionista ocorre mediante o trabalho em equipe interdisciplinar em situações reais, como já destacado por Coelho (2104). Ao promover a construção de conhecimento na relação teoria-prática, articulando conhecimento científico/acadêmico e senso comum/conhecimento popular, as atividades de extensão possibilitam a ampliação do ensino para além da sala de aula e a integração ensino-pesquisa, conferindo relevância social a ambos, como lembram Santos, Rocha e Passaglio (2016), assumindo a concepção crítica, apontada por Silva (2000).

Ademais, Corrêa (2003, p. 14) destaca que a extensão, como atividade formadora, implica

> o deslocamento do eixo pedagógico clássico professor-aluno para o eixo aluno-comunidade, com um novo conceito de sala de aula; com a atuação do professor como co-participante, orientador, educador, tutor e pedagogo; e com a ampliação do conceito de educador – por atuar em rede social – para o de uma rede de educadores.

Nesse contexto, a articulação extensão-ensino também implica a flexibilização da experiência curricular e de sua gestão, tomando "a avaliação como processo prospectivo e formativo", articulando avaliação interna ("atividades meio no processo formativo e de construção da crítica e da memória das ações") e avaliação externa (controle social) dos programas e projetos de extensão (*ibid.*).

Curricularização da extensão

A curricularização da extensão em cursos de nível superior percorre uma trajetória recente no Brasil, buscando, em última instância, posicionar o lugar da extensão na educação superior e em suas relações com o ensino, a fim de contribuir para a formação integral das/os estudantes e intensificar o impacto social resultante de práticas extensionistas. Com isso, abrem-se possibilidades para o desenvolvimento de arranjos formativos interdisciplinares e contextualizados, que proporcionem aos/às estudantes a imersão em territórios estratégicos para socializar e construir saberes para além das fronteiras físicas das instituições, fortalecendo sua identidade cidadã.

O processo da curricularização da extensão em cursos superiores obedece à meta 12.7 da Lei n. 13.005, de 25 de junho de 2014, que aprova o Plano Nacional de Educação (2014-2024). A referida meta consiste em "assegurar, no mínimo, 10% (dez por cento) do total de créditos curriculares exigidos para a graduação em programas e projetos de extensão universitária, orientando sua ação, prioritariamente, para áreas de grande pertinência social" (Brasil 2014). Entende-se por curricularização a integração da extensão ao ensino na organização dos projetos curriculares dos cursos de graduação. De acordo com a Resolução n. 7 de 18 de dezembro de 2018, a qual instituiu as diretrizes da extensão na educação superior brasileira, "são consideradas atividades de extensão as intervenções que envolvam diretamente as comunidades externas às IES e que estejam vinculadas à formação do estudante" (Brasil 2018, art. 7). A resolução promove uma concepção de extensão pautada pela interação dialógica da comunidade acadêmica com a universidade, o reconhecimento da interculturalidade, os princípios de formação cidadã e integral das/os estudantes, a articulação com o ensino e a pesquisa, o aperfeiçoamento da função formativa das IES, o envolvimento delas no enfrentamento a questões socialmente relevantes, e a contribuição dos conhecimentos e tecnologias produzidos academicamente para o desenvolvimento social, cultural e econômico.

As atividades extensionistas previstas na referida resolução incluem programas, projetos, cursos e oficinas, eventos e prestação de serviços. Prevê-se que a avaliação das políticas e práticas de extensão engajem as IES em um processo permanente de autoavaliação que preconiza "o aperfeiçoamento de suas características essenciais de articulação com o ensino, a pesquisa, a formação do estudante, a qualificação do docente, a relação com a sociedade, a participação dos parceiros [e] outras dimensões acadêmicas institucionais" (*ibid.*, art. 10).

Referenciar socialmente a formação acadêmica ofertada na educação superior é um desafio histórico persistente diante do sentido atribuído ao se formar no contexto neoliberal. A agenda do mercado avança brutalmente no âmbito da educação superior, subvertendo o sentido de formação como processo multidimensional de desenvolvimento de capacidades que permitam o pensar e o agir autônomos, colaborativos, inovadores, éticos e politicamente engajados. Esse ideal formativo põe em destaque a relação entre as demandas da sociedade e as experiências formativas articuladas no âmbito dos currículos dos cursos superiores, por vincular a leitura crítica dos interesses sociais às possibilidades de mobilização/construção/socialização dos saberes acadêmicos em diferentes contextos comunitários. Tem-se, dessa forma, a construção de conexões dialógicas entre formação acadêmica e compromisso social como um aspecto estruturante do currículo.

De modo geral, a extensão é reconhecida como processo que engaja as IES em práticas de socialização de contribuições acadêmicas que gerem impacto social e colaborem com a formação das/os estudantes e com a geração de novos conhecimentos, tecnologias e serviços socialmente relevantes. De uma perspectiva crítico-dialógica, a extensão deve visar – em associação com o ensino e com a pesquisa – à integração das IES com seus contextos locais, a fim de promover a criação e a ampliação do acesso a conhecimentos e benefícios resultantes da mobilização de repertórios acadêmicos na interseção com outros repertórios culturalmente diversos, imprimindo sentido político ao lugar que a educação superior ocupa em um projeto de superação de desigualdades sociais.

Assim, a extensão, como uma política institucional, é um dispositivo para que as lutas sociais por garantias de direitos sejam referências da formação acadêmica e da intervenção das IES no espaço público. Daí que as experiências extensionistas precisem ser implementadas de uma perspectiva curricular que permita a docentes, discentes e demais atores da comunidade acadêmica se aproximarem da sociedade e: 1) conectarem seus saberes em redes de múltiplos/outros saberes, forjados em contextos socioculturais que expandem as fronteiras do conhecimento científico; 2) cooperarem com a busca por respostas a desafios emergentes; 3) desenvolverem, como agentes, um senso de pertencimento a um mundo marcado por contradições e por possibilidades emancipatórias. Essa orientação traduz a concepção de currículo como espaço criativo de interação e transformação social e cognitiva, de produção de vida e criação de realidades.

Na medida em que as práticas de extensão conectam as IES a outros contextos sociais, os saberes acadêmicos são mobilizados em redes que permitem ampliá-los e ressignificá-los. Com base em Freire (1987), somos convidados a entender que a extensão como processo político-pedagógico não deve ser unilateral, mediante arranjos de práticas dirigidas apenas à aplicação de saberes ou oferta de serviços, o que configuraria uma tendência mecanicista, assistencialista ou messiânica.

De uma perspectiva curricular dialógica, os contextos de extensão são constituídos por sujeitos produtores de saberes. Por essa razão, a extensão pode permitir às IES adentrar outras formas de conceber e produzir a realidade potencialmente úteis para ampliar os sentidos atribuídos à ciência, à pesquisa e ao ensino. As intenções transformadoras das IES via extensão só são possíveis quando as próprias IES se transformam em cenário de saberes e fazeres dialógicos, exercitando sua função educativa de socializar e comunicar dialogicamente. É pelo esforço de ampliar as fronteiras do conhecimento acadêmico pelo diálogo com outros contextos, saberes e sujeitos que a extensão se converte em uma situação gnosiológica que engaja o ensino e a pesquisa na tarefa de conhecer a realidade com seus sujeitos para, então, dispor-se a colaborar com sua transformação, sem colonizá-los ou instrumentalizá-los.

Dessa forma, no processo de curricularização da extensão, torna-se fundamental o mapeamento de territórios de referência para traçar prioridades, tendo em vista, de um lado, demandas sociais emergentes e, de outro, potencialidades formativas para as/os estudantes. No processo de desenvolvimento curricular das atividades extensionistas, cabe à coordenação dos cursos criar espaços de reflexão coletiva sobre resultados desejados e alcançados, desafios e potencialidades, a fim de alimentar uma política curricular sustentada na avaliação formativa com vistas ao delineamento de estratégias que aperfeiçoem, continuamente, a práxis de docentes e discentes, de quem se espera engajamento em todas as fases do processo. Instaura-se, então, a didatização da extensão no âmbito do currículo.

Da curricularização à didatização da extensão

Curricularizar a extensão é constituí-la como contexto e/ou objeto formativo, ou seja, um elemento integrado e organizado no âmbito do currículo ao qual se vinculam diferentes expectativas de aprendizagem, conforme pontuado em partes anteriores deste capítulo.

O desenvolvimento dessas expectativas se atrela diretamente ao trabalho mediador da/o docente, implicando decisões didáticas que favoreçam a disposição de condições necessárias, do ponto de vista pedagógico, para que a participação em atividades de extensão se desdobre em aprendizagens construídas de modo colaborativo, interdisciplinar e situado por discentes na relação com os sujeitos, saberes e territórios do processo extensionista. Assim, a curricularização impõe, necessariamente, a necessidade de didatizar a experiência formativa na/pela extensão.

A didática, como elemento estruturante da racionalidade e do trabalho docente, produz um campo de teorização sobre os aspectos metodológicos que constituem a mediação educativa, no qual orbitam preocupações sobre as tomadas de decisão que: a) problematizam e concebem a relação entre fins e meios educacionais, com base em diferentes dimensões; b) dinamizam e mobilizam o processo de ensino-aprendizagem como uma relação pedagógica; c) criam/selecionam/aplicam estratégias de planejamento, desenvolvimento e avaliação educativas. Nesses processos, a didática é desafiada a construir referências sobre diferentes formas de constituir a relação entre o ensinar e o aprender nas experiências pedagógicas dentro e fora da sala de aula. De acordo com Alvarez Méndez (2001, p. 135; tradução nossa), ao não se limitar à criação das condições metodológicas para transmissão e reprodução de informações, o processo didático "se trata de orientar o ensino e a aprendizagem para modos que mostrem a complexidade dos conteúdos de conhecimento, e não de ajustá-los a formas resumidas de informação segura".

Compreende-se que a didática seja uma chave conceitual e metodológica fundamental na abertura das possibilidades de análise e intervenção do "quefazer" estruturante do trabalho docente, concebendo a mediação educativa como "uma atividade histórica e social em constante construção, que ocorre em um determinado contexto econômico, social, cultural e político" (*ibid.*, p. 122; tradução nossa). Essa compreensão dialética constitui uma base crítica para a conceituação do ensino, que, como objeto da didática, porque corresponde a uma variedade de elementos implicados em práticas educativas historicamente situadas, demanda ser investigado "nos contextos sociais nos quais se efetiva – nas aulas e demais situações de ensino das diferentes áreas de conhecimento, nas escolas, nos sistemas de ensino, nas culturas, nas sociedades" (Pimenta 2010, p. 17).

Com base nessa compreensão, é possível apostar em referenciais didáticos que promovam a concepção do ensino como uma prática social situada que se dá em contextos específicos. A sala de aula é um desses contextos emoldurados por diferentes aspectos. Cabe à didática operar reflexões que auxiliem a tomada de decisão docente nos contextos em que ela se dá, visto que o dinamismo que marca a mediação das/os professoras/es não permite a reprodução de modelos metodológicos herméticos ou fortemente prescritivos, obstruindo capacidades crítico-inventivas construídas com base em um olhar sensível aos contextos do ensino. Logo, assumir a extensão como contexto e objeto do ensino – guiando-a por expectativas de aprendizagem – demanda um processo de estruturação didática da mediação docente capaz de potencializar a construção de redes de saberes que dinamizem processos de aprendizagem para todas as pessoas envolvidas na experiência extensionista.

De uma perspectiva freireana, o ensino é concebido como ato político-pedagógico que deve estar implicado na problematização da realidade, fluindo através das relações dialógicas pelas quais são produzidos saberes pautados pela crítica aos mecanismos de desumanização do sujeito. Esses saberes imprimem um sentido crítico à análise da realidade como síntese histórica de múltiplas determinações e de possibilidades de superação de opressões pela práxis transformadora. Assim, na medida em que a mediação docente nas experiências extensionistas possibilita a construção de redes dialógicas de saberes, a extensão como prática curricular se converte em ato problematizador da realidade, em processo que "se apresenta como um instrumento de superação da própria cultura alienada e alienante" (Freire 1987, p. 214). De acordo com Pontes (2020, p. 68), a consequência didática direta do pressuposto dialógico é a formulação de estratégias de ensino que, indispensavelmente, sejam participativas, com a condição de que os sujeitos participem "ativamente das fases de planejamento, desenvolvimento e avaliação de cada ciclo gnosiológico, criando atividades de ensinagem e pesquisa, desenvolvendo criticidade e a ação dialógica". Pensar a didatização da extensão segundo a concepção crítica, em que ela é parte integrante do ensino e da pesquisa, seria ampliar a sala de aula, converter a pesquisa em aprendizagem e o ensino em pesquisa sobre acontecimentos/experiências junto com outros sujeitos, além da díade professor/a-aluno/a.

A mediação docente na extensão deve ser organizada didaticamente para proporcionar o processo de desvelamento dos currículos ocultos que perfilam contextos socioeducativos. É certo que nas experiências sociais residem currículos culturais ocultos que devem ser desmistificados a fim de evidenciar lógicas subjacentes às práticas educativas, tão atuantes na formação humana quanto aquelas declaradas pelos/as agentes institucionais que as promovem. Na análise de Franco (2008), o processo de desvelar essas lógicas configura um dos primeiros momentos da prática pedagógica situada da perspectiva da práxis, pois leva os(as) sujeitos educativos a adentrarem reflexivamente no universo de significados sociais e culturais acionados pelas práticas e abordá-los de modo crítico para instituir finalidades formativas e fundamentar uma pedagogia emancipatória.

Em contextos socioeducativos diversos, as relações entre os sujeitos não se prendem ao binômio professor/a-aluno/a, especialmente quando esse binômio reflete a lógica da escolarização tradicional, em que a superfície de contato da relação é construída com base na heteronomia, no disciplinamento e na transmissividade. Isso demanda da/o docente o uso de dinâmicas interativas que, ao possibilitar o encontro formativo, aplicam uma espécie de didática da presença, da participação ativa e da valorização da iniciativa e livre adesão às experiências de aprendizagem.

A didatização da extensão também pode ser entendida como ensino extramuros, fora da sala de aula, para a comunidade e para pessoas diversas, que não são estudantes regulares, ou seja, com um planejamento didático das ações de extensão. Entende-se que, para construir a dimensão operativa dessas dinâmicas, a/o docente necessita fazer uso de um amplo repertório de recursos didáticos que, em certa medida, tentem estabelecer uma ruptura com as formas *escritocêntricas* de trabalho. Esses recursos derivam da reflexão criativa sobre quais elementos se ajustam às estratégias e são apropriados para ativar processos de pensamento crítico, interação e criação nos sujeitos. Assim, envolvem a mobilização de atividades lúdicas, tecnológicas, colaborativas, corporais, artísticas, como também de expressão oral e escrita.

Como inspira Paulo Freire (1992, p. 135), educar, em qualquer contexto, é um ato que exige decisões políticas e pedagógicas que se expressam nas respostas dadas a perguntas do tipo:

> Que conteúdos ensinar, a favor de que ensiná-los, a favor de quem, contra que, contra quem? Quem escolhe os conteúdos e como são ensinados? Que é ensinar? Que é aprender? Como se dão as relações entre ensinar e aprender? Que é o saber de experiência feito? Podemos descartá-lo como impreciso, desarticulado? Como superá-lo?

As indagações freireanas desmistificam o caráter exclusivamente técnico tradicionalmente atribuído à didática, servindo como aporte para a problematização da mediação docente na extensão. Rompendo com a lógica que restringe a didática a um campo de instrumentos normativos e prescrição procedimental do ensino, entende-se que, ao se inserir em movimentos de construção da mediação docente na extensão, ela "precisa construir formas de compreender e dialogar com as circunstâncias que foram e estão se configurando a cada instante" (Pimenta *et al.* 2013, p. 146). O objeto e o enfoque da didática se produzem baseados em referências situacionais significativas que subsidiam o sentido da escolha e da ação de estratégias pedagógicas em consonância com as especificidades de cada território educativo.

Logo, essa didática tem seus pés no chão dos territórios em que as práticas ocorrem, e suas mãos dadas aos sujeitos das práticas. Sujeitos das práticas de extensão, mobilizando os referenciais didáticos, implementam um processo de decantação de experiências sociais e culturais com vistas a reconhecer e operar com saberes, práticas e relações já instituídas nesses territórios e que possam ser problematizadas, investigadas, superadas ou potencializadas em um projeto formativo de inclusão social, humanização conscientização e mudança da sociedade. Trilhando esses passos, por esse chão, a didática pode frequentar e criar novas possibilidades de ensinar e aprender, colaborando com a integração entre ensino, pesquisa e extensão.

Considerações finais

A extensão na educação superior tem um desenvolvimento institucional recente e seu potencial pedagógico, na interação dialógica com a sociedade, tem sido reconhecido. O paradigma pedagógico da extensão concebe a formação/qualificação profissional por meio do engajamento social na comunidade e da vivência da cidadania no enfrentamento de problemas concretos, articulando desenvolvimento acadêmico, profissional e pessoal. Assim, como atividade formativa, a extensão se integra ao ensino e à pesquisa, redimensionando-os e conferindo-lhes pertinência social.

Consequentemente, a proposta de curricularização visa a sua inclusão no processo de formação profissional e de produção do conhecimento, ampliando a sala de aula, superando a fragmentação e descontextualização do conhecimento e a dicotomia teoria/prática, assumindo a interdisciplinaridade e a aprendizagem colaborativa, comprometendo o ensino e a pesquisa com a problematização e intervenção na realidade. Nesse sentido, integrar a extensão aos projetos curriculares dos cursos de graduação implica referenciar socialmente a formação acadêmica, engajando as IES em seu contexto local, de forma a propiciar a ressignificação e ampliação dos sentidos atribuídos à pesquisa e ao ensino, pelo diálogo com outros contextos, saberes e sujeitos, considerando demandas sociais emergentes e potencialidades formativas.

Curricularizar a extensão significa entendê-la como contexto e objeto do ensino, o que requer estruturação didática para dinamizar os processos de aprendizagem envolvidos na experiência extensionista com os sujeitos, saberes e territórios implicados. Pressupõe, portanto, conceber a extensão como uma relação pedagógica, guiada por expectativas de aprendizagem e mediada por docente que possibilite a construção de redes dialógicas de saberes. Assim, a curricularização e a didatização da extensão trazem a promessa de novas possibilidades de ensinar e aprender.

Referências bibliográficas

ALVAREZ MÉNDEZ, J.M. (2001). *Entender la didáctica, entender el curriculum.* Madri: Miño y Dávila.

BRASIL (1931). Decreto n. 19.851, de 11 de abril de 1931. Estatuto das Universidades Brasileiras. Brasília: Câmara dos Deputados. [Disponível na internet: https://www2.camara.leg.br/legin/fed/decret/1930-1939/decreto-19851-11-abril-1931-505837-publicacaooriginal-1-pe.html, acesso em 28/2/2023.]

________ (1996). Lei n. 9.394, de 20 de dezembro de 1996. Estabelece as Diretrizes e Bases da Educação Nacional. Brasília: MEC. [Disponível na internet: http://portal.mec.gov.br/seesp/arquivos/pdf/lei9394_ldbn1.pdf, acesso em 28/2/2023.]

________ (2014). Lei n. 13.005, de 25 de junho de 2014. Aprova o Plano Nacional de Educação – PNE e dá outras providências. *Diário Oficial da União da República Federativa do Brasil*, Brasília, 26/6/2014.

BRASIL-MINISTÉRIO DA EDUCAÇÃO (2000-2001). *Plano nacional de extensão universitária.* Ed. atualizada. Brasília: Forproex Brasileiras/Sesu/MEC.

________ (2018). Resolução n. 7, de 18 de dezembro de 2018. Brasília: MEC/CNE/Câmara de Educação Superior. [Disponível na internet: https://normativasconselhos.mec.gov.br/normativa/pdf/CNE_RES_CNECESN72018.pdf, acesso em 28/2/2023.]

CARBONARI, M.E.E. e PEREIRA, A.C. (2007). "A extensão universitária no Brasil, do assistencialismo à sustentabilidade". *Revista de Educação*, v. 10, n. 10, pp. 23-28. [Disponível na internet: https://revista.pgsskroton.com/index.php/educ/article/view/2133, acesso em 10/2/2023.]

COELHO, G.C. (2014). "O papel pedagógico da extensão universitária". *Em Extensão*, Uberlândia, v. 13, n. 2, jul.-dez., pp. 11-24. [Disponível na internet: https://seer.ufu.br/index.php/revextensao/article/view/26682/16074, acesso em 10/2/2023.]

CORRÊA, E.J. (2003). "Extensão universitária, política institucional e inclusão social". *Revista Brasileira de Extensão Universitária*, Chapecó, v. 1, n. 1, pp. 12-15. [Disponível na internet: https://periodicos.uffs.edu.br/index.php/RBEU/article/view/864, acesso em: 10/3/2023.]

CRISTOFOLETTI, E.C. e SERAFIM, M.P. (2020). "Dimensões metodológicas e analíticas da extensão universitária". *Educação & Realidade*, Porto Alegre, v. 45, n. 1. [Disponível na internet: http://dx.doi.org/10.1590/2175-623690670, acesso em 10/2/2023.]

DIAS SOBRINHO, J. (2015). "Universidade fraturada: Reflexões sobre conhecimento e responsabilidade social". *Avaliação*, Campinas/Sorocaba, v. 20, n. 3, nov., pp. 581-601.

FORPROEX (2012). *Política nacional de extensão universitária.* Manaus: Forproex.

FRANCO, M.A.S. (2008). *Pedagogia como ciência da educação.* 2ª ed. São Paulo: Cortez.

FREIRE, P. (1987). *Pedagogia do oprimido.* 17ª ed. São Paulo: Paz e Terra.

________ (1992). *Pedagogia da esperança.* Rio de Janeiro: Vozes.

GRIGOROWITSCHS, T. (2008). "O conceito 'socialização' caiu em desuso? Uma análise dos processos de socialização na infância com base em Georg Simmel e George H. Mead". *Educ. Soc.*, Campinas, v. 29, n. 102, jan.-abr., pp. 33-54. [Disponível na internet: https://www.scielo.br/j/es/a/dyM98hvvCKns9NfNPxL5Dxn/?format=pdf&lang=pt, acesso em 28/2/2023.]

PAULA, J.A. de (2013). "A extensão universitária: História, conceito e propostas". *Interfaces: Revista de Extensão da UFMG*, v. 1, n. 1, pp. 5-23. [Disponível na internet: https://periodicos.ufmg.br/index.php/revistainterfaces/article/view/18930, acesso em 10/2/2023.]

PIMENTA, S.G. (2010). "Epistemologia da prática ressignificando a didática". *In*: FRANCO, M.A.S. e PIMENTA; S.G. (orgs.). *Didática: Embates contemporâneos.* São Paulo: Loyola, pp. 15-41.

________ *et al.* (2013). "A construção da didática no GT Didática: Análise de seus referenciais". *Revista Brasileira de Educação*, v. 18, n. 52, jan.-mar. [Disponível na internet: http://www.scielo.br/pdf/rbedu/v18n52/09.pdf, acesso em 10/10/2018.]

PONTES, R.A.F. (2020). "Didática no ensino superior: O ato de ensinar com pesquisa na perspectiva do inédito viável". Tese de doutorado. Santos: Programa de Pós-graduação *stricto sensu* em Educação/Universidade Católica de Santos. [Disponível na internet: https://tede.unisantos.br/bitstream/tede/7264/1/Rosana%20Aparecida%20Ferreira%20Pontes.pdf, acesso em 28/3/2023.]

SANTOS, J.H. de S.; ROCHA, B.F. e PASSAGLIO, K.T. (2016). "Extensão universitária e formação no ensino superior". *Revista Brasileira de Extensão Universitária*, v. 7, n. 1, pp. 23-28. [Disponível na internet: https://periodicos.uffs.edu.br/index.php/RBEU/article/view/3087/pdf, acesso em 10/2/2023.]

SAVIANI, D. (2005). *Pedagogia histórico-crítica: Primeiras aproximações.* 9ª ed. Campinas: Autores Associados.

SILVA, M. das G. (2000). "Universidade e sociedade: Cenários da extensão universitária?". *Anais da 23ª Reunião Anual da Anped*, Caxambu, 1-4/9/2000. [Disponível na internet: http://23reuniao.anped.org.br/textos/1101T.PDF, acesso em 10/3/2023.]

SOUSA SANTOS, B. de (2004). *A universidade no século XXI: Para uma reforma democrática e emancipatória da universidade.* São Paulo: Cortez.

PARTE III

EDUCAÇÃO SUPERIOR: POLÍTICAS PÚBLICAS ACADÊMICAS

7
COORDENAÇÃO DE CURSO DE GRADUAÇÃO: UMA PROPOSTA DE GESTÃO DEMOCRÁTICA

Rosana César de Arruda Fernandes

A formação inicial na educação superior em condizentes condições de trabalho significa para muitos jovens e adultos a possibilidade de reorganização de suas vidas, por meio da construção da sua profissionalização. Essa formação não pode ser analisada fora de seu contexto social, cultural, econômico e político, de final do século XX e início do XXI, que, como afirma Cunha (2006, p. 13), está "marcado pelas ideologias neoliberais e posições conservadoras, induziu à reorientação dos sistemas educacionais, na perspectiva de fazer valer o mercado como eixo das definições políticas nesse campo".

Sguissardi (2006, p. 7) afirma que a "descoberta desse traço essencial à educação superior (competitividade) permite que se fale nas Instituições de Educação Superior (IES) como empresas econômicas a serem administradas de modo empresarial/gerencial". Em 2021, mais de 1,3 milhão de estudantes concluiu cursos de graduação (Brasil-Inep 2021), porém, cabe a reflexão acerca da qualidade da formação nos cursos de graduação, da igualdade no acesso e das condições para permanência e conclusão.

O governo federal, no período de 2019 a 2022, que esteve assentado em valores ultraconservadores da extrema direita e na continuidade da perspectiva do neoliberalismo de organização social – acentuando a lógica mercadológica, de forma intencional e em defesa de um projeto que provocou um retrocesso em relação às conquistas do regime democrático e de políticas públicas em todos os setores da sociedade brasileira –, no campo da educação, enfraqueceu a educação pública, em todos os níveis e modalidades. Esse período ficou marcado pelo desmonte de políticas públicas emancipatórias e pelo fortalecimento de instituições que se aproximam muito do sentido operacional e empresarial, com viés mercadológico, do que pelo sentido de formação dos profissionais das diversas áreas do conhecimento.

Nesse cenário, é fundamental a permanente discussão sobre o papel social das instituições de educação superior (IES) e instituições federais de educação superior (Ifes), na tentativa de delinear outras possibilidades, para que, de fato, jovens e adultos adentrem uma educação superior cujos processos formativos estejam, também, calcados em valores humanitários e não mercadológicos.

As IES e Ifes, que constituem o lócus da formação inicial em nível superior, são constantemente desafiadas, tanto pela sociedade quanto pelo Estado, por meio dos mecanismos de controle, no que diz respeito a sua função primeira, que é o ensino de qualidade, no caso das instituições não universitárias, e à consolidação do tripé ensino-pesquisa-extensão, no caso das universitárias. As IES universitárias passam por dificuldades financeiras e, também, pelo questionamento da qualidade de muitos cursos e dos objetivos e metas, numa tentativa de enfraquecê-las como instituições acadêmicas de ensino e pesquisa. Para enfrentar esse desafio, as IES buscam mudanças e adequações que não sinalizam, no entanto, um movimento para transformações de fato, pois, como afirma Santos (1997, p. 187), estando "duplamente desafiada, pela sociedade e pelo Estado, a universidade não parece preparada para defrontar os desafios, tanto mais que estes apontam para transformações profundas e não para simples reformas parcelares".

Diante desse contexto de retomada e fortalecimento da democracia brasileira, após a tentativa de golpe de Estado que culminou nos eventos do dia 8 de janeiro de 2023, e partindo de questionamentos baseados nas várias concepções sobre as IES – tanto daqueles que confiam nessa lógica neoliberal como daqueles que a repudiam, sejam estudantes, docentes, gestores ou governantes, quanto das expectativas em relação à profissionalização crítica de jovens, adultos e idosos – novos rumos necessitam ser planejados, debatidos, problematizados, implantados e avaliados periodicamente.

> A busca da autonomia, e, portanto, a ideia de uma universidade crítica, é aquela que compreende esse processo, explica esse processo, interpreta esse processo, resiste a ele e cria armas de combate teórico e prático contra isso. Então, não é dar as costas à determinação econômica da instituição. Mas é não fazer dessa determinação econômica o nosso credo. (Chauí 2000, p. 50)

A coordenação de curso de graduação foi instituída pela reforma universitária de 1968 (*Diário Oficial da União* de 23/11/1968) como um colegiado com funções voltadas para o ensino de graduação e consta, também, nos estatutos e regimentos das IES que versam sobre a estrutura e as funções dos órgãos colegiados e do coordenador de curso.

Na educação superior brasileira, os cursos de graduação se apresentam nas modalidades tecnológico, bacharelado e licenciatura, e habilitam o cidadão a exercer uma profissão e/ou a dar prosseguimento aos estudos na pós-graduação. A educação superior inserida no projeto de sociedade inclusiva e justa precisa superar a fragmentação existente na formação profissional como reflexo do contexto social e

> (...) criar uma nova cultura acadêmica nos cursos de graduação na universidade que considere: o direito do acesso à formação que garanta aos estudantes o desenvolvimento de uma postura frente ao saber, que supere a especialização estreita, problematize as informações e garanta a sua formação como cidadão e profissional

> cientista compromissado com a aplicação do conhecimento em prol da melhoria da qualidade de vida de toda a sociedade (...); estimule a discussão, desenvolva metodologias de busca e de construção de conhecimentos (ensinar com pesquisa) (...); mobilize visões inter e transdisciplinares sobre os fenômenos e aponte e possibilite a solução de problemas sociais (ensinar com extensão). Uma nova cultura acadêmica que valorize o trabalho dos docentes na graduação. (Pimenta e Almeida 2009, p. 17)

Com o olhar voltado para a possibilidade de uma nova cultura, justifica-se a permanente reflexão crítica, criativa e compromissada com as aprendizagens dos estudantes nos cursos de graduação. Para isso, destacam-se a organização e a gestão democráticas na coordenação dos cursos, que confrontem e dialoguem com a realidade social, complexa, excludente e injusta, composta por uma parcela significativa da população que apoia ações conservadoras, como ficou fortemente evidenciado no período de 2019 a 2022.

Isso significa repensar a coordenação de curso de graduação, que tem como função precípua planejar, organizar, supervisionar e avaliar as atividades do curso, ou seja, implementar o Projeto Pedagógico do Curso (PPC), em consonância com o Projeto de Desenvolvimento Institucional (PDI). A coordenação de curso de graduação (CCG), como objeto de estudos e pesquisas, ainda necessita de investigações aprofundadas e de valorização no espaço acadêmico.

Tendo como base o contexto social mais amplo e estudos sobre a coordenação de curso de graduação, emergem a necessidade e a urgência de constantes reflexões sobre o tema, pois a qualidade da formação profissional de um curso de graduação é também uma das atribuições formais dos coordenadores de curso. Portanto, seus saberes, dificuldades, situação atual, entre outras nuanças, demandam novas leituras e pesquisas.

Este capítulo é um recorte de uma pesquisa mais ampla,[1] cujo objeto de estudo se situa no contexto da educação superior e da prática

---

1. Rosana C. de Arruda Fernandes. "Coordenação de curso de graduação: Das políticas públicas à gestão institucional". Tese de doutorado, PPGE/FE/UnB, 2012. Disponível na internet: https://repositorio.unb.br/handle/10482/13340.

gestora de docentes que estão na função de coordenadores de cursos de graduação. Foi realizado, em 2010, um levantamento de pesquisas sobre a coordenação de curso de graduação, em bancos de dados como o catálogo de teses e dissertações da Coordenação de Aperfeiçoamento de Pessoal de Nível Superior (Capes), a Biblioteca Digital Brasileira de Teses e Dissertações e o Repositório Institucional da Universidade de Brasília (RIUnB), no Google acadêmico, quando focalizei o trabalho do docente-gestor e, na época, poucas pesquisas foram identificadas. Portanto, a coordenação de curso de graduação, da ótica dos pesquisadores, foi analisada nas pesquisas de Sabadia (1998), Franco (2002), Silva e Pereira (2003), Jacobucci e Jacobucci (2008) e Anastasiou (2009).

O trabalho de Sabadia (1998), da Universidade Federal do Ceará, aponta as dificuldades existentes nas IES há mais de 15 anos, tais como: a) reduzido apoio ao trabalho dos coordenadores por parte dos centros e departamentos; b) pouco reconhecimento da importância das coordenações no meio acadêmico; c) ausência de representação das coordenações nos colegiados superiores; d) conflito entre as coordenações e os departamentos, e outros. Uma estrutura organizacional composta por departamentos e disciplinas pode provocar uma pulverização de atos e funções geradoras de conflito. Que outros elementos podem fomentar essas ações pulverizadas e conflitantes? Para Sabadia (1998), a coordenação de um curso de graduação é uma das instâncias de maior fragilidade dentro da instituição acadêmica, em decorrência da falta de valorização profissional, das inúmeras funções e da pouca autonomia, reforçadas no processo de reforma universitária.

O segundo trabalho selecionado trata da coordenação de curso de graduação. Foi elaborado pelo reitor da Universidade da Amazônia, Edson Franco, em 2002. Encontram-se, nessa investigação, quatro funções do coordenador de curso: política, gerencial, acadêmica e institucional. Entre várias atribuições atreladas a essas funções, podemos observar que a diversidade é tão numerosa quanto contraditória, em alguns casos. Esse rol de atribuições é extenso e passa pelo papel de "animador" de professores e alunos, segue como "fazedor de *marketing*", chegando até a supervisor das instalações físicas, dos laboratórios e equipamentos do curso. A função do coordenador de curso está expressa nos estatutos e regimentos no plano do idealizado, sem correspondência com o real, como evidenciado no referido estudo.

O terceiro estudo neste projeto versa sobre a coordenação de curso de computação na área de informática, de autoria de Silva e Pereira (2003) (nas instituições Facastelo e Unes), em trabalho apresentado no II *Workshop* de Educação em Computação e Informática do Estado de Minas Gerais, em 2003. A pesquisa demonstrou que a principal função exercida pelos coordenadores nas IES investigadas está voltada para o aspecto acadêmico, somente, em detrimento dos aspectos organizacionais e políticos. Em relação à visibilidade, pela IES, da função desse coordenador de curso, mais da metade a entende como uma gestão temporária, indicando certa dificuldade para implantação de ações coletivas.

Como conclusão, tal pesquisa apontou: a) formação do coordenador amplamente técnica, em prejuízo das outras dimensões da gestão; b) ausência de políticas que priorizem o papel dos coordenadores de forma clara; c) necessidade de estudos futuros sobre as dificuldades visualizadas pelas equipes em relação à coordenação de curso de graduação.

O quarto estudo é de Daniela Jacobucci e Giuliano Jacobucci, da Universidade Estadual de Ponta Grossa, publicado em 2008. Trata-se da experiência de coordenar o curso de graduação em ciências biológicas em uma IES privada, no interior do estado de São Paulo, no período de 2001 a 2005.

Os autores destacam a visão simplista das funções dos coordenadores dos cursos de graduação concebida pelo MEC e, consequentemente, pelas IES, assim mencionadas: execução das atribuições definidas pelas IES, atendimento das demandas dos professores e alunos, além de boa condução do curso. Essas atribuições, instituídas pelo MEC e pelas IES, apresentam um caráter amplo e geral que impede a visibilidade das atividades que envolvem cada uma delas. De acordo com os autores, em algumas IES, até a cobrança de alunos inadimplentes faz parte do rol de atividades do coordenador de curso.

Como achado dessa pesquisa, os autores apontaram 17 atribuições institucionais para os coordenadores, acrescidas de dez atribuições informais mais frequentes, tais como: organizar documentos para avaliação do MEC; atender pais de alunos; orientar os alunos sobre financiamentos estudantis e bolsas diversas; contatar egressos, entre outras. Os coordenadores fazem referência a essas múltiplas funções e à sobrecarga que acarretam. Outro dado da pesquisa se refere às relações interpessoais que interferem na ação coordenadora. Finalizando a análise, os autores destacaram, ainda: a complexidade da função de coordenador de curso, que exige não só a experiência didática e a competência técnica na área de conhecimento do curso, mas o traquejo para manter relações interpessoais positivas.

O último estudo destacado se refere à pesquisa realizada por Anastasiou (2009), que traz significativas contribuições sobre a coordenação de curso de graduação, realizada por meio de pesquisa-ação com coordenadores de cursos em duas universidades de Santa Catarina, em 2005 e 2006. Entre os aspectos relevantes da pesquisa, destacam-se os desafios informados pelos coordenadores-participantes: a) PPC como construção coletiva; b) efetivação da relação teoria-prática; c) disciplinas dos cursos que podem ser agrupadas, organizadas em áreas, módulos ou atividades, e outros. Para a citada autora, esses pontos focam o "como fazer" e não os fundamentos e determinantes dessas funções. Focalizar o "como" coloca em questão a prática institucional que não busca o "o quê?" e o "para quê?". Para Anastasiou (2009, p. 222), "a coordenação de curso é uma função temporária, mas não uma profissão, e o fato legal de ser docente da instituição não qualifica necessariamente o professor para exercê-la". Da mesma forma, outros saberes e condições são apontados pelas pesquisas, relacionadas quer à formação do coordenador de curso, quer à estrutura das IES. Além disso, a ação coordenadora

> exige dos sujeitos que a exercem um conjunto de saberes não só referentes ao curso e a sua gestão, mas também referentes ao sistema de educação superior com sua legislação, limites e possibilidades, ao projeto institucional, à gestão de pessoas, às relações já existentes,

> à clareza das funções ou objetivos do sistema, no caso o ensino de graduação, entre outros aspectos. (*Ibid.*, p. 224)

Com base nesses estudos, foi possível analisar que os desafios, dificuldades e funções atribuídos aos coordenadores de curso podem ser agrupados em dois eixos: como ações instituídas, formalizadas pelos regimentos e estatutos, e como ações instituintes no processo da ação coordenadora, em razão de demandas cotidianas. Fica claro que são funções importantes, porém, de muita fragilidade nas IES e Ifes, que têm alta sobrecarga de atividades, gerada pela amplitude das funções instituídas e instituintes dos coordenadores.

A coordenação de curso de graduação, da perspectiva da gestão democrática, constitui espaço-tempo de construção de ações colaborativas, de responsabilidade de todos os envolvidos, afastando, assim, uma concepção da ação coordenadora que possa estar personificada em uma pessoa e não no trabalho pedagógico coletivo de um grupo de discentes, docentes e gestores.

Abordar a coordenação de curso de graduação nos remete a vários caminhos como possibilidades de reflexão sobre um tema que é pouco pesquisado, ainda que desafiador. Um dos fios que podemos buscar para construir uma análise sobre a coordenação de curso de graduação se encontra na reflexão sobre a ação coordenadora presente na educação superior e envolve colegiados, núcleo docente estruturante, reuniões com profissionais da unidade e o papel do coordenador de curso na educação superior. Neste capítulo, destacam-se a liderança e o papel do coordenador de curso.

Caminho metodológico

Muitos estudiosos e pesquisadores deixaram as *pegadas* dos percursos que trilharam, o que resultou em inúmeras reflexões acerca de variados temas de relevância social. Esses percursos devem ser vistos com flexibilidade, pois representam alternativas entre várias possibilidades. Dessa perspectiva, cabe ao pesquisador decidir sobre quais caminhos seguir e, observando os mecanismos, as dinâmicas que caracterizam o trabalho dos interlocutores, as ações e as interações existentes, reconstruir a experiência, segundo o ponto de vista, os significados e os sentidos atribuídos, os pensamentos e a lógica dos atores sociais. Assim, a metodologia da pesquisa da qual este capítulo é um recorte foi ancorada na abordagem qualitativa e escolhida em decorrência da adequação de seus princípios, métodos e técnicas ao objeto de estudo.

A CCG, em três instituições selecionadas para a pesquisa, constituiu a realidade concreta investigada, ou seja, o "campo da ação" (Bauer e Gaskell 2008). A escolha das IES foi baseada nos seguintes critérios: a) IES pública e privada; b) tempo de atuação no Distrito Federal; c) oferta dos mesmos cursos de graduação. Com isso, as IES que atenderam aos critérios estabelecidos foram: a) uma universidade pública; b) uma universidade privada; c) um centro universitário privado. A universidade pública é a única na região, portanto, naturalmente selecionada. A universidade privada e o centro universitário privado foram selecionados por oferecerem cursos comuns e de interesse da pesquisa. Além disso, essas IES se enquadram no critério de tempo significativo de atuação no Distrito Federal, ou seja, são as mais antigas.

As instituições pesquisadas se localizam no Distrito Federal. A universidade pública tem *campi* em Brasília, Ceilândia, Planaltina e Gama; a universidade privada tem *campi* em Brasília e Taguatinga; e o centro universitário se situa em Brasília – recentemente, outro *campus* foi inaugurado em Taguatinga. A maioria dos professores dos Núcleos Docentes Estruturantes e colegiados aceitou participar da pesquisa, que contou, também, com a aprovação do comitê de ética em pesquisa.

Desafios da coordenação: As metáforas das práticas gestoras

Em IES, a CCG é uma posição de relevância socioacadêmica no tocante à organização e à gestão de cursos, bem como às possibilidades de intervenção em várias dimensões institucionais – pedagógica, administrativa, política, entre outras – e ao intercâmbio entre estudantes, docentes e gestão superior. Entretanto, não é difícil perceber que se trata de uma função que enfrenta dificuldades, pela sobrecarga de atribuições regimentais e pela forte influência da perspectiva gerencialista no cotidiano institucional, bem como pela desvalorização da função no meio acadêmico.

As metáforas dos estilos de gestão da CCG emergiram dos depoimentos dos coordenadores(as), ao expressarem suas concepções sobre a coordenação e os desafios das atribuições do cargo. Por meio de metáforas, revelaram os possíveis estilos da prática gestora, do comportamento e da liderança, que se destacam diante de algumas atribuições, de situações de gestão e do papel que representam nas demandas institucionais.

Esses estilos da prática gestora e da liderança foram indicados como desafios a serem enfrentados e como reflexão crítica do papel dos coordenadores. Não são uma condição intencional, base de gestão assumida e declarada, mas uma força do cotidiano da CCG que merece reflexão crítica.

Passa longe a ideia de criar rótulos que desvalorizem, pela utilização jocosa dessas metáforas, os estilos da prática gestora dos coordenadores, por parte tanto dos interlocutores(as) como da pesquisadora. O respeito pelos profissionais da educação faz parte da minha trajetória, e depois da pesquisa se configura com mais sentido e significado, por esses docentes que estão gestores de cursos de graduação. Repensar os desafios que enfrentam os coordenadores utilizando as metáforas destacadas pelos interlocutores dos cursos pesquisados foi uma forma de tipificar esses desafios com base nos saberes daqueles que estão vivenciando a coordenação com seus avanços e tensões.

Buscando entendimento do conceito de liderança, Libâneo (2008) indica que ela se refere à capacidade e habilidade na organização das pessoas para a realização do trabalho em torno de objetivos traçados. Destaca que a liderança dentro da gestão participativa sinaliza a mobilização das pessoas para o compartilhamento de valores, intenções e práticas. Aborda a liderança cooperativa, quando afirma que envolve:

> (...) determinados requisitos como: capacidade de comunicação e de relacionamento com as pessoas, saber escutar, saber expor com clareza suas ideias, capacidade organizativa (saber definir um problema, propor soluções, atribuir responsabilidades, coordenar o trabalho, acompanhar e avaliar a execução), compreender as características sociais, culturais e psicológicas do grupo. (*Ibid.*, pp. 103-104)

A abordagem clássica da liderança, segundo Chiavenatto (2000), pauta-se em estilos de práticas do líder e não em características de sua personalidade. São três os estilos de liderança mais conhecidos e aceitos na área da administração: a autoritária (autocrática), a democrática e a liberal (*laissez-faire*). Dessa perspectiva, volta-se para as características das ações do líder no espaço de atuação profissional e não necessariamente para aquelas de sua personalidade. O foco é a atuação e o processo de tomada de decisão. Chiavenatto situa a liderança em eixos e destaco dois deles: o primeiro, como influência exercida pela autoridade em uma estrutura social, e o segundo como capacidade de indução com vistas aos objetivos institucionais. O referido autor reforça a ideia de que liderança não é direção ou gerência, e está presente em vários níveis organizacionais.

A liderança não é algo a ser desenvolvido somente pelos gestores como um atributo exclusivo do cargo. Libâneo (2008) afirma que é uma qualidade a ser desenvolvida nos sujeitos e está ligada à dimensão humana, aos eixos pessoal e profissional, assinalados por Nóvoa (1992). Existem vários tipos de liderança, e o coordenador, com seu estilo de prática gestora, na tomada de decisões e na organização do curso, configura também a coordenação, que pode se aproximar ora de um, ora de outro tipo de liderança.

A liderança autoritária está permeada por ações centralizadoras que desconsideram o grupo envolvido nessas ações. O líder autoritário organiza sozinho todas as ações, definindo o que fazer, como fazer, com quem fazer, gerando no grupo insatisfação e descrença no trabalho coletivo.

A liderança democrática se situa no contraponto do autoritário e a atuação do líder se pauta pela descentralização na tomada de decisões e na organização do trabalho, buscando o desenvolvimento do trabalho colaborativo e o envolvimento de todos nos processos de gestão. Atua facilitando os processos participativos em prol dos objetivos e das metas coletivas.

Na liderança liberal, a omissão constitui o ponto de destaque na atuação do líder, que não se envolve diretamente nas decisões e transfere aos liderados a autoridade da decisão, sem se comprometer com a concepção, implementação e avaliação do processo. Tudo fica na incumbência do grupo, com a mínima participação do líder, que deixa esse grupo sem direção. Vale destacar que a liderança não é exercida plenamente dentro de uma tipologia de atuação, mas pela predominância dessas características nas ações do líder.

Os coordenadores de curso de graduação das IES pesquisadas, utilizando-se de metáforas, expressaram alguns desses estilos de prática gestora nos cursos. Houaiss (2001) traz o significado de metáfora como "transferência de sentido de um termo para outro, numa comparação implícita". Solicitados a pensar sobre seu papel e suas atribuições como coordenadores de curso, utilizaram metáforas para expressar as situações vivenciadas que representam desafios pelas exigências e demandas institucionais no processo de gestão do curso. Procurei, utilizando as metáforas apontadas, caracterizar os estilos de coordenação que permeiam o cotidiano e o contexto dos cursos de graduação. É importante frisar que essa tipologia não se refere aos estilos de prática gestora dos interlocutores das IES pesquisadas, mas a estilos sinalizados por força das circunstâncias e das demandas que permeiam o contexto da gestão. Esses estilos estão relacionados aos seguintes desafios: elevação da qualidade do curso e avaliação institucional; demandas emergenciais e resolução imediata; ausência de trabalho coletivo.

O primeiro estilo que caracteriza a atuação do coordenador é o coordenador-xerife. Aproxima-se da liderança autoritária, em que o coordenador decide sozinho, determinando o que deve ser feito, quem deve fazer e como deve ser feito dentro do curso, pois ele tem de seguir as orientações da gestão superior e adequá-las ao curso. Como o líder é autocentrado, sua participação é pessoal e ele procura ser o centro dos elogios e das críticas, e não dispensa o reconhecimento pessoal de seu trabalho.

Esse estilo de coordenação, passando pela pressão da elevação da qualidade do curso, utiliza a avaliação institucional como base da gestão. No entanto, não é da perspectiva da avaliação formativa e emancipatória que busca o avanço de todos e na qual todos são avaliados. Ela é pautada na regulação do coordenador sobre o trabalho dos professores, como forma de controle do grupo, por acreditar que esse caminho levará à qualidade do curso e atenderá às exigências da gestão superior.

Como o coordenador-xerife foca a avaliação do trabalho dos professores, sua ação é entendida como fiscalizadora. No campo da ação individual, isolada e fragmentada pela ausência de atuação no coletivo, é pautada em objetivos e metas estabelecidos, pois toda atenção e energia ficam voltadas para a fiscalização. Esse estilo de prática gestora na coordenação de curso é possível em IES privadas, onde os coordenadores têm a autoridade do cargo e são pressionados para a elevação da qualidade do curso na avaliação do MEC, bem como em outras questões como *marketing* do curso, e acabam fazendo o papel de adaptação às exigências superiores.

Esse estilo de prática enfrenta dificuldades na gestão do curso, pois gera insatisfação nos professores e estudantes, principalmente pela ausência de colegialidade nos processos. Leva todos à descrença em relação ao trabalho coletivo como, por exemplo, à constituição dos núcleos docentes estruturantes e à construção coletiva do projeto pedagógico do curso. Não promove a qualidade do curso, porque não promove a qualidade do trabalho pedagógico e da prática docente e gestora. Na IES pública, esse estilo de prática gestora, que está associado a certa autoridade do coordenador, é mais difícil de ocorrer, pela inexistência dessa autoridade do cargo e pelo baixo reconhecimento da importância do papel do coordenador dentro dos cursos.

O segundo estilo de prática gestora é o do coordenador-bombeiro. Destaca-se aqui o aspecto da profissão do bombeiro em relação ao cuidado com o imediato, em que primeiro se apaga o fogo e depois se investigam as causas. Na CCG, estão pautadas nas demandas do dia a dia, o que é imediato e não requer processos de reflexão crítica mais longos de concepção, implementação e avaliação dos processos.

Esse estilo se aproxima também da liderança autocrática, uma vez que, para resolver o imediato, o coordenador tem mais possibilidade de decidir sozinho e escolher de pronto os caminhos em determinada situação – seja com os estudantes, sejam questões pessoais e profissionais de professores, seja alguma solicitação pontual da gestão superior –, sem que haja consulta aos pares. Basicamente, pauta-se nos regimentos das instituições para encaminhar as demandas emergenciais.

O coordenador-bombeiro permanece nessa condição, muitas vezes, porque agir coordenando o coletivo é um processo de médio e longo prazos e muito mais complexo. Os atendimentos às demandas pontuais e imediatas, em muitas situações, são mais práticos e de rápida resolução, dando a sensação de dever cumprido dentro da possibilidade de gestão que o coordenador-bombeiro consegue visualizar no contexto do curso. As dificuldades na gestão do curso com o coordenador-bombeiro também passam pela insatisfação de professores e estudantes. Entretanto, é preciso considerar que essa insatisfação não alcança a todos, pois a cultura do isolamento profissional na prática docente e de gestão é uma realidade.

Dessa forma, para os que querem desenvolver seus projetos de pesquisa e trabalhar com o ensino sem os princípios da colegialidade, o coordenador-bombeiro é sempre bem-vindo, pois resolve as questões pontuais, individuais e emergenciais, sem grande mobilização do esforço coletivo em prol de objetivos e metas comuns. Esse estilo de comportamento do coordenador pode ser desenvolvido tanto em IES privadas quanto em IES públicas, pois não se relaciona à natureza administrativa da IES, mas ao campo científico das áreas dos cursos. É mais fácil ocorrer em cursos do bacharelado; no caso da pesquisa que embasa este capítulo, nos cursos de direito e ciências biológicas, em que o ensino e o trabalho coletivo têm valores distintos em relação ao curso de pedagogia.

O terceiro estilo de prática gestora é o coordenador-trapezista. O ponto forte desse estilo é o gosto pelo desafio. Portanto, aproxima-se da liderança democrática, em que o papel do coordenador na tomada de decisões e como membro participante do colegiado é de apoio aos procedimentos e encaminhamentos coletivos, chamando todos à participação nos processos e instâncias colegiadas. Busca, assim, a descentralização e o empoderamento dos atores participantes como forma de coordenação e, sendo participante, compartilha os elogios e as críticas. Na ação coordenadora de curso, o estilo do coordenador-trapezista está na adoção dos princípios democráticos da participação e implementação da proposta pedagógica do curso "à medida que todos os segmentos que compõem a comunidade escolar e acadêmica participam dela, tendo compromisso com seu acompanhamento e, principalmente, nas escolhas das trilhas que a instituição irá seguir" (Veiga 2003, p. 279). Dessa perspectiva, o tempo de gestão e coordenação do curso será organizado para o trabalho coletivo, que propicia o vínculo entre os envolvidos na elaboração, implantação e avaliação do projeto do curso.

O coordenador-trapezista enfrenta os desafios da (não) participação na organização do trabalho pedagógico do curso e busca a participação como princípio da gestão democrática. O grupo de professores, estudantes e outros integrantes do curso que é chamado a essa participação nem sempre responde de forma favorável. Esse estilo, além de valorizar o trabalho coletivo e os processos dialógicos, busca também fomentar a formação continuada dos professores e da equipe de coordenação como forma de alavancar a qualidade do curso. É um trabalho coletivo aceito por muitos, mas não por todos e representa maior articulação de ideias, soluções e interesses profissionais.

Como os processos e princípios democráticos são de reflexão crítica coletiva, também são mais longos nas fases de concepção, implementação e avaliação. Esse estilo de comportamento democrático enfrentará dificuldades com o grupo de professores e estudantes quando as etapas de concepção, implementação e avaliação dos processos no interior dos cursos não forem observadas. Em algumas situações, recai no aspecto da reflexão crítica e das decisões coletivas que são importantes, porém, estão desacompanhadas das implementações e da avaliação das ações.

Esse estilo de prática gestora do coordenador pode ser desenvolvido na IES privada e na pública. Contudo, a IES privada está mais sujeita às demandas em relação à natureza administrativa do que a IES pública, em que a interferência é mais diluída pela natureza e pelas características da instituição, bem como por sua cultura e seu papel social.

O campo científico das áreas dos cursos também exerce influência sobre esse estilo democrático do coordenador quando ocorre a valorização de um dos eixos do tripé ensino, pesquisa e extensão. Isso ocorre no curso de ciências biológicas, em que a pesquisa tem um forte componente de valorização e os processos de gestão do curso ficam mais voltados aos que se dedicam à licenciatura, numa clara divisão.

Entretanto, não se constituiu como foco da pesquisa a tipificação dos coordenadores em uma dessas caracterizações, mesmo porque isso seria impossível sem incorrer em falhas graves. As CCG pesquisadas revelaram que esses estilos de prática gestora dos cursos, representados pelas metáforas descritas, permeiam toda a coordenação do curso como amálgama da ação coordenadora. A prática gestora da CCG, assim como em todos os campos profissionais das IES, sofreu a pressão dos processos da reforma do Estado nos anos 1990, com a administração gerencial. Segundo De Oliveira (2013, p. 8), esse processo foi iniciado

> (...) com a introdução da administração gerencial no setor público, que traz técnicas da administração do setor privado, vem pressionando as instituições educativas, desde então, à lógica do mercado por meio do aumento da produção, da competição, da valorização do cliente-consumidor, da ênfase nos resultados, na prestação de contas. Esse processo vem alterando paulatinamente natureza, a organização e a gestão dessas instituições, sobretudo das universidades federais.

Desse modo, os coordenadores de curso das IES pesquisadas, em algum momento da prática gestora e diante de algumas demandas institucionais e da imposição da administração gerencial, aproximam-se dos três estilos de prática gestora apresentados neste capítulo e no quadro-síntese abaixo.

ESTILOS DE CCG

ESTILOS/ ITENS ANALÍTICOS	XERIFE ↳ LÓGICA DA ORDENAÇÃO	BOMBEIRO ↳ LÓGICA DA ORDENAÇÃO	TRAPEZISTA ↳ LÓGICA DA (CO) ORDENAÇÃO
1. DECISÕES	• Liderança autocrática – decide sozinho. • Adequação total às orientações da gestão superior.	• Liderança autocrática – decide sozinho e resolve o imediato. • Adequação total às orientações da gestão superior.	• Liderança democrática – pedagógica, descentralizada e emancipadora. • Interferência superior e ou externa diluída pela característica da instituição, sua cultura e seu papel social.

continua...

2. INTERAÇÃO COM O GRUPO	• Autocentrado. • É o centro de elogios e críticas. • Reconhecimento pessoal. • Colegialidade ausente e descrença no trabalho coletivo (falsa colegialidade). • Construção de ações pulverizadas de atendimento às demandas imediatas, da gestão superior, e externa, do "mercado de trabalho". • Implementação do PPC se torna conflitante entre as várias dimensões gestoras.	• Permanência no imediato nas questões dos estudantes e dos professores – interações superficiais. • Não organiza processos mais longos de reflexão crítica. • Cultura do isolamento profissional. • Trabalho coletivo sem grande mobilização do esforço coletivo em prol de objetivos e metas comuns. • Construção de ações pulverizadas de atendimento às demandas imediatas, da gestão superior, e externa, do "mercado de trabalho". • Implementação do PPC se torna conflitante entre as várias dimensões gestoras.	• Forte interação grupal. • Compartilha elogios e críticas. • Trabalho coletivo – espaço e tempo de possibilidades. • Colegialidade presente – apoio ao trabalho coletivo em processos mais longos de reflexão crítica. • Atendimento às demandas de forma equilibrada. • Construção de ações fortalecedoras da participação dos colegiados na tomada de decisões e implementação do PPC com base no diálogo dialético.
3. AVALIAÇÃO DA PRÁTICA GESTORA	• Gera insatisfação de professores e estudantes. • Desenvolve um trabalho pedagógico solitário, intensificado e invisível. ↳ Não promove a qualidade do trabalho pedagógico coletivo e da prática docente e gestora.	• Gera insatisfação de parte dos professores e estudantes. • Desenvolve um trabalho pedagógico solitário, intensificado e invisível. ↳ Não promove a qualidade do trabalho pedagógico coletivo e da prática docente e gestora.	• Gera satisfação dos professores e estudantes, mas não é apoiado por todos. • Desenvolve um trabalho pedagógico solidário, emancipador e propositivo. ↳ Promove a qualidade do trabalho pedagógico coletivo da prática docente e gestora em razão do compromisso coletivo, da articulação de ideias e soluções.

Fonte: Elaborado pela autora (2012).

Sinalizações finais

A concepção sobre a coordenação, as atribuições do coordenador de curso e a ação coordenadora da equipe são construídas no contexto da (des)valorização da função pelas políticas públicas vigentes, do campo científico das diferentes áreas do conhecimento, das peculiaridades da natureza administrativa das IES, da dimensão quantitativa dos cursos, da gratificação da função, bem como dos conhecimentos experienciais construídos pela cultura institucional.

É relevante considerar que essa valorização do ensino na graduação é fator importante para a condição do coordenador de curso, que o situa nos pontos extremos de um *continuum*. Se a coordenação está pautada na lógica da ordenação, apresenta fragilidades pela construção de ações pulverizadas dentro do curso, de atendimento somente às demandas imediatas, com forte influência mercadológica, e às demandas da dimensão técnica normatizada pelas resoluções superiores e pelos manuais. Dessa forma, a implementação do PPC se torna conflitante entre as várias dimensões gestoras. Os colegiados do curso, prensados pelas exigências internas e externas, serão apenas espaço e tempo de tradução, referendo e atendimento das exigências do "mercado de trabalho" e das instâncias superiores, em um processo de adaptação do PPC.

No ponto da ordenação do *continuum*, a CCG desenvolve uma falsa colegialidade, que será mais centralizadora, alienada e alienante, aproximando-se do modelo burocrático e racional de gestão. Como forma de ação, utiliza a base procedimental dentro do paradigma da razão técnica, com foco no emergencial. Portanto, a CCG desenvolve trabalho pedagógico solitário, intensificado, invisível e com base no que foi instituído, configurando-se como uma coordenação burocratizante, gerencialista e centralizadora.

Analisando outro ponto nesse *continuum*, situa-se a lógica da coordenação, o coordenar com outros pares e instâncias. Apresentam-se possibilidades de construção de ações articuladas e coletivas dentro do curso, de atendimento às demandas de forma equilibrada, e a implementação do PPC se torna meta de todos. Os colegiados do curso constituem espaço e tempo de possibilidades e representam a oportunidade de construção da colegialidade e da liderança pedagógica descentralizada e emancipadora, aproximando-se do modelo democrático de organização e de gestão que fortalece a emancipação de todos. Como forma de ação, utilizam como base o diálogo e a reflexão crítica da prática pedagógica (Vázquez 1977) e da gestão, sem desprezar os procedimentos, mas com foco no processual. A CCG situada nesse ponto do *continuum* desenvolve o trabalho pedagógico solidário, emancipador e com base no instituinte, configurando-se como uma coordenação crítico-reflexiva, impulsionadora e propositiva, em busca de ações inovadoras e criativas.

Refletindo sobre as possibilidades e fragilidades das CCG, o que se visualiza como ponto mediador desses extremos do *continuum* é uma nova configuração do papel do coordenador de curso, dentro do cenário de políticas públicas e institucionais para a valorização do ensino e do papel da coordenação com vistas à qualidade social dessa formação na graduação, como contraponto à gestão gerencialista. Assim, buscam-se, como uma possibilidade – considerando o contexto de complexidade e disparidades em que estamos inseridos – quatro ações que seriam a base da prática gestora dos coordenadores de cursos de graduação: coordenar, pesquisar, avaliar e inovar, tendo como base os princípios da gestão democrática.

O coordenador de curso de graduação assume seu trabalho como docente-gestor inserido em um projeto de pesquisa coletiva, com seus pares também gestores, de forma que a investigação, a avaliação e as propostas inovadoras para o curso componham a prática gestora e se constituam como uma possibilidade para o enfrentamento aos desafios do contexto social mais amplo, por meio de formação profissional com qualidade em criticidade e da atuação social como cidadão. O coordenador seria o pesquisador do próprio curso que coordena, com todo o apoio institucional fortalecido pelas políticas do MEC, pela progressão na carreira e pela continuidade da produção acadêmica, em uma área que é carente de estudos, pesquisas e reflexões críticas.

Referências bibliográficas

ANASTASIOU, L. das G.C. (2009). "A função pedagógica da coordenação de curso de graduação". *In*: ISAIA, S.M. de A. e BOLZAN, D.P. de V. (orgs.). *Pedagogia universitária e desenvolvimento profissional docente*. Porto Alegre: EdiPucRS.

BAUER, M.W. e GASKELL, G. (orgs.) (2008). *Pesquisa qualitativa com texto, imagem e som: Um manual prático.* 7ª ed. Petrópolis: Vozes.

BRASIL (1968). *Reforma universitária: Relatório do grupo de trabalho criado pelo Decreto n. 62.937/68*. Brasília: Presidência da República.

BRASIL-INEP (2021). *Resumo técnico: Censo escolar da educação básica 2021.* Brasília: Inep.

CHAUI, M. (2000). "Resistir às determinações do mercado, em busca da autonomia do saber". *Revista Adusp*, dez. [Disponível na internet: http://www.adusp.org.br/revista/Default.htm.]

CHIAVENATTO, I. (2000). *Introdução à teoria geral da administração.* 6ª ed. Rio de Janeiro: Campus.

CUNHA, M.I. da (2006). "A universidade: Desafios políticos e epistemológicos". *In*: CUNHA, M.I. da (org.). *Pedagogia universitária: Energias emancipatórias em tempos neoliberais*. Araraquara: Junqueira & Marin.

DE OLIVEIRA, J.F. (2013). "Os papéis sociais e a gestão das universidades federais no Brasil". [Disponível na internet: https://www.anpae.org.br/simposio26/1comunicacoes/joaoFerreira-ComunicacaoOral-int.pdf, acesso em 2/2023.]

FRANCO, E.R.P. de S. (2002). *Funções do coordenador de curso, ou como "construir" um coordenador ideal.* Caderno 08. Brasília: Associação Brasileira de Mantenedoras de Ensino Superior.

HOUAISS, A. e VILLAR, M. de S. (2001). *Dicionário da Língua Portuguesa*. Rio de Janeiro: Objetiva.

JACOBUCCI, D.F.C. e JACOBUCCI, G.B. (2008). "Correndo na esteira rolante: A experiência de coordenar um curso de graduação em uma instituição de ensino superior privada". *Olhar de professor*, Ponta Grossa, n. 11, pp. 81-101. [Disponível na internet: http://www.uepg.br/olhardeprofessor, acesso em 2/2010.]

LIBÂNEO, J.C. (2008). *Organização e gestão da escola: Teoria e prática.* 5ª ed. Goiânia: MF Livros.

NÓVOA, A. (1992). "Formação de professores e profissão docente". *In:* NÓVOA, A. (org.). *Os professores e a sua formação.* 2ª ed. Lisboa: Dom Quixote.

PIMENTA, S.G. e ALMEIDA, M.I. de. (orgs.) (2009). *Pedagogia universitária*. São Paulo: Edusp.

SABADIA, J.A.B. (1998). "O papel do coordenador de curso: A experiência no ensino de graduação em geologia na Universidade Federal do Ceará". *Revista de Geologia*, Fortaleza, v. 11, pp. 23-29.

SANTOS, B. de S. (1997). *Pela mão de Alice*: *O social e o político na pós-modernidade*. 4ª ed. São Paulo: Cortez.

SGUISSARDI, V. (2006). "Reforma universitária no Brasil – 1995-2006: Precária trajetória e incerto futuro". *Revista Educação & Sociedade*, Campinas, v. 27, out., n. 96.

SILVA, S.T. e PEREIRA, A.C. (2003). "O papel da liderança de equipes na coordenação de curso". *Anais do II Workshop de Educação em Computação e Informática do Estado de Minas Gerais*, Poços de Caldas. [Disponível na internet: http://www.inf.pucpcaldas.br, acesso em 9/2009.]

VÁZQUEZ, A.S. (1977). *Filosofia da práxis*. 2ª ed. Rio de Janeiro: Paz e Terra.

VEIGA, I.P.A. (2003). "Inovações e projeto político-pedagógico: Uma relação regulatória ou emancipatória?". *Caderno Cedes*, Campinas, v. 23, n. 61, dez., pp. 267-281.

8
DA "CURRICULARIZAÇÃO DA EXTENSÃO" ÀS POLÍTICAS E PRÁTICAS EXTENSIONISTAS COMO ATOS DE CURRÍCULO

Roberto Sidnei Macedo

Introdução

Como um dos importantes movimentos acionalistas, heurísticos e formacionais da universidade histórica e cultural, a extensão reafirma e alarga a vocação dessa instituição para se constituir como responsabilidade implicada nos desafios, necessidades e construção social das soluções demandadas pelas sociedades em que está presente. Queremos ressaltar que, para o nosso interesse de texto, colocaremos em destaque analítico neste capítulo a universidade, consciente de que a normativa que trata da "curricularização da extensão" se vincula a toda experiência curricular que emerge na denominada educação superior, em que se inserem as instituições não universitárias. A opção que fazemos para tratar dessa diretriz extensionista se justifica, pois, como professor-pesquisador universitário, vivemos e refletimos intensamente nossa longeva experiência acadêmica no seio da instituição universitária, cujas singularidades e fulcrais processos identitários como instituição educacional marcam secularmente sua própria existência.

Assim, a extensão compõe e corporifica a capacidade e o compromisso da educação superior de ampliar sua compreensão e coparticipação em ações heurísticas e formacionais socialmente referenciadas e referendadas. Nesses termos, compreendemos ser a experiência em e com suas ações a própria razão de ser da existência institucional universitária, a sua vocação de servir à qualificação da vida em sociedade (Santos 2010)

Quanto ao movimento de "curricularização da extensão", que emerge como diretriz na Resolução CNE/CES 7/2018, propondo que currículos da educação superior devam se responsabilizar nos seus documentos normativos e ações curriculares por uma parcela de 10% de atividades extensionistas, apesar dos equívocos no que concerne a uma concepção contemporânea de currículo, avaliamos que a orientação em si tem no seu espírito e acolhimento pela comunidade acadêmica a possibilidade de reforçar, com base nos currículos e seus atos, a vocação da universidade cultural e histórica, por exemplo, alargando e densificando, por consequência, a ação extensionista nos seus atos acionalistas, heurísticos e formacionais. Evidencia-se, pois, como objetivo claro: implicar mais ainda as ações universitárias nas problemáticas e soluções vividas pela sociedade com base nas suas necessidades concretas, vivenciadas e refletidas nos currículos. Desse modo, pode se configurar, avaliamos, num ganho de qualidade, levando em conta as ações universitárias, tanto em níveis sociotécnicos quanto políticos, éticos, estéticos e culturais.

Compreendendo com Jezine (2004) que a extensão é histórica e organicamente vinculada ao currículo, preocupam-nos sobremaneira as dificuldades de concepção_encontradas na recente normativa que trata da "curricularização da extensão", principalmente no que se refere à presença, em seu âmago, de uma abordagem reducionista e compartimentada de currículo. Essa abordagem difunde certo equívoco (in)formacional de como currículos se dinamizam na complexidade de seus movimentos nas instituições universitárias, apesar de a universidade já apresentar de forma longeva significativa dificuldade em superar sua tradição disciplinar quanto à organização e ao dinamismo de seus currículos e de suas ações formacionais como um todo. Nesse veio argumentativo, podemos ressaltar ainda que a nossa universidade não sabe ou se recusa a pensar, compreender e cuidar da qualidade das irredutíveis experiências aprendentes/formativas vividas por estudantes e seus coletivos. Essas experiências se configuram no dinamismo e nas singularidades das *aprendizagens universitárias*[1] que experienciam. Em geral, a universidade trata a aprendizagem universitária como um epifenômeno, ou seja, algo que acontece, mas a que não se deve agregar importância. Trata-se, da nossa perspectiva, de uma lacuna ou um equívoco a ser reparado com urgência, levando em conta a profunda destruição de qualificadas e dignas experiências aprendentes, provocada pela desastrosa gestão do desgoverno Bolsonaro no que concerne à educação brasileira.

Ainda sobre a legislação na qual a "curricularização da extensão" emerge como proposta curricular, temos a considerar o argumento de que a extensão deve se "integrar à matriz curricular" (Brasil-CNE 2018, p. 1). Apesar de, nos seus princípios, a Resolução 7/2018 se apresentar acolhendo a pertinente diversidade da função extensionista, a ideia de que a extensão se integra a um determinado currículo não demonstra perceber que a extensão já é orgânica à própria dinâmica curricular. Vejamos os argumentos apresentados no capítulo I da resolução em referência:

> A Extensão na Educação Superior Brasileira é a atividade que se *integra à matriz curricular* e à organização da pesquisa, constituindo-se em processo interdisciplinar, político, educacional, cultural, científico, tecnológico, que promove a interação transformadora entre as instituições de ensino superior e os outros setores da sociedade, por meio da produção e da aplicação do conhecimento, em articulação permanente com o ensino e a pesquisa. (*Ibid.*; grifo nosso)

O que percebemos nos meios universitários que já experienciam intensamente a extensão, como, entre nós, na Faced-Ufba, por exemplo, é

1. Estamos, no momento, escrevendo uma obra que trata especificamente dessa importante e histórica lacuna da educação e da formação universitárias.

que a Resolução 7/2018 do CNE é recebida com um certo estranhamento por atores e atrizes universitários, diria mesmo com uma certa resistência, por essa resolução não trazer nos seus argumentos a organicidade entre extensão e currículo, criando com isso uma distância desnecessária entre a experiência curricular extensionista dos núcleos de extensão já existentes e suas atividades e o movimento produzido pela resolução em referência. Temos, então, uma dificuldade e um prejuízo de concepção da resolução, produzindo ressonâncias fragmentárias nas relações entre instâncias vinculadas às ações extensionistas da universidade, o que nos serve como uma exemplaridade a ser refletida, tomando como referência todas as instituições do ensino superior, até porque, nesses termos, consideramos nossa preocupação aqui tratada como *transingular* em relação às instituições de nível superior.

"Curricularização da extensão": Sobre a concepção de currículo e as dificuldades da normativa

Faz-se necessário explicitar – como questão sociotécnica, política, cultural e semântica – o equívoco de concepção produzido pela denominação presente na Resolução CNE/CES 7/2018. O termo "curricularização da extensão" traz consigo a ideia, mesmo que não intencional, de que, nas ações dos núcleos universitários de extensão e suas densas experiências extensionistas haveria ausência de curricularização e que a normativa em referência instituirá esse requisito. Há aqui dois prejuízos de concepção que, principalmente nos meios educacionais, ampliam os equívocos sobre perspectivas mais ampliadas, plurais e dinâmica de currículo. Primeiro, a necessidade de explicitar que essa curricularização já existe quando as ações extensionistas produzem de forma inarredável o que denominamos de *atos de currículo* (Macedo 2010 e 2019). Ou seja, construções formacionais, entre outras realizações da extensão, produzem saberes e aprendizagens eleitos como formativos (Macedo 2020), ou seja, currículo! Na pluralidade das suas ações e realizações extensionistas, habitam, portanto, atos de currículo. Na nossa compreensão, em realidade, o que deve orientar a normativa em pauta é a ideia de uma ampliação/sistematização extensionista do currículo e seus atos. Transversal à denominação analisada está, como já dissemos, o equívoco de concepção acerca do currículo, produzindo o entendimento de que atos extensionistas não trazem consigo nos contextos do seu acontecer atos de currículo ou mesmo que currículo só estabelece sua condição num documento sistematizado. Nessa política de sentido, questões curriculares se encerram necessariamente nessa condição. Longe disso!

Podemos acrescer ainda que essa normativa e seus movimentos podem encontrar à sua espera o *ethos* e o *habitus* da lógica disciplinar que ainda moldam, de forma potente, as concepções e ações universitárias cultivadas, não raro, como currículos ocultos no âmago do denominado ensino superior. A disciplinarização da extensão seria um desastre curricular e formacional para a centralidade do espírito da normativa em referência, que, aliás, parece não ter atentado para essa potência, que não é apenas curricular. O *ethos* e o *habitus* disciplinar ainda se apresentam como uma densa e potente cultura institucional, diria mesmo civilizatória. Temos de pensar que a hiperdisciplinarização secular e o seu gosto instrumentalista pela fragmentação e pelo abstracionismo teórico-corporativo atingem na alma a vida acadêmica, apesar da densa presença do discurso sobre, por exemplo, a indissociabilidade entre ensino, pesquisa e extensão, veiculado pelas narrativas universitárias.

Extensão como ato de currículo

As ações extensionistas, desde suas existências primevas, já são fonte de saberes curriculares. Assim como os saberes produzidos pela extensão universitária são, invariavelmente, atos de currículo. Ou seja, desde a sua invenção, a extensão produz currículo. Por que então o sentido das costumeiras reduções vividas pelas políticas, entre outras ações curriculares? A secular lógica disciplinar tem muito a dizer. Vale a pena afirmar que a lógica disciplinar, advinda da forma como as ciências modernas se estruturaram e chegaram à organização do pensamento educacional, *a fortiori*, no currículo, separou o inseparável em termos educacionais, mas não só, porquanto a visão cartesiana de mundo criou verdadeiras cosmovisões. Criou, por conseguinte, amplas formas de compreender o mundo, forjou uma vasta cultura civilizatória pautada na hipertrofia da análise em detrimento das sínteses e suas relações possíveis. No momento, há de se convir, padece de "falência múltipla dos órgãos", levando em conta os desafios à compreensão do mundo hiper-relacional e transversalizado em que vivemos, isto é, as disponibilidades explicativas da disciplina já não dão respostas às questões sobre a vida que inventamos. A questão do momento, argumentamos com nossos estudantes de currículo, é refletir intercriticamente sobre o que a disciplina fez/faz conosco e o que faremos com aquilo que a disciplina fez/faz de nós. A forma como a atual política de curricularização da extensão chega às instituições universitárias não raro padece dessa despreocupação, quando parece não perceber na sua proposição que, intencionalmente ou não, a perspectiva de curricularização se dará, o mais das vezes, nas instituições universitárias como um fetiche e uma panaceia curricular com base em uma densa cultura disciplinarizante experienciada. Atos de currículo disciplinares ainda se impõem como um *habitus* à nossa realidade institucional-curricular.

Ademais e *a fortiori*, ampliando nosso aporte crítico, a política de curricularização em análise difunde a ideia de que as ações extensionistas até o momento da sua implementação não viveram a sua curricularização. Faz-se necessário afirmar que a curricularização da extensão já existe, seus etnométodos[2] acionalistas, heurísticos e formacionais constroem *trans-formações* sociais, entre elas: a pesquisa, as mediações formacionais e as experiências formativas; assim, demonstra uma potência *trans-formacional* e heurística evidente no seio das ações universitárias. Sistematizar a ampliação dessas ações no currículo da educação universitária não deixa de ser uma boa iniciativa no que se refere a aumento da potência heurística e formacional das ações extensionistas. Entretanto, há que cuidar dos perigos que corremos

---

2. Conceito cunhado pela etnometodologia, os *etnométodos* se configuram nas maneiras (métodos) pelas quais, para todos os fins práticos, atores e atrizes sociais, cotidianamente, compreendem e produzem realidades. Nesses termos, demonstram e atualizam suas descritibilidades, inteligibilidades, analisibilidades, reflexibilidades e sistematicidades.

ao hipertrofiar a política em referência, transformando-a em mais um fetiche e/ou panaceia disciplinar e, com isso, produzir desinformação e reduções simplistas. Tomando este último argumento, já percebemos que o movimento de desinformação curricular está em vias de configuração em meio a tantas outras confusões, lacunas, digressões, desinformações, dicotomias e fetiches que as atuais políticas curriculares e formacionais vêm produzindo. Nas políticas de currículo, podemos dizer que o campo curricular/formacional[3] tem sofrido significativos prejuízos e vieses de concepção, flertando, não raro, com teses instrumentalistas, assim como com as dicotomias e as antinomias que instituímos na primeira metade do século passado em relação a concepções e políticas curriculares.

É primordial que a extensão possa reforçar seus movimentos de desconstrução do *ethos* e do *habitus* disciplinar, ampliando mais ainda sua vocação interdisciplinar, multirreferencial e transversal.

A propósito dos atos de currículo: Uma pedra de toque[4] da poiesis e da práxis curricular

Atos de currículo como um *conceito-dispositivo* fundante para nossos argumentos emergem explicitando, acima de tudo, que políticas e implementações curriculares não podem ser experienciadas como condenação sociopedagógica ou socioeducacional.

Do âmbito dos nossos interesses, preferimos pensar numa multicriação com *implicação*[5] em compromissos educativos e formacionais

---

3. No grupo de pesquisa Formacce Faced-UFBA, no que concerne à expressão "campo curricular-formacional", não discutimos questões e pautas curriculares sem que impliquemos, nessa relação, as questões formacionais inerentes aos compromissos curriculares.

4. No campo físico-químico, a *pedra de toque* permite mais precisão na identificação de metais como o ouro e a prata. Metaforicamente, a concepção de atos de currículo por nós cunhada, no âmbito dos estudos curriculares do Formacce, ampliou e elucidou sobremaneira nossa compreensão do dinamismo curricular em vários dos seus ângulos de análise.

5. Epistemológica e ontologicamente, a *implicação* é por nós compreendida como um modo de criar saberes. Habita na implicação a dinâmica dos nossos desejos,

socialmente referenciados, que podemos, democraticamente, legitimar ou não. Trata-se também de um processo de valoração, e não só do conceito em si, até porque estamos lidando com *políticas de sentido* a respeito do que é formativo. Aqui está um dos pontos fundantes da nossa inspiração *socioconstrucionista* e política. Mais adiante, apresentaremos argumentos a respeito de como a formação se instala como um analisador instituinte de fecundas provocações ao *príncipe*: o currículo.

O conceito-dispositivo de atos de currículo tem sua origem nos nossos encontros (in)tensos e nas múltiplas aproximações com atores engajados social e culturalmente, mediadas por uma sensibilidade social vinculante, que emerge de *processos implicados* de *pensarfazer* currículos *assinados*. Implicações que instituem *atos de currículo* como vinculações responsíveis e responsáveis, conforme argumenta Bakhtin. Um conceito, segundo vislumbra Deleuze, como *heterogênese*, *acontecimento*, que num processo de aproximação de fragmentos cria sua própria e singular totalização. Nesses termos, o conceito é histórico, não surge querendo ser verdadeiro-universal, mas interessante-pertinente na sua provisoriedade, conforme, aliás, ocorre com todo conceito. Como dispositivo, pode irromper realizando mudanças, deslocamentos, interferências, protagonismo, criando intensidades, mobilizações, olhares outros, práticas outras. Daí sua configuração intencional, seu caráter generativo, sua perspectiva de devir.

Atos de currículo como um conceito-dispositivo criam a antítese da visão de currículo como uma condenação sociopedagógica, um artefato que produz tão-somente prescrição, restrição e trilhos. Provoca uma disposição explicitada para a *implicação* irrestrita nas coisas do currículo, aqui perspectivado como invenção social e cultural, com possibilidades de se transformar numa multicriação socioeducacional, numa experiência autonomista compartilhada.

---

pertencimentos, projetos, cosmovisões e do nosso imaginário radical (Lourau 1993; Ardoino 1993; Macedo 2012). Para Lourau, o conceito de implicação produziu uma revolução nas bases epistemológicas e ontológicas modernas da produção do saber, pois destronou o racionalismo do edifício científico moderno.

Atores sociais – cronistas de si e do mundo – podem instituir currículos baseados numa confederação de interesses elevados a certo mutualismo que reconheça como comum a todos o valor de uma educação emancipacionista.

É assim que a ideia de atos de currículo realça certa processualidade criativa, sua instituinte materialidade, mais ainda, e acima de tudo, a responsabilização curricular. Atos de currículo, como conceito-dispositivo, levando em conta a práxis curricular, são um conceito-chave, um gesto ético-político, um potente analisador da *práxis* curricular (Macedo 2019).

Assim, possibilitam compreender de que maneira os currículos e os atores curriculantes mudam, como modificam seus significantes ou como conservam, de alguma maneira, suas concepções e práticas, de que modo definem as situações curriculares e têm pontos de vista sobre as questões do currículo, de que forma entram em contradição, produzem ambivalências, paradoxos e derivas. A resultante disso tudo, seja ela qual for, está marcada pelas ações que criam possibilidades, o seu aspecto heurístico. *Atos de currículo* como conceito-acontecimento radicalizam o entendimento e apresentam dispositivos conceituais para aprofundarmos nossos convencimentos acerca da emergência como uma construção social incessante e interessada. Além disso, orientam nossas práticas para percebê-las como instituintes, passíveis de crítica, compreensão cultural e histórica. É aqui que se instaura a ideia de atos de currículo de uma perspectiva socioconstrucionista. Tem a ver com o argumento de que atores sociais envolvidos em questões curriculares não são "idiotas culturais", tese sociológica central à etnometodologia. Para todos os fins práticos, portanto, em alguma instância, produzem etnométodos curriculantes. Há saberes curriculares nesse âmbito, que, acolhidos numa intercrítica em relação aos saberes livrescos, científicos e/ou acadêmicos, podem e devem ser acrescentados às políticas e práticas curriculares. É nesses termos que *ágoras* curriculares podem ser constituídas no encontro entre diferenças interessadas em *compor* currículos. Trabalhar questões curriculares com esses etnométodos ditos "profanos" nos parece esgarçar de forma interessante o tecido curricular, suas decisões e práticas formativas. *Trabalhar-com* essas emergências significa romper com uma história de objetificações e alijamentos que fizeram do currículo um lugar de hierarquizações política, moral e historicamente inaceitáveis. Mundos como do trabalho, da produção, das culturas nas suas diversas formas de instituir realidades, cosmovisões, movimentos sociais, por exemplo, não podem ser percebidos como improdutivos em termos curriculares, porque produzem sapiências que, para todos os fins práticos, criam saberes de possibilidades formativas: currículo. Nesses *espaçostempos*, saberes são criados e recriados intensamente. É com esses atores sociais, teóricos do seu cotidiano, com suas necessidades concretas e demandas socioeducacionais que currículos devem ser trabalhados para serem pertinentes e relevantes (Macedo 2020).

Para nossos interesses aqui, pautados nos nossos argumentos epistemológicos e ontológicos, atos de currículo são criações etnometódicas multirreferenciadas, constituídos por etnométodos curriculantes, portanto. Uma questão importante é como trazê-los intercriticamente para a cena da composição social e cultural do currículo oficializado, por exemplo, pelas vias de uma valoração pluralista, dialógica, política e eticamente cuidadosa. No argumento deste parágrafo, encontramos a política de sentidos para uma *extensão curriculante*, ou seja, produtora de atos de currículo.

A extensão e sua inarredável produção de atos de currículo

Onde a extensão universitária habita e há produção de aprendizagens e saberes na universidade, há exercício de atos de currículo. O viés formacional da extensão universitária emerge no âmago do acontecer acionalista de forma importante e necessária; isso confirma a vocação da extensão como produtora de aprendizagens e saberes valoradamente formativos. Aliás, essa é uma pauta pouco refletida e cuidada por nossa universidade, na medida, por exemplo, em que não atenta para o fato de que a aprendizagem/formação universitária emerge como uma singularidade esquecida e ofuscada por se imaginar que o ensino, a pesquisa e a própria extensão, que são mediações da educação universitária, são suficientes em si. Para nós, sem descarte e substituições dicotômicas, o sentido maior da existência da universidade histórica e cultural é a *aprendizagem/formação universitária* – experiência identitária singular, fundante e irredutível – cuja referência é sua responsabilidade sociotécnica, política, ética, estética, histórica e cultural. Nesses termos, há saberes eleitos formativos que habitam e dinamizam a experiência extensionista. Prolongando esses argumentos, podemos afirmar que há currículo em toda e qualquer ação formacional da universidade, incluindo, *a fortiori*, as suas experiências extensionistas. Nesse sentido, concordamos com Jezine (2004) que a relação entre currículo e extensão é histórica e orgânica.

Um currículo/formação extensionista: Da mediação formacional à coparticipação da experiência formativa

Além de ser curriculante no seu acontecer, a ação extensionista universitária se faz também ato formacional compromissado com a qualificação da experiência aprendente/formativa[6] dos seus partícipes. Encontramos aqui algo de muita importância para pensarmos as ações formacionais da extensão. Queira ou não queira, na esfera da ação extensionista, a universidade encontrará a diferença que entre nós já não pede licença para entrar; posiciona-se e propõe aprendizagens socialmente referenciadas e referendadas, conforme acontece em toda experiência curricular. A experiência formativa extensionista provoca, pelo seu acontecer na diversidade, o currículo e seus *Zeitgeist* deônticos,[7] ou seja,

6. Distinguimos aqui o ato formacional da experiência formativa. No primeiro, encontramos a emergência das mediações que têm a ver com a "logística" educacional e seus dispositivos; na segunda, deparamo-nos com o acontecer da irredutibilidade aprendente eivada de valorações de sujeitos que aprendem, suas diversas implicações formativas e profissionais.

7. A história nos mostra como, nos primórdios da invenção do currículo moderno, nasceu e habitou certo espírito dos tempos (*Zeitgeist*), no qual a palavra de ordem que se prolonga até hoje era(é): fazer currículo sem a(o) outra(o), para a(o) outra(o), muitas vezes contra a(o) outra(o). Atitude que permanece nos modos instrumentalistas de se *pensarfazer* currículo que renascem em geral como fetiches e panaceias nesse campo das invenções educacionais, haja vista o que, no momento, lutamos para reverter no nosso país no que tange a políticas de currículo e formação.

o seu gosto pelas prescrições que, não raro, subvalorizam, desconhecem, têm receio e evitam o encontro com as experiências irredutíveis da singular formação universitária e seu espírito que, *a fortiori*, se eleva como pluriversidade. Nesses termos, são potências formacionais a cidade, o cinema, as experiências comunitárias, as manifestações e experiências culturais, o mundo do trabalho, da produção, o exercício da cidadania, entre outras referências.

Dessa maneira, a experiência aprendente, sempre valorada de sujeitos e seus coletivos, se apresenta para nós como ato de currículo. É *impensável* a formação considerada produção em série; olhemos com cuidado aguçado o que a massificação da educação está fazendo no Brasil. Há, aqui, uma evidente e oportunista prática de *deformação*. É impensável compreender a formação apenas por indicadores extensivos, dimensões aferidas, perspectivas contáveis, vejamos, ainda, a exemplo, a simplificação da realidade educacional pelas estatísticas oficiais, que, de forma reduzida, vem nos enganando sobre a qualidade da educação e da formação. No máximo, por essas lógicas, podemos fazer aproximações bem limitadas, e com muito cuidado, conforme é comum, leituras de indicadores massificados desse fenômeno. A abertura ao possível, ao projeto, à condição da criação, da inventividade, da bricolagem, da emergência do imaginário radical, é inalcançável por essa lógica. Dessa perspectiva, seria inalcançável também o exercício da *metaformação*, ou seja, uma reflexão refinada e crítica do sujeito e dos coletivos sociais sobre a qualidade da formação se realizando. Aqui, a formação não se realizaria apenas com base em e como atendimento de demandas. Os formandos e seus coletivos refletiriam sobre a formação em si: um acontecimento encarnado, implicado, socialmente relevante. Essa reflexão, além de ser um direito, iria se transformar numa pauta do próprio processo formacional.

A formação em si, como a *experiência* de um *ser* que aprende, aparece em ato e em sentido, por isso, conforme Josso (2002), se não for experiencial, não é formação. Esse aparecer em ato e em sentido jamais pode ser visto como uma *performance* fechada no individual; nesse caso, acrescentaríamos, ou a formação é relacional ou não é formação, pois, como argumentamos em nossas obras, toda formação é interformação, assim como toda compreensão é intercompreensão.

Nesses termos, a formação na estrutura e na dinâmica do *compreender*, indissociável em relação à produção de sentidos, *abre o caminho do sentido*. Esse sentido vai abrindo o seu próprio caminho, perspectiva fundante da *autonomização* vivida nos processos aprendentes/formativos.

Ademais, levando em consideração que uma perspectiva socioexistencial da formação implica necessariamente o caráter experiencial da própria formação, pensemos com Josso (2002, p. 141):

> (...) em que a formação é experiencial ou não é:
>
> É aprender a analisar os contributos das nossas actividades, dos nossos contextos de vida, das nossas relações electivas e de acontecimentos que em nós tomam forma; é descobrir que, neste desenvolvimento das nossas vivências transformámos algumas, mais ou menos conscientemente, em experiências fundadoras; é aprender a investir o nosso presente de tal maneira que as nossas vivências possam tornar-se experiências formadoras que vivificam ou alimentam as nossas buscas; é aprender a descobrir os pressupostos cognitivos das nossas interpretações bem como os nossos registros de expressão privilegiados. O conjunto destas aprendizagens permite, pois, ao autor-investigador compreender a sua formação e, de uma forma mais geral, o próprio campo da formação do ponto de vista do sujeito.[8]

Com esses argumentos, sentimo-nos à vontade para ampliar nossa compreensão de que o currículo, seus atos formacionais e as experiências formativas são orgânicos, no sentido de viverem uma relação mútua nos seus compromissos universitários, a propósito, na relação com as ações extensionistas. Sentimo-nos à vontade para alertar o quanto o movimento denominado de "curricularização da extensão" pode reforçar a fetichização instrumentalista do currículo na sua relação com a extensão, ao não considerar a densa complexidade que essa relação estabelece como encontro e *com-versação* curricular/formacional generativos.

---

8. A citação preserva o português de Portugal, conforme edição original.

Encontramos aqui um processo identitário que se constrói entre extensão e formação. No movimento dessas duas realidades educacionais universitárias, encontrar-se-á sempre a diversidade, a diferença. São construções socioeducacionais vocacionadas para produzir heterogeneidade. É desse encontro que podemos concluir: na extensão e na formação, a universidade encontra e aprende a tratar com a diversidade e a diferença irredutíveis. Um banquete heurístico e formacional para alimentar a fulcral existência da universidade histórica e cultural. Não cabem aqui colonizações, consensos resignados, integrações excludentes, verdades integrativas, mas intercriticidade generativa. Por outro lado, há de se convir que, na extensão, a universidade vem encontrando os melhores dos seus alimentos, ou seja, a diversidade das demandas e dos protagonismos sociais. No que concerne à formação, as práticas universitárias nem sequer sabem buscar a heterogeneidade irredutível e complexa dessa experiência aprendente. Nesses termos, uma esperança (re)nasce da potência heurística e formacional formulada pelos possíveis encontros entre a extensão e as plurais e irredutíveis experiências formativas.

Há que se realçar que a abordagem da Resolução 7/2018 sobre a avaliação no movimento de "curricularização" que assume, trata o processo avaliativo fundamentalmente como dispositivo vinculado à mediação pedagógica, demonstra com isso não compreender a formação como experiência irredutível de sujeitos que aprendem e não alcançar em termos avaliativos a complexidade da formação como experiência plural, realidade fundante à vivência extensionista.

Por concluir

A concepção de curricularização da extensão deixa lacunas explicitativas preocupantes, pois pode resvalar num reducionismo curricular, ao não deixar claro que qualquer ação extensionista produz saber e traz consigo um certo potencial formativo. Essa concepção pode produzir um prejuízo (in)formacional, na medida em que as concepções do currículo ocupam hoje um campo de disputas de narrativas que vão facilmente da dignidade às misérias epistemológicas e/ou pedagógicas que vivemos no momento. Nesses termos, faz-se necessário aprofundar, densificar, alargar e dinamizar a relação currículo e extensão universitária, para evitar reduções e fetiches instrumentalistas. Necessário também compreender nessa relação a ação extensionista como um dos lugares fulcrais da produção de atos de currículo e sua democrática valoração. Observemos, portanto, a dinâmica dos atos de currículo extensionistas, bem como os processos aprendentes/formativos produzidos por sujeitos e seus coletivos em aprendizagens universitárias, compreendidas como singulares e irredutíveis, por mais que (in)tensamente relacionais.

Assim, defendemos a redenominação do movimento "curricularização da extensão", para, com isso e por consequência, problematizarmos e inflexionarmos a sua concepção e potência curricular/formacional.

Faz-se mister compreender que nossos argumentos em muitos momentos vão também além do que a relação extensão e currículo requer, já que falar dessa relação é incluir nas reflexões curriculares/formacionais a própria universidade com sua práxis histórica, suas dificuldades em tratar e cuidar da experiência aprendente/formativa que acontece no cotidiano de suas singulares e identitárias ações heurísticas e formacionais.

Ademais, faz-se necessário evitar uma política de sentido que veja na proposta da "curricularização da extensão" uma política universitária específica que vem moldar a extensão em favor da sua maior e melhor pertinência. Pensemos numa *intercrítica*[9] entre extensão e currículo. Por exemplo, uma extensão que, ao ampliar-se, torna-se uma experiência generativa em termos curriculares. Desse modo, no encontro entre diferenças que guardam compromissos e identificações universitários, evita-se o colonialismo e afirma-se uma relação mutuamente propositiva.

9. Em Atlan (1994), autor do conceito epistemológico de *intercrítica*, vamos compreender a *intercrítica* como uma elaboração em que a crítica, como um modo de inquirir realidades, não é percebida como propriedade privada de algum *ethos*. Como centros do mundo, somos todos capazes de exercitá-la, onde o fundamental é a passagem obrigatória pela relatividade da moral e da cultura, nos seus confrontos, que permitirá a existência de múltiplos "eus", cada um deles centro do mundo, ao mesmo tempo em que reconhece no outro a sua irredutibilidade como único traço comum e, em verdade, universal. Não cabem aqui conclusões integrativas, consensos resignados, mas identificações compreensivas que não precisam necessariamente fechar questões e construir sínteses fechadas.

Referências bibliográficas

ARDOINO, J. (1993). "L'approche multirréférentielle (plurielle) des situations éducatives et formatives". *Pratique de Formation (Analyses)*, Universidade de Paris 8, n. 25-26, pp. 15-34.

ATLAN, H. (1994). *Com razão e sem ela: Intercrítica da ciência e do mito*. Trad. Fátima Gaspar e Fernando Gaspar. Lisboa: Instituto Piaget.

BRASIL-CNE (2018). Resolução CNE/CES 07/2018. Estabelece as Diretrizes da Extensão na Educação Superior Brasileira. [Disponível na internet: https://normativasconselhos.mec.gov.br, acesso em 20/2/2023.]

JEZINE, E. (2004). "As práticas curriculares e a extensão universitária". *Anais do II Congresso Brasileiro de Extensão Universitária*, Belo Horizonte. [Disponível na internet: www2.fag.edu.br, acesso em 21/2/2023.]

JOSSO, M.C. (2002). *Experiências de vida e formação*. Trad. José Cláudio e Júlia Ferreira. Lisboa: Educa.

LOURAU, R. (1993). "Implication et surimplication". *Révue du Mauss*, n. 10, pp. 34-54.

MACEDO, R.S. (2010). *Compreender e mediar a formação: O fundante da educação*. Brasília: Liber Livro.

________ (2012). *A etnopesquisa implicada: Pertencimento, criação de saberes e afirmação*. Brasília: Liber Livro.

________ (2019). *Atos de currículo e autonomia pedagógica*. Petrópolis: Vozes.

________ (2020). *Currículo, campo, conceito e pesquisa*. Petrópolis: Vozes.

SANTOS, B. de S. (2010). *A universidade no século XXI: Para uma reforma democrática e emancipatória da universidade*. 3ª ed. São Paulo: Cortez.

9
DIALOGANDO COM O PROGRAMA DE EDUCAÇÃO TUTORIAL (PET-BRASIL)

Claudia Christina Bravo e Sá Carneiro
Meirecele Calíope Leitinho
Francione Charapa Alves

Introdução

Tratar a relação pedagógica na educação superior pressupõe que a entendamos como um ato de solidariedade que engloba o compartilhamento de experiências pessoais e profissionais, contemplando os direitos e deveres inerentes à cultura, à ética, aos determinantes políticos e sociais e aos saberes diversificados que perpassam a formação.

Em um cenário educacional engessado, proveniente de um modelo dominante de racionalidade instrumental, torna-se importante que compreendamos as tramas e teias que envolvem os processos de ensino e de aprendizagem, na esteira da ruptura paradigmática de práticas indesejadas e de processos de regulação, de uma perspectiva emancipatória rumo a mudanças.

As modificações decorrentes da globalização, nos últimos tempos, têm impactado sobremaneira as relações entre a universidade, o Estado e a sociedade, permitindo processos de regulação que nos levam a inquirir sobre o verdadeiro papel da universidade, que, a nosso ver, deve se pautar em processos emancipatórios profundos e significantes.

Na verdade, as Instituições de Ensino Superior (IES), ao que parece, estão padecendo de falta de reflexão, inércia e existência de leis contrárias aos seus princípios básicos naturais, que são a autonomia e a criticidade. Cabe, então, que mecanismos de reação surjam e que analisemos a construção de novas práticas alternativas ou mesmo revisitemos práticas exitosas.

Para Espinar *et al.* (2004), fenômenos como a globalização, as diversas mudanças decorrentes da sociedade da informação, a revolução tecnológica na área das comunicações, a configuração do trabalho baseado na gestão do conhecimento, o novo marco organizacional do trabalho dominado pela rápida perda de validade de produtos e ideias, dentre outros, produzem novas necessidades e, muitas vezes, necessidades imprecisas de formação, levando a sérias consequências que merecem debate e estudo.

No âmago dessas questões, emerge o novo perfil de estudante da educação superior. A nova cultura de aprendizagem nessa nova situação de mudanças clama, também, no nível superior, pela opção de uma formação globalizada dos estudantes com novas demandas, como o aumento da necessidade de informação, a melhor aprendizagem e orientação curricular, as novas estratégias e a escolha de conteúdos adequados em razão do coletivo.

Por outro lado, os educandos não podem ser vistos como indivíduos abstratos. Na concepção de Saviani (2022, p. 2), devem ser "considerados como expressões particulares da essência universal que caracteriza a realidade humana". De modo contrário, como prediz a pedagogia histórico-crítica, os estudantes devem ser considerados indivíduos concretos que se manifestam como unidades na diversidade, como sínteses de relações sociais.

Assim, Saviani (2022, p. 6) afirma que, o trabalho pedagógico se configura "como um processo de mediação que permite a passagem dos educandos de uma inserção acrítica e inintencional no âmbito da sociedade a uma inserção crítica e intencional".

Em tal contexto de mudanças, torna-se interessante que as IES estejam aptas a analisar e acompanhar as questões sociais, culturais e econômicas, a fim de antecipar problemas, possibilitando soluções e influenciando políticas com o intuito de preparar cidadãos críticos, reflexivos e livres.

No panorama apresentado, a tutoria se configura como caminho importante e viável com o intento de responder a questões relacionadas às novas necessidades das IES e dos estudantes que nelas ingressam. As IES evoluíram no decorrer dos anos, passando do acolhimento de minorias ao de massas, o que as obriga a dar melhor assistência a seus estudantes, na direção de atuar de forma mais dirigida, mediante relações mais pessoais e individualizadas. Como bem pontuam Espinar, "parece ser necessário assumir o princípio da diversidade, tanto nos objetivos de formação como nas características de seus protagonistas" (Espinar *et al.* 2004, p. 12).

Diante dessas conjecturas, cabe-nos questionar: qual o real papel da tutoria em cursos de educação superior? As experiências com programas que utilizam a tutoria como ferramenta têm cumprido o que propõem?

Pretendemos, neste capítulo, discutir a tutoria na educação superior, para compreender as ideias acerca da temática da perspectiva dos autores que a abordam, focando, principalmente, o Programa de Educação Tutorial (PET-Brasil), administrado pela Coordenação de Aperfeiçoamento de Pessoal de Nível Superior (Capes), aqui apresentado em seus aspectos teórico-práticos, éticos, legais e sociopolíticos. O referido programa, segundo a Portaria n. 343, de 24 de abril de 2013, tem como objetivo introduzir novas práticas pedagógicas na graduação, contribuindo para a consolidação e difusão do ensino tutorial como uma política de Estado, ou seja, uma política do Estado democrático de direito. Dessa forma, discutimos o PET-Brasil como uma política do Estado brasileiro, com foco na formação docente para o ensino superior, considerando fundamentos históricos críticos da perspectiva de Saviani (1992).

Neste capítulo, utilizamos autores nacionais que se remetem ao tema. Consultamos os marcos legais e regulatórios e documentos variados, na tentativa de compreender melhor os aspectos da tutoria e poder apontar caminhos para a reconfiguração da prática acadêmica.

Aspectos da tutoria e o Programa de Educação Tutorial – PET-Brasil

É reconhecida a morosidade do desenvolvimento dos sistemas educacionais, que, como consequência, leva os países a buscarem saídas para alcançarem metas de minimização dos déficits da escolarização. No entanto, a descontinuidade das ações empreendidas, a incapacidade de serem absorvidas na prática rotineira e a falta de diálogo das instâncias reguladoras com as executoras geralmente conduzem a objetivos diversos dos pensados originalmente.

Uma verdade a ser dita é que inovações no campo acadêmico, por exemplo, enfrentam diversas dificuldades que, em geral, decorrem da predominância de um paradigma. No entanto, processos inovadores que se baseiam na emancipação do ser humano são válidos e estimuladores. Como bem pontua Cunha (2006, p. 17), "são estimuladores de intervenções compromissadas com as rupturas que atuam no sentido da mudança".

No contexto das inovações, o processo de tutoria, apesar de se tratar de um conceito antigo, constitui um tema importante na docência no ensino superior. No âmbito da educação superior, a tutoria não é nova, desde que "entendida como o acompanhamento dos discentes na formação do que se poderia denominar de 'um estilo universitário', formando parte consubstancial da própria tarefa docente desde os princípios da universidade" (Espinar *et al.* 2004, p. 18; tradução nossa).

A função da tutoria no ambiente acadêmico, em suas variadas modalidades, é concebida como o auxílio ofertado ao aluno, tanto no plano acadêmico quanto no pessoal e profissional. Hoje, é considerada um fenômeno importante na graduação.

Trata-se de uma tarefa complexa, haja vista ser uma atividade orientada, em que concorrem múltiplos aspectos, que transitam desde os pedagógicos e psicológicos até os morais, éticos e socioeconômicos.

Apesar das diferenças existentes no trabalho docente no decorrer dos tempos, o papel do professor em seu ofício de tutor parece se destacar na sociedade de rápidas transformações em que vivemos. Os sistemas de formação, na opinião de Espinar *et al.* (2004), são convocados a liderar os processos de mediação, reestruturando muitos de seus elementos identitários, incluindo a função tutorial.

Na concepção destes autores, a tutoria na educação superior apresenta algumas características básicas: ação docente de orientação para impulsionar e facilitar o desenvolvimento integral dos alunos nas dimensões intelectual, afetiva, pessoal e social; contribuição para personalizar a educação superior (construção e maturação de conhecimentos e atitudes); atenção ao estudante como um elemento chave de qualidade; canalização e dinamização das relações do aluno com os diferentes segmentos de atenção ao estudante (de caráter administrativo, docente e de organização e serviços); possibilidade de integração ativa do estudante na instituição.

Nesse contexto, a tutoria assume particular importância, se for considerado o modelo acadêmico que se pretende configurar, e se caracteriza, então, como uma ação que engloba o diagnóstico, a informação e o assessoramento. O tutor desempenha o papel de ponto de referência para o aluno, já que é ele o elo entre esse estudante e as demais instâncias do ambiente universitário. Pode-se dizer que é o elemento dinamizador do processo de formação acadêmica, pessoal e profissional. Por outro lado, como bem colocam Alves, Leitinho e Dias (2017, pp. 168-169), "a tutoria não deve ser reduzida ao opcional ou obrigatório, formal ou informal, democrática ou diretiva. O que se busca é uma não polarização nesses aspectos, contribuindo para um equilíbrio dialético entre as possibilidades de sua organização".

Em uma época de mudanças na sociedade, estamos protagonizando momentos marcados por incertezas e transformações que impactam a vida dos cidadãos e seus valores, o que leva à procura de meios que conduzam a ações concretas para melhorar os processos de acesso e adaptação dos estudantes ao meio acadêmico.

Aludindo ao pensamento de Saviani (2022), o movimento retratado pela tutoria, deveria ser considerado como indo do empírico ao concreto, pela mediação do abstrato, constituindo uma orientação segura tanto na aquisição de novos conhecimentos como para no processo de ensino. Para Saviani, dessa forma, pode-se chegar a uma pedagogia concreta, que supere tanto a pedagogia tradicional quanto a moderna.

Como exemplo de ação para a melhoria da atenção aos estudantes, surgiu o programa de treinamento educacional (PET) (denominação inicial), com o intuito de um acompanhamento mais personalizado, prolongando-se do início ao final dos estudos.

Desde a década de 1970, o Ministério da Educação (MEC), por meio da Coordenação de Aperfeiçoamento de Pessoal de Nível Superior (Capes), criou vários programas para melhorar a graduação, com a formação de recursos humanos qualificados. Nesse contexto, foi criado o PET-Brasil em 1979, conforme Spagnolo e Castro (1996, p. 8):

> (...) com o objetivo de melhorar o Ensino de Graduação e a qualidade dos cursos de pós-graduação, Cláudio de Moura Castro, então diretor geral da CAPES/MEC, implantou o Programa Especial de Treinamento (PET-Brasil) que visava elevar a qualificação de grupos selecionados de alunos de graduação, mediante um intenso e avançado treinamento.

Ainda segundo Spagnolo e Castro, o PET-Brasil foi sistematizado com base em uma experiência realizada pelo professor Ivon Leite de Magalhães Pinto na Faculdade de Economia e Administração da Universidade de Minas Gerais na década de 1950, a ser desenvolvido em universidades americanas e em procedimentos adotados por universidades inglesas.

As bases legais do programa e seus objetivos serão explicitados na próxima seção.

Programa de Educação Tutorial – PET-Brasil: Bases legais

O PET-Brasil surgiu em um momento de expansão desordenada de IES insuficientes em qualidade. A iniciativa visava ao fortalecimento do ensino na educação superior, porque, mesmo tendo ocorrido uma expansão no número de instituições, mais significativa nos anos 1980, muitas delas se dedicavam somente ao ensino, desrespeitando a indissociabilidade entre os eixos ensino, pesquisa e extensão.

Até 1999, o programa PET-Brasil foi coordenado pela Capes. A partir de 31/12/ 1999, a gestão foi transferida para a Secretaria de Educação Superior (Sesu), ficando sob a responsabilidade do Departamento de Modernização e Programas da Educação Superior.

Quando o programa foi criado, em 1979, foram formados três grupos PET-Brasil. Em 1996, havia 325 grupos; entretanto, de 1998 a 2004, muitos foram fechados. De acordo com Martins e Theóphilo (2007), nesse período, o PET-Brasil enfrentou diferentes problemas de manutenção e até mesmo de acomodação ao novo ambiente. Somente em 2004, o programa passou a ser identificado pelo nome como é conhecido hoje,[1] e, desde então, novos grupos foram sendo criados.

Informações reunidas por André Bittencourt Leal, vice-presidente da Comissão Executiva Nacional Programa de Educação Tutorial (Cenapet) na gestão 2014-2016, estimavam 842 grupos, número que não corresponde ao total de grupos existentes hoje, pois alguns dos grupos aprovados não foram criados e outros foram fechados após a abertura no intervalo entre 1998 e 2004. Além disso, existem informações

1. Em 2004, durante a mesa de abertura do IX Encontro Nacional de Grupos PET-Enapet, Cristovam Buarque, ministro da educação, denominou-o de Programa de Educação Tutorial (PET).

desencontradas a respeito do número de grupos existentes antes do edital de 2006.[2]

Os grupos PET-Brasil se encontram distribuídos em 121 IES, em diversas áreas do conhecimento. Na configuração atual, o programa é constituído por grupos tutoriais de aprendizagem, com o objetivo de formar alunos de graduação sob a orientação de um professor tutor. Cada tutor orienta 12 alunos bolsistas, podendo também ter em seu grupo "petianos" voluntários. Para ingressar no PET-Brasil, os alunos passam por um processo seletivo e podem permanecer no grupo até o final do curso de graduação.

No que se refere às bases legais, o PET-Brasil foi oficialmente instituído pela Lei n. 11.180/2005 e regulamentado pelas portarias n. 3.385/2005, n. 1.632/2006 e n. 1.046/2007, como dito anteriormente. A regulamentação do PET-Brasil define como o programa deve funcionar, qual sua constituição administrativa e acadêmica, além de estabelecer as normas e a periodicidade do processo de avaliação nacional dos grupos.

A Portaria MEC n. 976/2010 trouxe inovações para a estrutura do PET-Brasil, por exemplo: flexibilização e dinamização da estrutura dos grupos; união do PET-Brasil com o Programa Conexões de Saberes (que possibilita diálogos entre as IES e as comunidades populares); definição de tempo máximo de exercício da tutoria; aproximação com a estrutura acadêmica da universidade; e definição de estruturas internas de gestão do PET-Brasil. Em seu artigo 2º, essa portaria apresenta os seguintes objetivos:

> I – desenvolver atividades acadêmicas em padrões de qualidade de excelência, mediante grupos de aprendizagem tutorial de natureza coletiva e interdisciplinar;
> II – contribuir para a elevação da qualidade da formação acadêmica dos alunos de graduação;
> III – estimular a formação de profissionais e docentes de elevada qualificação técnica, científica, tecnológica e acadêmica;

2. Disponível na internet: https://cenapet.files.wordpress.com/2015/07/histc3b3rico-de-editais-mec-por-cenapet.pdf.

IV – formular novas estratégias de desenvolvimento e modernização do ensino superior no país;
V – estimular o espírito crítico, bem como a atuação profissional pautada pela cidadania e pela função social da educação superior. (Brasil 2010)

A Portaria n. 343, de 24 de abril de 2013, entre outras mudanças, alterou esse artigo, acrescentando objetivos, a saber:

VI – introduzir novas práticas pedagógicas na graduação;
VII – contribuir para a consolidação e difusão da educação tutorial como prática de formação na graduação;
VIII – contribuir com a política de diversidade na instituição de ensino superior – IES, por meio de ações afirmativas em defesa da equidade socioeconômica, étnico-racial e de gênero. (Brasil 2013)

Todos esses objetivos específicos, juntos, pretendem concretizar o objetivo geral do programa, que é "promover a formação ampla e de qualidade acadêmica dos alunos de graduação envolvidos direta ou indiretamente com o programa" (Brasil 2006, p. 7).

Além dos dispositivos legais, existe o *Manual de orientações básicas* (Brasil 2006), que garante certa regularidade das atividades desenvolvidas pelos grupos em âmbito nacional. O manual apresenta o programa como um complemento à formação dos seus integrantes e uma oportunidade para a melhoria dos cursos nos quais estão inseridos, garantindo a todos, "petianos" ou não, oportunidades de vivenciar experiências não presentes na estrutura curricular do curso, visando uma formação acadêmica global.

Por ser um programa acadêmico de longo prazo, destinado a alunos de IES públicas e privadas, o PET-Brasil visa à indissociabilidade entre ensino, pesquisa e extensão, proporcionando a complementação da formação acadêmica e, consequentemente, a melhoria da graduação.

Por meio da educação tutorial, o PET-Brasil pretende estimular a criação de um modelo pedagógico para a educação superior, conforme consta no manual. Martins (2007, p. 15) afirma que "compreender o significado e realizar uma aproximação conceitual da educação tutorial impõe, igualmente, buscar elementos que fundamentem a importância da tutoria, além de identificar e sistematizar aspectos que possam delinear o perfil do tutor, suas funções e deveres".

Cabem ao tutor a responsabilidade perante a IES e a Sesu/MEC, o planejamento e a supervisão das atividades e o zelo pelo desempenho do grupo sob sua orientação. Compete a ele "orientar os bolsistas no caminho de uma aprendizagem segura, relevante, ativa, planejada e adequada às necessidades do grupo e do curso como um todo" (Brasil 2006, p. 7). Mesmo desempenhando todas essas funções, o tutor não é o único responsável pela aprendizagem do aluno que, como sujeito ativo, assume responsabilidade sobre a sua aprendizagem e o seu desenvolvimento pessoal.

Acreditamos, no entanto, que, seguindo os princípios da pedagogia histórico-crítica, os alunos, indivíduos concretos, são unidades de diversidade e, como tal, estão submetidos a condições que não escolheram, que sintetizam relações sociais, também não escolhidas, o que anula a ideia, segundo Saviani (2022), de que os educandos podem fazer tudo à sua escolha, situação que não condiz com a condição humana. Daí o papel do tutor de, como mediador, ser capaz de distinguir interesses concretos, fruto de conhecimentos sistematizados, produzidos historicamente.

A formação tutorial é constituída, então, de um trabalho coletivo entre os tutores e o grupo de alunos "petianos", que deve ir para além dos sujeitos inseridos no grupo, porque, segundo Laffin (2007, p. 29),

> o programa de educação tutorial, em seus princípios explicativos, constitui-se em percursos de formação que se fundamentam sobre e nas vivências do trabalho, no âmbito das relações "petianas", ampliando não somente as experiências pessoais e profissionais do aluno e do tutor como sujeitos históricos, como também

contribuindo para o desenvolvimento da função social e institucional da universidade.

Portanto, a educação tutorial possibilita a ampliação de conhecimentos tanto dos tutores quando dos alunos. Mesmo considerando que os tutores são sujeitos culturalmente mais experientes do que os alunos, não devemos desprezar o fato de que muitos saberes da docência são construídos no exercício da tutoria. São saberes e práticas inovadoras que contribuem para a melhoria do ensino na educação superior.

Coadunando com Tardiff (2002, p. 36), "pode-se definir o saber docente como um saber plural, formado pelo amálgama mais ou menos coerente de saberes oriundos da formação profissional e de saberes disciplinares, curriculares e experienciais". Assim, podemos considerar que o tutor, sendo um professor, também adquire novos conhecimentos na tutoria, que vão ser somados aos outros saberes que já possui.

É importante ressaltar o papel que o aluno tem na ação tutorial. De acordo com Koltermann e Silva (2007, p. 50), há muito tempo que o trabalho coletivo tem sido valorizado em processos sociais dos mais diversos, "sendo também um dos caminhos fundamentais da formação do aluno e, além disso, por sua condição de favorecer o desenvolvimento de habilidades sociais e éticas". Ainda de acordo com esses autores, "o processo de ação tutorial precisa envolver o aluno em diferentes atividades propostas para a sua formação e qualificação" (p. 52).

Para Kato e Fagian (2007), um diferencial do PET-Brasil é o movimento emancipatório em relação às atividades curriculares tradicionais, pois as atividades extracurriculares desenvolvidas fazem com que os estudantes interajam com os colegas de seu curso, do mesmo período ou de outro, e também com estudantes e tutores de outras áreas de conhecimento.

Destacamos, ainda, que a aprendizagem oferecida pelo PET-Brasil amplia a visão do estudante sobre "o papel e as potencialidades de transformação da sociedade apresentados pela universidade" (Nardo Júnior e Garcia 2007, p. 32). De acordo com os textos legais, a formação do PET-Brasil se contrapõe, portanto, à conteudística tradicional.

Desenvolvimento do PET-Brasil: Ensino, pesquisa e extensão

Como a entendemos, a educação tutorial se configura como uma metodologia de ensino; portanto, engloba em seus princípios, compromissos éticos, culturais, epistemológicos e sociais, considerando que o papel da educação é buscar levar o indivíduo contemporâneo à sua época, à sua realidade.

O *Manual de orientações básicas* (Brasil 2006), reelaborado com base no original de 2002, remete às orientações das atividades a serem desenvolvidas pelos diversos grupos no âmbito nacional. Baseia-se nas determinações legais e nas sugestões da comunidade "petiana". Segundo Gonçalves, Hidalgo e Rosas (2017), as sugestões foram analisadas pela Sesu/MEC com base nas normas do programa, com o cuidado de não haver duplicidade de informações e inconsistências legais. O manual se organiza da seguinte maneira: Introdução; Capítulo I, que apresenta as normas gerais, a filosofia, os objetivos, a estrutura, as atribuições e as disposições transitórias; e Capítulo II, que aborda os procedimentos e requisitos para ingresso, atividades, acompanhamento e avaliação do programa e seus benefícios.

Vale lembrar que a Portaria n. 591, de junho de 2009, revogou as anteriores, apresentando algumas modificações na estrutura organizacional, embora não alterando a concepção original (Gonçalves, Hidalgo e Rosas 2017).

Por ser um programa acadêmico de longo prazo destinado a IES públicas e privadas, o PET-Brasil visava à extensão, possibilitando uma complementação da formação acadêmica e, consequentemente, a melhoria do ensino na graduação. Por meio do ensino tutorial, poderia ser estimulada a criação de um modelo pedagógico para a educação superior.

Na opinião de Alves (2016), a ação tutorial na prática cotidiana desenvolve as atividades de ensino, pesquisa e extensão planejadas por tutores e tutorandos, constituindo-se como um trabalho coletivo. Cabe ao tutor a responsabilidade de planejamento e supervisão nas atividades da tutoria perante as IES e a Sesu/MEC.

A concepção filosófica do PET-Brasil, conforme o *Manual de orientações básicas* (Brasil 2006), promove a fixação de valores que reformam a cidadania de todos os participantes, acordando com os valores presentes no programa, que são a cidadania, a fixação de valores e a conscientização social dos participantes.

Depoimentos de tutores da Universidade Estadual do Ceará, obtidos por Alves (2016), dão uma ideia do PET-Brasil como modelo dialógico e político-pedagógico:

a) "Eu me inspiro no PET-Brasil na minha prática cotidiana, desenvolvendo um modelo dialógico e participativo, na medida em que estou consciente de estar formando professores".

b) "A tutoria no PET-Brasil é uma atividade político-pedagógica que difere de outras docentes. Promove a formação integral de alunos, destacando os aspectos sociais, efetivos, profissionais e acadêmicos, desenvolvendo o potencial cognitivo de análise crítico-social e sua autonomia".

Segundo Veiga (2014, p. 53), a docência na tutoria se caracteriza como "o estudo individual e coletivo dos estudantes, orientados por discursos, debates e estudos de casos e problematizações realizadas em um pequeno grupo de alunos". Veiga considera que a docência na educação superior se mostra como um amálgama subsidiado por políticas públicas expressas nas diretrizes curriculares.

Porém, não podemos perder de vista o fato de que o ser humano é uma síntese de relações sociais. O aluno é um indivíduo que se põe, segundo Saviani (2022, p. 9), "como uma construção social decorrente do processo educativo".

Devemos nos preocupar com a socialização dos saberes construídos coletivamente, baseados na problematização e nos conteúdos experimentados, a fim de vislumbrar uma educação que forme cidadãos críticos, reflexivos e sujeitos de sua história.

Considerações finais

Consideramos, então, que a tutoria se caracteriza como possibilidade de elaborar as experiências de aprendizagem de forma crítica e coletiva, oportunizando uma articulação de professores e alunos na busca de produzir conhecimento, incrementar as capacidades individuais e coletivas, no intuito de compreender e superar dificuldades de ensino e aprendizagem.

Não há dúvidas de que determinadas práticas pedagógicas mais inovadoras enfrentam dificuldades perante a paradigmática dominante. Processos ditos emancipatórios estimulam inserções que englobam compromissos com a ruptura na busca de mudanças.

A prática educativa deve dar valor aos conhecimentos sistematizados, relacionando-os a práxis social, permitindo que o sujeito possa compreender a sociedade em sua totalidade e complexidade, possibilitando a autonomia, visando às transformações sociais, rumo à emancipação.

Devemos ter em mente que esses processos emancipatórios devem englobar saberes que ultrapassam a reprodução. Ou seja, como bem pontua Cunha (2006, p. 16), "as ações humanas sistematizadas em torno de processos instituídos, como é o caso da educação escolarizada, sendo tributárias da concepção de Estado, são portadoras tanto de forças regulatórias como emancipatórias". Para Cunha, o desejável seria o equilíbrio entre elas, de forma que, garantindo a necessária sistematização, não haja o empecilho da regulação para as energias emancipatórias.

Por ser um programa acadêmico destinado a IES, nós o compreendemos como uma política de Estado com função educativa e social, vista por Saviani (1992) como um instrumento importante na formação de profissionais em níveis diversificados.

Conclusivamente, podemos afirmar, portanto, que o PET-Brasil, analisado em seus fundamentos e práticas, é "uma política de Estado para o desenvolvimento profissional na educação superior".

O PET-Brasil, ao desenvolver ações de ensino, pesquisa e extensão de forma articulada conduz a uma educação global. A educação tutorial, focada no desenvolvimento do indivíduo e na sua interação com a comunidade e com a sociedade, busca a formação tanto técnica quanto cidadã. Sempre tendo em mente que essa formação se dá visando não somente à ascensão individual, como também à coletiva, compromissada com a formação emancipatória na busca de uma sociedade mais coerente.

Devemos salientar que o PET-Brasil estabelece uma postura dialógica da perspectiva de Freire (2011, p. 172), quando afirma que "o diálogo é o encontro em que se solidarizam o refletir e o agir de seus sujeitos endereçados ao mundo ao ser transformado e humanizado" e complementa que "não apenas conserva uma identidade, mas a defende".

Por fim, acreditamos que, da dinamicidade da procura de políticas que levem à melhoria da educação superior, novas ideias podem surgir, na esteira da criação de novos argumentos para incrementar o debate em torno do PET-Brasil ou mesmo de outras experiências similares.

Referências bibliográficas

ALVES, F.C. (2016). "Ação tutorial na educação superior em dois programas: PET/Brasil e PTM23/Portugal". Tese de doutorado. Fortaleza: Programa de Pós-graduação em Educação Brasileira, Faculdade de Educação/Universidade Federal do Ceará.

ALVES, F.C.; LEITINHO, M.C. e DIAS, E.M.L. (2017). "Compreensão da tutoria universitária como componente curricular". *In*: VEIGA, I.P.A. (org.). *Docência, currículo e avaliação: Territórios referenciais para a formação docente*. Curitiba: CRV.

BRASIL (1968). Lei n. 5.540/1968, de 28 de novembro de 1968. Fixa normas de organização e funcionamento do ensino superior e sua articulação com a escola média, e dá outras providências. Brasília: Palácio do Planalto. [Disponível na internet: http://www.planalto.gov.br/ccivil_03/leis/l5540.htm, acesso em 3/2/2023.]

________ (1996). Lei n. 9394, de 24 de dezembro de 1996. Estabelece as diretrizes e bases da educação nacional. Brasília: Palácio do Planalto. [Disponível na internet: http://www.planalto.gov.br/ccivil_03/leis/l9394.htm, acesso em 4/2/2023.]

________ (2005a). Lei n. 11.180, de 23 de setembro de 2005. Institui o Projeto Escola de Fábrica, autoriza a concessão de bolsas de permanência a estudantes beneficiários do Programa Universidade para Todos – Prouni, institui o Programa de Educação

Tutorial-PET. Brasília: Palácio do Planalto. [Disponível na internet: http://www.planalto.gov.br/ccivil_03/_ato2004-2006/2005/lei/l11180.htm, acesso em 7/2/2023.]

________ (2005b). Portaria n. 3.385, de 29 de setembro de 2005. Dispõe sobre o Programa de Educação Tutorial-PET. Brasília: Palácio do Planalto. [Disponível na internet: https://www.legisweb.com.br/legislacao/?id=194240, acesso em 9/2/2023.]

________ (2006). *Manual de orientações básicas: Programa de Educação Tutorial*. Brasília: Ministério da Educação/Secretaria de Educação Superior/Departamento de Projetos Especiais de Modernização e Qualificação do Ensino Superior.

________ (2010). Portaria n. 976, de 27 de julho de 2010. Dispõe sobre o Programa de Educação Tutorial-PET. Brasília: Palácio do Planalto. [Disponível na internet: http://portal.mec.gov.br/index.php?option=com_docman&view=download&alias=6647-portaria-mec-976-27-07-2010&category_slug=setembro-2010-pdf&Itemid=30192, acesso em 6/2/2023.]

________ (2013). Portaria n. 343, de 24 de abril de 2013. Altera dispositivos da Portaria MEC n. 976, de 27 de julho de 2010, que dispõe sobre o Programa de Educação Tutorial-PET. Brasília: Palácio do Planalto. [Disponível na internet: http://sigpet.mec.gov.br/docs/Portaria_343_2013.pdf, acesso em 6/2/2023.]

CUNHA, M.I. da (2006). "A universidade: Desafios políticos e epistemológicos". *In*: CUNHA, M.I. da. *Pedagogia universitária: Energias emancipatórias em tempos neoliberais*. Araraquara: Junqueira&Marin.

ESPINAR, S.R. *et al*. (2004). *Manual de tutoria universitária*. Barcelona: Octaedro.

FREIRE, P. (2011). *Pedagogia do oprimido*. 50ª ed. Rio de Janeiro: Paz e Terra.

GONÇALVES, A.C.A.; HIDALGO, M.M. e ROSAS, S.M. (2017). "Um programa direcionado ao aprimoramento da educação". *Anais do VIII Congresso Internacional de História*, pp. 1.433-1.440.

KATO, L.F. e FAGIAN, R.A.F. (2007). "O enfoque problematizado no ensino tutorial: A descoberta pela atividade". *In*: MARTINS, I.L. (org.). *PET – Programa de Educação Tutorial: Estratégia para o desenvolvimento da graduação*. Brasília: Ministério da Educação, pp. 37-42.

KOLTERMANN, P.I. e SILVA, E.L.T. da (2007). "Desafios e perspectivas da educação tutorial". *In*: MARTINS, I.L. (org.). *PET – Programa de Educação Tutorial: Estratégia para o desenvolvimento da graduação*. Brasília: Ministério da Educação, pp. 50-54.

LAFFIN, M. (2007). "Princípios explicativos do Programa de Educação Tutorial". *In*: MARTINS, I.L. (org.). *PET – Programa de Educação Tutorial: Estratégia para o desenvolvimento da graduação*. Brasília: Ministério da Educação, pp. 24-29.

MARTINS, G. de A. e THEÓPHILO, C.R. (2007). *Metodologia da investigação científica para ciências sociais aplicadas*. São Paulo: Atlas.

MARTINS, I.L. (org.) (2007). *PET – Programa de Educação Tutorial: Estratégia para o desenvolvimento da graduação*. Brasília: Ministério da Educação.

NARDO JÚNIOR, N. e GARCIA, M. de F. (2007). "Análise sobre educação tutorial". *In*: MARTINS, I.L. (org.). *PET – Programa de Educação Tutorial: Estratégia para o desenvolvimento da graduação*. Brasília: Ministério da Educação, pp. 32-35.

SAVIANI, D. (1992). *Pedagogia histórico-crítica: Primeiras aproximações*. São Paulo: Cortez.

________ (2022). "Pedagogia histórico-crítica, construção do ser social e educação ambiental". *Santa Maria: Geografia Ensino e Pesquisa*, v. 26, ed. esp. [Disponível na internet: https://doi.org/105902/2236499473548, acesso em 3/2/2023.]

SPAGNOLO, F. e CASTRO, C. de M. (1996). "Programa Especial de Treinamento-PET na Capes". *Ensaio: Avaliação de políticas públicas educacionais*, Rio de Janeiro, n. 10.

TARDIFF, M. (2002). *Saberes docentes e formação profissional*. Petrópolis: Vozes.

VEIGA, I.P.A. (2014). "Docência na educação superior na perspectiva da aprendizagem baseada em problemas". *In*: MELO, G.F. e MALUSÁ, S. (orgs.). *Profissão docente na educação superior: Múltiplos enfoques*. Jundiaí: Paco.

10
A INTERNACIONALIZAÇÃO DA EDUCAÇÃO SUPERIOR NO BRASIL: MARCOS LEGAIS, CONCEPÇÃO, GESTÃO E ALTERNATIVAS[1]

Fernanda Leal

Introdução

A vasta maioria da literatura aborda a internacionalização da educação superior antes como uma resposta das universidades do que dos Estados, dada uma suposta autonomia dessas instituições para forjar suas próprias estratégias de inserção internacional (Bamberger, Morris e Yemini 2019). Na contramão dessa perspectiva, pode-se afirmar que no Brasil esse processo se iniciou de forma induzida, com forte presença estatal, e esteve historicamente subordinado às prioridades e aos interesses desenvolvimentistas do governo (Lima e Contel 2011; Leal 2020).

1. Este capítulo foi desenvolvido com base em trabalhos anteriores, publicados individualmente ou em parceria com outros pesquisadores, na forma de tese, artigos e relatórios. Entre tais trabalhos, destaco: Leal (2020); Leal, Souza e Moraes (2023); Knobel *et al.* (2020); Castiello-Gutiérrez *et al.* (2022).

Trata-se de um contexto em que a implementação de políticas dependentes de relações internacionais se confunde com o próprio desenvolvimento do sistema nacional de educação superior, haja vista a participação de atores externos – sobretudo dos Estados Unidos – em processos históricos determinantes, como a instituição das primeiras universidades públicas, entre 1920 e 1950; a modernização do sistema, entre 1960 e 1970, além da expansão e consolidação da pós-graduação *stricto sensu*, entre 1980 e 1990 (Lima e Contel 2009; Prolo *et al.* 2019). As duas primeiras universidades públicas são a Universidade do Rio de Janeiro (1920), com financiamento federal, futura Universidade Federal do Rio de Janeiro, e a Universidade de Minas Gerais, de 1927, com financiamento estadual, futura Universidade Federal de Minas Gerais.

A despeito desse amplo histórico, foi a partir dos anos 2000 que o significado e as funções designadas à internacionalização adquiriram novas e mais expressivas conotações no país. Como reflexo das reconfigurações na educação superior mundial, esse processo tem se tornado cada vez mais intencional e sistemático (De Wit *et al.* 2015), frequentemente referenciado pelos discursos dominantes como um imperativo (Hudzik 2011 e 2015) para que o país, as instituições universitárias e os acadêmicos se integrem ativamente à chamada "economia global do conhecimento" – contexto em que a geração, o uso e a exploração do conhecimento se apresentam como os recursos determinantes para a criação de riqueza.

Diante desse cenário, o objetivo deste capítulo é caracterizar a internacionalização da educação superior no Brasil de uma perspectiva crítica, baseada em seus desenvolvimentos recentes.

Com vistas a alcançar esse objetivo, busca-se, especificamente:

a) caracterizar o processo de internacionalização da educação superior, considerando seus desenvolvimentos recentes;

b) contextualizar, de uma perspectiva crítica, as abordagens de internacionalização predominantes no país, tendo como referência as principais iniciativas governamentais direcionadas ao fomento desse processo.

Em termos metodológicos, o capítulo tem natureza qualitativa e se desenvolve com base na combinação de recursos bibliográficos e documentais que abrangem tanto a revisão sistemática da literatura científica sobre o tema quanto notícias, declarações e relatórios veiculados por organizações e instituições influentes nesse meio.

Quanto à orientação teórico-epistemológica, cabe ressaltar que a maioria das pesquisas em educação superior internacional e em internacionalização da educação superior "falham ao abordar o poder e a hegemonia incorporados nos sistemas e parcerias de ensino superior existentes" (Mwangi 2017, p. 23; tradução nossa). Nesse aspecto, busca-se contribuir com uma emergente área de estudos críticos em internacionalização da educação superior, que problematiza a natureza predominantemente técnica, apolítica e a-histórica das abordagens convencionais. Assim, enquadra-se a pesquisa desenvolvida em uma matriz epistêmica crítica, de sentido emancipatório (Paes de Paula 2015), que busca identificar e desnaturalizar relações de opressão, de exploração e de marginalização, além de transformar o *status quo*, sem contudo se desvincular da *práxis*, sua promessa original.

Estruturalmente, cada um dos objetivos específicos propostos equivale a uma seção do capítulo. Após esta introdução, apresenta-se a caracterização do processo de internacionalização da educação superior, considerando seus desenvolvimentos recentes. Na sequência, contextualizam-se as abordagens de internacionalização predominantes no país. Especificamente, identificam-se e analisam-se iniciativas governamentais com alto poder de influência nos rumos desse processo, quais sejam:

- Programa Ciência sem Fronteiras (CsF);
- Programa Idiomas sem Fronteiras (IsF);
- Programa Institucional de Internacionalização (Capes-PrInt).

Tais iniciativas são tratadas com base nas dimensões de internacionalização com as quais mais diretamente se relacionam. Juntas, possibilitam vislumbrar como a internacionalização da educação superior tem se caracterizado no país:

- internacionalização via mobilidade acadêmica internacional;
- internacionalização via política linguística;
- internacionalização via instituição universitária.

Finaliza-se o capítulo com considerações e proposições relativas à internacionalização da educação superior no Brasil.

O processo de internacionalização da educação superior

Em nível global, regional, nacional, institucional ou individual, a internacionalização da educação superior é um dos fatores que mais criticamente tem afetado a educação superior no mundo (Knight e De Wit 2018; De Wit 2019). A constituição desse fenômeno como objeto de estudo contemplou, de início, a saga por uma definição genérica para o termo; uma *working definition* que, em teoria, facilitaria seu estudo e compreensão. Sem dúvidas, o conceito mais amplamente adotado pela literatura é o fornecido por Knight (2004, p. 11; tradução nossa), que define internacionalização como "o processo de integração das dimensões internacional, intercultural e global aos propósitos, às funções primárias e à entrega da educação pós-secundária", com vistas ao alcance ou ao aprimoramento de objetivos de diferentes naturezas. Trata-se, nessa ótica, de um meio para a consolidação de um fim, de um processo com valor instrumental (De Wit 1998; Knight 2004 e 2015; Hunter *et al.* 2016).

Um balanço da literatura sobre internacionalização da educação superior, com ênfase nas tendências e nos discursos mais recorrentes, possibilita vislumbrar ao menos dois grandes desenvolvimentos recentes da área (Leal 2020; De Wit *et al.* 2020). O primeiro diz respeito à evolução do conceito e respectivas práticas. Conceitualmente, o fenômeno tem sido cada vez mais definido como "abrangente", ideia inicialmente apresentada pelo American Council on Education e adotada por Hudzik (2011) em publicação da Association of International Educators, para expressar a necessidade de que o processo alcance a instituição universitária em sua totalidade, a fim de delinear sua razão de ser e seus valores, com vistas a alcançar objetivos como a "excelência acadêmica" e a formação de "cidadãos globais" dotados de "competências multiculturais". Em vez de indiscriminadamente associada a uma de suas dimensões – como a mobilidade acadêmica internacional, sua manifestação mais recorrente (Kehm e Teichler 2007) e visível (Lima e Contel 2011) –, a internacionalização, nessa configuração particular, adquire contornos mais estruturais; representa mudanças que buscam permear toda a estrutura universitária.

Expressões desse desenvolvimento são a sua bifurcação em dois pilares distintos: *abroad* e *at home* (Knight e De Wit 2018), bem como a transição de um foco direto nos indivíduos para um foco direto nas universidades e nos institutos de pesquisa (Prolo *et al.* 2019). A filosofia associada a essa prescrição é a crença generalizada na inevitabilidade do processo (Lima e Contel 2011), tendo em vista o contexto de globalização e competitividade (Oregioni 2015), que induz a maior parte das pesquisas sobre internacionalização a se orientar para o alcance de uma internacionalização "bem-sucedida" ou "inteligente" (Godwin e De Wit 2019) e a lamentar o vácuo entre retórica e realidade (Hunter e Sparnon 2018).

O segundo desenvolvimento do campo se refere a um maior reconhecimento, por parte dos pesquisadores sobre o tema, de que, ao lado das oportunidades que a internacionalização oferece, há questões políticas e éticas contraditórias e contestáveis, de que inexiste um modelo de internacionalização que sirva a todos os contextos (De Wit 2019) e de que, a despeito do discurso político dominante, a internacionalização não é um bem incondicional (Morley *et al.* 2018). Todavia, muito frequentemente, tais dilemas são tratados de forma fatual ou naturalizada, sem o aprofundamento da sua relação com o contexto mais amplo em que a educação superior se insere, sobretudo historicamente (Leal 2020). Como Bedenlier, Kondakci e Zawacki-Richter (2018, p. 128; tradução nossa) argumentam em sua revisão de literatura sobre o tema, "a pesquisa e a prática precisam questionar de forma autocrítica os entendimentos e as abordagens da internacionalização no que diz respeito à sua contribuição para a desigualdade e dependência entre os sistemas de ensino superior e a consolidação da dominância ocidental".

Quando tal contextualização ocorre, a tendência é que se faça referência a uma tensa relação entre internacionalização e globalização, com conotação positiva para a primeira e negativa para a segunda (Leal 2020). Por exemplo, argumenta-se que, enquanto a internacionalização busca incorporar à educação superior diferentes perspectivas e modelos por meio do intercâmbio entre nações e culturas, com vistas a descobrir maneiras de explorar as diferenças para o bem maior, a globalização promove um modelo de homogeneização cultural, social, política e tecnológica para viabilizar maior integração e interdependência (Maringe, Foskett e Woodfield 2013). No contexto dessa tensa relação, a internacionalização é também situada como meio para subverter as consequências negativas da globalização, como observam Bamberger, Morris e Yemini (2019, p. 4; tradução nossa): "A internacionalização é amplamente descrita como uma resposta positiva às formas destrutivas do neoliberalismo globalizado".

Constam nas principais críticas à internacionalização que as *rationales* econômicas/mercadológicas têm se sobressaído às demais (acadêmicas, socioculturais etc.) (Yemini e Sagie 2015; De Wit *et al.* 2017; Hunter e Sparnon 2018), que a internacionalização está "perdendo o seu rumo" (Knight 2015, p. 76; tradução nossa), que nesse campo a competição avança em detrimento da cooperação (Kehm e Teichler 2007; Knight 2015; Hunter *et al.* 2016; De Wit 2019), que a internacionalização deveria ser "mais inclusiva" e "menos elitista" (De Wit 2019), que o vínculo entre internacionalização e neoliberalismo tem se estreitado (Bamberger, Morris e Yemini 2019), que a colaboração internacional tem se tornado "complexa" (Reisberg 2019). "Em outras palavras: uma evidente mudança de (somente) cooperação para (mais) competição" (De Wit 2019, p. 12; tradução nossa).

Mesmo pesquisadores com produção predominantemente funcionalista, de origem europeia e norte-americana, começam a advogar pela necessidade de que a internacionalização se guie (também) por valores distanciados da lógica econômica/mercadológica e ofereçam contribuições mais diretas à sociedade. Todavia, o reconhecimento das contradições e dos dilemas associados ao fenômeno não parece desafiar a crença generalizada de que sua intensificação é inevitável ou questionar pressupostos relacionados a questões estruturais de poder, de desigualdade ou de colonialidade (Leal 2020). Igualmente, não associa suficientemente a ênfase depositada na internacionalização ao surgimento de um projeto que contemple um mercado transnacional para a educação superior como um de seus pilares estruturais (Sousa Santos 2011).

Sousa Santos (2011) distingue dois níveis nos quais o projeto de mercantilização da educação superior se exterioriza: o primeiro, voltado a induzir a universidade a gerar sua própria receita, especificamente por meio de parcerias com o capital (sobretudo o industrial), e o segundo, orientado a transformar a universidade em organização/empresa, entidade de produção e controle que, ao mesmo tempo em que produz para o mercado, projeta a si mesma como tal. Trata-se de uma perspectiva de universidade que privilegia a formação técnica, sem compromisso social; uma "fábrica de profissionais" (Tommasino e Stevenazzi 2016, p. 125; tradução nossa), incomensurável com o paradigma institucional e político-pedagógico da universidade pública.

Essa lógica, consolidada em diferentes formas de "capitalismo universitário" (Schultze-Cleven e Olson 2017; Jessop 2017), pauta-se na transformação do *status* do conhecimento e da universidade, que passam a estar mais fortemente inseridos em um contexto de múltiplas formas de competição. Submetidos a um "regime de ranqueamentos" – que determina, por exemplo, o que é "excelência", "conhecimento válido" ou "universidade de classe mundial" (Gonzales e Núnez 2014) –, pesquisadores competem por reputação, enquanto universidades competem por acumulação de capital.

Trata-se de um mecanismo articulado à "economia global do conhecimento": um imaginário social que normaliza a competição nas infraestruturas regionais, nacionais e institucionais, moldando as expectativas dos atores sobre seus futuros e os futuros dos outros (Robertson e Komljenovic 2016). Assim, ao mesmo tempo em que a "economia global do conhecimento" situa o conhecimento como pilar do desenvolvimento da humanidade e exalta o papel da educação superior, faz com que o domínio da produção desse conhecimento seja pensado segundo uma perspectiva econômica, controlado por um mundo de mercados, com vistas à produção de avanço econômico (Kim 2017; Jessop 2017). Com base no pressuposto de que as universidades funcionam melhor quando operam como empreendimentos econômicos, o setor é forçado, por meios objetivos e subjetivos, a se acomodar e responder proativamente aos novos imperativos.

Desenvolvimentos da internacionalização da educação superior no Brasil

No Brasil, as decisões empreendidas pelo governo federal historicamente influenciaram os desenvolvimentos da educação superior e da ciência, tendo em vista a sua centralidade na definição de políticas, financiamento e regulamentação (Knobel e Leal 2019).

Desde a década de 1930, quando as primeiras universidades federais e estaduais foram criadas, prevaleceu entre as autoridades nacionais o entendimento geral de que o desenvolvimento de uma nação soberana depende de investimentos progressivos na educação de recursos humanos e na promoção da ciência. Esforços diretos para consolidar uma política nacional de educação superior e ciência datam do período pós-guerra, quando foram fundadas a Coordenação de Aperfeiçoamento de Pessoal de Nível Superior (Capes) e o Conselho Nacional de Desenvolvimento Científico e Tecnológico (CNPq) (*ibid.*).

É nesse sentido que o governo federal se alinha ao paradigma que concebe a internacionalização como caminho para que os sistemas de educação superior, as instituições universitárias e os indivíduos respondam ativamente à economia global do conhecimento. Portanto, desenvolve políticas orientadas a internacionalizar o seu sistema. A despeito das restrições orçamentárias impostas à educação, à ciência e à tecnologia, o país tem a expectativa de aumentar sua capacidade de inovação e de competitividade por meio de sua integração ao ambiente científico global.

Os direcionamentos recentes da política brasileira de internacionalização sugerem uma mudança no entendimento desse processo como sinônimo de mobilidade internacional, diretamente focado nos indivíduos – como no caso do Programa Ciência sem Fronteiras (CsF), vigente de 2011 a 2015 –, para um fenômeno mais amplo, que afeta a razão de ser e os valores da instituição universitária – como no caso do Programa Institucional de Internacionalização (Capes-PrInt), lançado em 2017.

As iniciativas de internacionalização empreendidas pelo governo federal são aqui tratadas de uma perspectiva problematizada e com base nas dimensões de internacionalização com as quais elas mais diretamente se relacionam. Juntas, possibilitam vislumbrar como a internacionalização da educação superior tem se caracterizado no Brasil: internacionalização via mobilidade acadêmica internacional; internacionalização via política linguística; internacionalização via instituição universitária; e internacionalização via relações Sul-Sul.

A despeito do foco nas iniciativas aqui apresentadas – dada a sua representatividade no que se refere à caracterização dos rumos da internacionalização da educação superior no Brasil –, este capítulo não deixa de considerar a existência de outros importantes programas institucionais, nacionais, regionais e internacionais que dialogam com o propósito mais amplo de internacionalizar a educação superior brasileira. Existem, por exemplo, os programas de internacionalização pertencentes à Asociación de Universidades Grupo Montevideo (AUGM), rede de universidades públicas da América do Sul criada em 1991.

Em 2020, a AUGM já reunia 35 universidades vinculadas a seis países: Argentina, Bolívia, Brasil, Chile, Paraguai e Uruguai. A rede se fortalece por desenvolver atividades científicas, tecnológicas, educacionais e culturais conjuntas (AUGM s.d.). A literatura a reconhece como importante iniciativa de cooperação interuniversitária (Neves e Morosini 1995) e estratégia autônoma de integração, já que foi criada por iniciativa das próprias universidades, no exercício de sua autonomia, em um contexto cuja coerção externa impunha limites às suas liberdades.

Autores como Perrotta (2008), Oregioni (2013) e Corti, Oliva e De La Cruz (2015) situam as relações promovidas pela AUGM como reação às políticas neoliberais impostas à educação superior latino-americana. Perrotta (2008, pp. 72-73; tradução nossa), por exemplo, ao associar a intensificação da cooperação interuniversitária no Mercosul às pressões mercantis dos anos 1990, reconhece a AUGM como "exemplo perfeito de integração universitária regional que busca contribuir não somente para o avanço do conhecimento, mas também para a defesa da educação superior pública". Ela destaca que, diante da mercantilização, a rede "tomou posição sobre o problema, rejeitando a liberalização" e "trabalhou com afinco durante as reuniões preparatórias da Conferência Mundial da Unesco sobre Educação Superior, bem como em nível regional; sempre em favor da ideia de bem público".

A AUGM contempla programas de mobilidade acadêmica internacional para graduandos, pós-graduandos, docentes e técnicos-administrativos. Outras áreas em que atua são os *Núcleos Disciplinários*, os *Comités Académicos* e as *Comisiones Permanentes*, as *Escuelas de Verano-Invierno*, as *Jornadas de Jóvenes Investigadores* e as articulações com a sociedade e os governos locais por meio da *Red de Ciudades y Universidades* e do *Seminario Universidad-Sociedad-Estado*. Abrange, ainda, uma série de convênios com organismos e instituições nacionais e multilaterais, mas é quase exclusivamente financiada com recursos oriundos das universidades-membro (AUGM s.d.).

Internacionalização via mobilidade acadêmica para o núcleo do sistema mundial: O programa Ciência sem Fronteiras

O Ciência sem Fronteiras (CsF),[2] vigente de 2011 a 2015, é constantemente referenciado como a primeira e mais ambiciosa iniciativa governamental explicitamente orientada a internacionalizar a educação superior brasileira, segundo uma concepção contemporânea desse processo.

---

2. Em Prolo *et al.* (2019), realizou-se um balanço da literatura publicada sobre o CsF. Tal levantamento aponta para a existência de lacunas em relação ao conhecimento sobre o programa, sendo uma delas a incipiência de textos cujo conteúdo discuta a contribuição do programa para o fortalecimento do processo de internacionalização das universidades brasileiras. Os temas recorrentemente tratados nas publicações existentes aprofundam aspectos relacionados aos estudantes bolsistas, tais como acesso a mobilidade acadêmica internacional; experiências e efeitos imediatos da mobilidade acadêmica internacional sobre os bolsistas; desafios e conquistas do capital linguístico, entre outros. Em menor escala, relacionam o CsF ao Estado nacional desenvolvimentista, à política externa brasileira e aos reflexos exercidos sobre campos do conhecimento e instituições de educação superior brasileiras.

O programa se destinou principalmente à formação técnico-científica de jovens brasileiros em universidades estrangeiras, por vias da mobilidade acadêmica internacional. Complementarmente, voltou-se à atração de pesquisadores seniores e recém-doutores internacionais interessados em colaborar com a produção e a difusão do conhecimento em universidades brasileiras.

Além da inexistência de precedente em relação ao montante de recursos investidos em curto espaço de tempo – 101.446 bolsas concedidas em cinco anos, com aporte financeiro total próximo a R$ 10,5 bilhões –, o CsF se diferenciou das estratégias governamentais de internacionalização anteriores pelo seu foco em acadêmicos iniciantes (graduação) em detrimento de acadêmicos iniciados (pós-graduação *stricto sensu* e estágio pós-doutoral), já que 78.980 (78%) das bolsas implementadas se direcionaram à modalidade graduação-sanduíche (Prolo *et al.* 2019).

Apesar dessas relativas novidades, a racionalidade do CsF esteve alinhada à da maioria das iniciativas de inserção internacional empreendidas ao longo da história da educação superior no país: criação de condições que favorecessem a instalação de processos de modernização, inovação e competitividade, por vias do intercâmbio e da mobilidade. Além disso, o desenho do CsF seguiu uma perspectiva de internacionalização semelhante à adotada pelos países semiperiféricos, nos quais a dimensão privilegiada do processo é a mobilidade para países centrais e cujos programas tendem a ser descontinuados, comprometendo seu amadurecimento e consolidação (*ibid.*).

A despeito da visibilidade alcançada em virtude do número de bolsistas, do volume de recursos financeiros, da quantidade de universidades e países envolvidos, além da promessa de colaborar para a inserção do Brasil no cenário internacional, o CsF foi alvo de inúmeras críticas, tanto por parte de representantes da academia e da mídia impressa e digital quanto do próprio governo, na gestão posterior à que institucionalizou o programa. Em relatório sobre o estado do conhecimento em internacionalização nas universidades brasileiras, a própria Capes explicitamente classifica o CsF como um programa de "internacionalização passiva" (Capes 2017a, p. 6).

No geral, as críticas direcionadas ao CsF estiveram relacionadas aos seguintes aspectos (Knobel 2012 e 2015; Freire Junior e Spadaro 2017; Prolo *et al.* 2019):

- a elevada quantidade de recursos públicos investidos, a prioridade dada a estudantes de graduação em vez de pesquisadores experientes;
- a exclusão das ciências humanas e sociais;
- a negligência nas relações com a América Latina, a Ibero-América e o Sul Global;
- o papel secundário das universidades brasileiras no desenvolvimento e gestão do programa;
- a reputação acadêmica questionável de algumas instituições de destino;
- o posicionamento do Brasil como cliente de produtos educacionais;[3]
- as dificuldades dos candidatos para alcançar os níveis de proficiência linguística requeridos (incluindo, portanto, uma acentuação de desigualdades socioeconômicas);
- as dificuldades relacionadas ao reconhecimento de créditos das atividades acadêmicas realizadas no exterior;
- a ausência de monitoramento e de avaliação dos resultados alcançados;
- a dificuldade na capitalização dos esforços de internacionalização, por parte das universidades brasileiras.

Mesmo com essas críticas, o CsF cumpriu os propósitos de expor as IES brasileiras ao ambiente internacional ambicionado pelo governo brasileiro e fomentar relações universitárias e acadêmicas de forma

---

3. O discurso da diretora de relações internacionais da Capes, em sua palestra durante a Faubai 2017 Conference: New trends on internationalization of higher education – Social engagement and innovation, em que apresentou a estratégia de inserção internacional que "substituiria" o CsF, esteve amplamente sustentado nesse argumento. "Se as universidades estrangeiras desejam continuar sendo nossas parceiras, financiaremos colaborações internacionais, mas não queremos ser apenas compradores de serviços" (Faubai 2017a; tradução nossa).

significativa, com o estabelecimento de parcerias que favoreceram sobretudo os interesses de alguns países, como Estados Unidos e Reino Unido. Os dados revelam que as universidades situadas nesses países concentraram a maioria dos bolsistas, respectivamente 27.821 e 10.740 estudantes (Prolo *et al.* 2019).

Além disso, o CsF forneceu terreno para iniciativas governamentais de internacionalização posteriores. Nas palavras do coordenador geral de bolsas e projetos da Diretoria de Relações Internacionais da Capes, em apresentação na Universidade Federal de Santa Catarina, em 2015, em função do CsF, foram criadas diferentes ferramentas para que a meta pudesse ser atingida (Sinter/UFSC 2015b).

De fato, foi a partir da implementação do programa que as universidades brasileiras passaram a receber mais representantes de governos, universidades e empresas estrangeiras, formularam estratégias para lidar com questões como validação de créditos e monitoramento de estudantes no exterior, institucionalizaram ou expandiram departamentos para gerenciar o processo e explicitaram o processo de internacionalização em seus planejamentos estratégicos.

Segundo os discursos dominantes, o CsF fez com que as instituições brasileiras passassem a integrar o "mapa da educação" (coordenador geral de bolsas e projetos da Diretoria de Relações Internacionais da Capes *in* Sinter/UFSC 2015b) ou o "mapa da internacionalização do ensino superior" (representante da Associação Brasileira de Educação Internacional-Faubai *in* Sinter/UFSC 2015b).

Muito embora o impacto do CsF nas IES brasileiras seja em grande medida subjetivo, os padrões observados possibilitam enquadrá-lo como um dos fatores que contribuíram para que a noção hegemônica do processo de internacionalização se expandisse, sobretudo no que diz respeito à associação automática entre internacionalização e relações com os países centrais, à naturalização de que determinados campos do conhecimento sejam priorizados em detrimento de outros e à diferenciação entre universidades de pesquisa e as demais instituições universitárias que compõem o sistema de educação superior brasileiro (Leal 2020).

Internacionalização via inglês global: O programa Idiomas sem Fronteiras[4]

Um desdobramento imediato do CsF foi a criação de uma política linguística para a educação superior brasileira, concebida em 2012 como "Inglês sem Fronteiras" e reestruturada para "Idiomas sem Fronteiras" (IsF), ainda vigente. A motivação imediata para a criação do programa foi a prestação de auxílio aos estudantes que, na época do CsF, enfrentavam dificuldades para atingir os níveis de proficiência requeridos pelas universidades de destino:

> Houve essa dificuldade inicial (...), nos primeiros editais a gente começou a perceber que um fator que estava excluindo bons candidatos era a língua. Então, algo precisava ser feito. (...) Diferentes iniciativas foram tomadas. Primeiro, foi criado o *MyEnglishOnline*, que é um curso *online* gratuito para os estudantes brasileiros. (...) Outro fator que foi identificado: o TOEFL, por exemplo, é um teste muito caro, e alguns alunos não estavam conseguindo participar do programa, porque gastar 200 dólares numa prova (...) é um investimento significativo. Então, o MEC adquiriu testes TOEFL também para a distribuição e realização dos estudantes. Em função dessas diferentes medidas, pensou-se no Inglês sem Fronteiras (...) e agora já avançamos para o Idiomas sem fronteiras. (Coordenador geral de bolsas e projetos da Diretoria de Relações Internacionais da Capes, na abertura do seminário "Ciência sem Fronteiras Graduação"; Sinter/UFSC 2015a)

Explicitamente subordinado ao propósito de internacionalizar a educação superior[5] – "promover ações em prol de uma política linguística

4. A análise aqui apresentada se refere ao programa em sua versão pertencente ao MEC. Em novembro de 2019, criou-se a rede Andifes – IsF e o programa passou a ser dirigido pela Andifes.

5. Consta em seu histórico: "O Programa tornou-se uma importante iniciativa para *auxiliar no processo de internacionalização* e para contribuir para o desenvolvimento de uma política linguística nas universidades brasileiras, além de promover residência docente para os futuros profissionais do ensino de línguas estrangeiras" (IsF 2018; grifo nosso). Consta, também, na lista de "parceiros do

para a internacionalização do ensino superior brasileiro, valorizando a formação especializada de professores de línguas estrangeiras" (IsF 2018) –, o IsF atua em três linhas:

- formação de professores;
- capacitação em língua estrangeira;
- capacitação de estrangeiros.

Para tanto, concentra-se na aplicação de testes de nivelamento e de proficiência, bem como na oferta de cursos a distância e/ou presenciais dos idiomas alemão, espanhol, francês, inglês, italiano, japonês, além de português para estrangeiros. Tais ações se concretizam por parcerias, organizadas em três grupos: a) IES brasileiras credenciadas, b) países estrangeiros[6] e c) empresas e organizações,[7] sendo que os países e empresas/organizações priorizados se situam exclusivamente nos Estados Unidos e na Europa.

---

programa": "Instituições de Ensino Superior (IES) credenciadas: estão *estruturadas para atender a demanda de internacionalização* por meio do ensino de idiomas estrangeiros e formação de professores de línguas no Brasil" (*ibid.*; grifo nosso). Em palestra na UFSC, a representante do IsF no MEC afirma: "*A língua estrangeira deve vir junto com a internacionalização*, sendo uma ferramenta fundamental" (Sinter/UFSC 2015b; grifo nosso).

6. "Países parceiros do IsF ofertam, entre outras ações, cursos *on-line* e tutoria com profissionais de língua estrangeira, atuantes em parceira com nossos profissionais. Além disso, trazem professores visitantes ao Brasil, estreitando as relações entre ensino e pesquisa e nossos NucLis e universidades" (IsF 2018). O sítio oficial do programa faz referência às parcerias com as embaixadas britânica, americana, francesa e italiana, além de mencionar a existência de memorandos de entendimento com China, Canadá, Japão e Bélgica.

7. "Empresas e organizações parceiras especializadas garantem a alta qualidade e autenticidade dos testes de proficiência e de cursos *on-line*, além de investirem em laboratórios de línguas em instituições selecionadas" (IsF 2018). O sítio oficial do programa menciona as seguintes empresas/organizações parceiras: a) Daad (alemão); b) Languages Canada, AUF e Wallonie Bruxelles (francês); c) MasterTest, Cengage Learning, Grupo + Unidos, Fulbright Brasil/Capes e Languages Canada (inglês); e d) Fundação Japão (japonês).

Apesar da quantidade de idiomas abrangidos, o inglês assume visível prioridade: corresponde ao único idioma contemplado por todas as 95 instituições credenciadas – em sua vasta maioria públicas e pertencentes ao sistema federal de educação superior – e é foco da maior quantidade de ações concretizadas.

Até novembro de 2018, o programa havia ofertado 1.347.354 vagas para a realização do Toefl e 364.517 vagas para a realização de cursos (IsF 2018). Além disso, o inglês contemplou 1.140 professores e 337.317 vagas ofertadas no período de 2014 a 2018, ao passo que os demais idiomas alcançaram os seguintes números: espanhol (2016 a 2018), 88 professores e 6.240 vagas ofertadas; francês (2016 a 2018), 72 professores e 5.400 vagas ofertadas; italiano (2016 a 2018), 24 professores e 2.810 vagas ofertadas; japonês (2016 a 2018), 32 professores e 2.110 vagas ofertadas; alemão (2016 a 2018), 40 professores e 2.388 vagas ofertadas; português (2017 a 2018), 100 professores e 8.254 vagas ofertadas (IsF 2018).[8]

Como observa Passoni (2019, p. 26; tradução nossa):

> Atualmente, das 70 universidades onde o IsF está sediado, apenas algumas oferecem cursos ou testes em outros idiomas, mais especificamente: francês em dezessete instituições, espanhol em vinte instituições, italiano em sete instituições, alemão em vinte instituições, japonês em cinco instituições; e não há informações oficiais sobre português para falantes de outras línguas.

A autora, que em sua tese de doutorado analisa textos da esfera jurídica, educacional e jornalística sobre a promulgação do IsF-Inglês, apoiada pela abordagem do ciclo de políticas e da análise crítica do discurso, conclui que as narrativas em torno do programa alimentam a tendência de posicionar o inglês como hegemônico no contexto da internacionalização da educação superior (Passoni 2019).

Embora limitado à questão linguística, o IsF é mais amplo que o CsF, pois não se restringe à população estudantil, tem potencial para atingir o conjunto formado pela comunidade universitária

8. Dados referentes a novembro de 2018.

das instituições cadastradas: estudantes, professores e técnico-administrativos. É nesse sentido que, em certa medida, o programa reflete a transição no entendimento dominante que o governo federal tem de internacionalização da educação superior: de sinônimo de mobilidade acadêmica internacional para um fenômeno mais amplo, capaz de afetar a razão de ser e os valores da universidade.

Internacionalização via criação de universidade de classe mundial: O Programa Institucional de Internacionalização

As críticas ao CsF, em parte refletidas em um relatório a respeito do estado do conhecimento sobre a internacionalização das universidades brasileiras, forneceram a base para justificar a implementação do Programa Institucional de Internacionalização (PrInt-Capes) em 2018:

> Esses resultados são o retrato da situação da internacionalização das instituições brasileiras após o programa CsF ou, ainda, como elas se declaram sobre o assunto. Além disso, mostram as metas e prioridades das IES e permitirão à Capes avaliar se essas estão alinhadas com os objetivos e o planejamento do novo programa de internacionalização a ser desenvolvido. (Capes 2017a, p. 14)

Organizado com base nos dois eixos de um questionário aplicado a 430 IES brasileiras que dispunham de programas de pós-graduação avaliados com nota de 3 a 7 (das quais 312 constituíram o *corpus* de análise) – 1. "Situação atual de internacionalização da Instituição" e 2. "Projeto de internacionalização" –, o relatório classifica a internacionalização nas IES brasileiras como "não (...) mais incipiente", porém, carente de "ajustes (...) para torná-lo mais eficiente" (Capes 2017a, p. 4).

Os discursos presentes em tal documento são sugestivos em relação à perspectiva de internacionalização que predominava na Diretoria de Relações Internacionais da Capes e que fundamentou o desenho da nova estratégia. Relativamente à definição e à qualificação dos conceitos atrelados ao fenômeno, vejamos as concepções difundidas pela Capes no relatório referente ao estado do conhecimento sobre internacionalização das universidades brasileiras (Leal 2020):

1) O uso, embora simplificado[9] e não referenciado, da definição genérica de "internacionalização" proposta por Knight (2004) – "integração da dimensão internacional ao ensino, pesquisa e extensão, funções das instituições de ensino superior" (Capes 2017a, p. 6) –, caracterizando a preferência da agência por uma abordagem técnica e neutralizada de internacionalização, acompanhada de uma qualificação exclusivamente positiva a seu respeito: "A internacionalização das IES tem o potencial de transformar as vidas de estudantes e tem um papel cada vez maior para ciência através da intensa troca de conhecimento acadêmico, permitindo assim a construção de capacidades sociais e econômicas" (*ibid.*, p. 4).

2) O reducionismo[10] na aplicação dos conceitos de "internacionalização ativa" e "internacionalização passiva", cunhados por Lima e Maranhão (2009) e trabalhados por Lima e Contel (2011) para fazer referência às diferentes formas como o processo de internacionalização tem se manifestado nos países do centro do sistema-mundo e da periferia e semiperiferia. Enquanto, para esses autores (teoricamente inspirados em Milton Santos, Boaventura de Sousa Santos e Immanuel Wallerstein), tais conceitos se relacionam à existência de atores hegemônicos e hegemonizados no contexto da educação superior internacional, cujos posicionamentos resultam de longos processos históricos e incluem uma dimensão subjetiva – "a maior parte (...) segue a reboque esse comando ativo dos países centrais, fornecendo cérebros, recursos financeiros e comprando produtos educacionais ali produzidos" (Lima

9. Sem menção às dimensões "intercultural" e "global" que compõem o conceito original.

10. Já que "tende a explicar a realidade social através de uma de suas partes somente" (Ramos 1967, p. 8).

e Contel 2011, p. 16) –, a Capes atribui uma conotação exclusivamente objetiva e limitada à mobilidade internacional acadêmica: "Conceitualmente, podemos dividi-la em dois tipos: a passiva, onde ocorre a mobilidade de docentes e discentes para o exterior; e a ativa, onde o fluxo é inverso" (Capes 2017a, p. 6).

3) A reprodução combinada das ideias de "internacionalização abrangente" (Hudzik 2011 e 2015) e de "universidade de classe mundial" (Altbach e Balán 2007), segundo as quais o foco de intervenção deve se direcionar antes à instituição universitária (incluindo razão de ser e valores) do que aos indivíduos, daí a "necessidade de um plano estratégico" de internacionalização (Capes 2017a, p. 45) que contemple aspectos como "infraestrutura para internacionalização, utilização de idiomas estrangeiros, escritório de relações internacionais, projetos para receber estudantes/pesquisadores estrangeiros, treinamento da sua equipe técnica, apropriação do conhecimento adquirido pelo bolsista após o retorno ao país, entre outras ações" (*ibid.*, p. 7). Apesar da retórica da abrangência, o mesmo documento a Capes revela que seu interesse se concentra nos "cursos de pós-graduação *stricto sensu* considerando que eles são o elemento primordial da missão institucional da Capes" (*ibid.*, p. 8). Assim, estabelece como parâmetro essencial de análise o número de bolsas de mobilidade internacional utilizadas por vias do programa de doutorado sanduíche no exterior.

4) A adoção, na realização da pesquisa, de indicadores de internacionalização limitados a: a) número de professores/pesquisadores estrangeiros na instituição; b) número de projetos internacionais de pesquisa; c) publicações internacionais (número de artigos publicados em revistas com JCR e de artigos publicados com coautoria estrangeira); d) percentual de disciplinas ministradas em outro idioma e número de estudantes inscritos em tais disciplinas; e) número de estudantes estrangeiros na instituição (regularmente matriculados, de

graduação e de pós-graduação); f) número de estudantes que obtiveram dupla titulação/cotutela com instituição estrangeira; g) número de estudantes em doutorado-sanduíche e percentual de estudantes de pós-graduação e de técnicos com fluência em outros idiomas; h) existência de estrutura institucional para a internacionalização (escritório de relações internacionais, plano institucional de internacionalização etc.).

5) O enquadramento da internacionalização como um "recurso para tornar a educação superior responsiva aos requisitos e desafios de uma sociedade globalizada" (*ibid.*, p. 6), daí a ênfase na "apropriação dos conhecimentos adquiridos no exterior" e no "impacto no setor produtivo desde o fomento ao desenvolvimento tecnológico e da inovação" (*ibid.*, p. 7). Tal enquadramento se materializa no relatório pela segmentação das IES contempladas pelo recorte da pesquisa em dois grupos que, em essência, caracterizam aquelas com maior e menor potencial de inserir o país em um contexto de competitividade do capitalismo global, a fim de responder a tais requisitos e desafios.[11]

6) Certa prescrição quanto aos parceiros internacionais e aos modelos de estratégia de inserção internacional que interessam à Capes. Embora o relatório discorra sobre a "liberdade" que as IES terão diante do novo programa, a Capes é precisa ao indicar os países que "têm se mostrado, ao longo dos anos, melhores parceiros institucionais (...) Estados Unidos, seguidos por França, Alemanha, Reino Unido e Canadá" (*ibid.*, pp. 19-20) e é crítica em relação a determinadas escolhas feitas

11. "(...) existem, pelo menos, dois grupos distintos de IES no Brasil em termos de internacionalização. *Um dos grupos (agrupamento 2), nos últimos anos, vem se aproveitando melhor das oportunidades de fomento oferecidas*, o que se reflete em um maior número de bolsas implementadas, maior número de acordos de cooperação internacional, e maior número de projetos. Porém, esse grupo também possui o maior número de cursos de pós-graduação (PPG), ou seja, permite uma ação ampla da instituição" (Capes 2017a, p. 43; grifo nosso).

> pelas IES respondentes, sugerindo, também, quais seriam os modelos ideais a seguir: "Ao confrontarmos o fator de impacto das publicações em parceria, vemos que Portugal fica aquém do desejado" (*ibid.*, p. 45). A "China, que é alvo prioritário de outros países em termos de mobilidade, como é o caso do Canadá, para o Brasil, não aparece entre os dez primeiros países citados como prioritários para acordos que fomentem a internacionalização" (*ibid.*).

Tais delineamentos, também recorrentes nas narrativas de representantes da Capes desde antes do lançamento da nova estratégia propriamente dita, refletem a mudança de idealização do CsF para o Capes-PrInt:

> Agora, nós investiremos nas instituições em vez de investirmos nos indivíduos. As universidades serão o foco. (Diretora de Relações Internacionais *in The Pie News* 2017; tradução nossa)
>
> Quando se trata de internacionalização, não é suficiente pensar apenas em mobilidade, mas em estratégias que envolvem também a participação e organização das universidades. (Diretora de Relações Internacionais *in* Capes 2017b)
>
> Para além da mobilidade de professores e alunos, o PrInt busca promover a internacionalização estratégica das instituições. (Capes 2019a)
>
> (...) esse não é um projeto de reitoria, mas, sim, da universidade como um todo. (Diretora de Relações Internacionais *in* UFRGS 2019)
>
> A estratégia atual é a internacionalização abrangente, que vá além da mobilidade e envolva toda a instituição e não pesquisas isoladas. (Membro da Diretoria de Relações Internacionais *in* Capes 2019b)

Na palestra "Rethinking internationalization of Brazilian higher education institutions",[12] na abertura da Faubai 2017 Conference,[13] em

---

12. "Repensando a internacionalização das instituições de educação superior brasileiras" (tradução nossa).

13. "(...) Diretora de Relações Internacionais da Capes (Brasil), apresentou as linhas gerais do novo programa de internacionalização das IES brasileiras, que será

que 560 participantes de 28 países estiveram presentes, a diretora de relações internacionais da agência caracteriza o CsF como um programa que fez do Brasil um comprador de serviços internacionais. Sua avaliação de que o aumento quantitativo de publicações científicas do país nos últimos anos não acompanhou um aumento do seu "impacto" (conforme dados da Elsevier apresentados na ocasião) reflete a concepção de que internacionalização se faz por vias da publicação científica com indexação elevada. O caminho vislumbrado é, portanto, fornecer a estrutura adequada por vias da "internacionalização em casa" (Pimentel 2017, p. 48) para realizar uma "transformação profunda na estrutura e no funcionamento" (*The Pie News* 2017; tradução nossa) das IES que já apresentam maior potencial de alcançar tal feito.

Em alinhamento com tais projeções, a Capes consolidou a estratégia por vias da Portaria n. 220, de 4 de novembro de 2017, seguida da publicação do Edital 41/2017. Segundo os discursos que vinha projetando desde o encerramento do CsF, a Capes definiu como objetivos imediatos do programa a consolidação dos planos estratégicos de internacionalização no nível institucional, a criação de redes internacionais de pesquisa para o aprimoramento da produção acadêmica, a expansão de ações para dar suporte à internacionalização dos programas de pós-graduação (incluindo a mobilidade de docentes, doutorandos e pós-doutorandos), a recepção de acadêmicos internacionais e a promoção de um ambiente internacional nas instituições participantes (Capes 2017a).

Diferenças aparentemente significativas do Capes-PrInt em relação ao CsF são, portanto, a mudança de foco direto nos indivíduos para as instituições, a centralidade conferida à pesquisa, bem como a inclusão de dimensões complementares da internacionalização para além da mobilidade, que dialoga com a tendência global contemporânea de internacionalização em casa. Em tese, o Capes-PrInt também implica atuação mais ativa e autônoma das instituições participantes, uma vez

---

lançado no segundo semestre de 2017, voltado mais à pós-graduação e com maior envolvimento, proatividade e planejamento estratégico das instituições para acesso ao financiamento" (Faubai 2017a; tradução nossa).

que cabe a elas a elaboração dos projetos, a definição dos parceiros internacionais e a escolha dos campos do conhecimento a serem priorizados (Leal 2019).

> Para esse novo programa, a proposta é que as IES definam seus parceiros nacionais e internacionais e apresentem suas propostas de internacionalização. (Capes 2017a, p. 7)
>
> O novo programa a ser desenvolvido e implementado pela Capes aumentará a autonomia das IES, incluindo a prerrogativa de definir o plano estratégico de internacionalização. (*Ibid.*, p. 46)
>
> A gestora reforçou que o Capes-PrInt transfere mais responsabilidade e autonomia para as universidades e espera que o programa colabore no aumento da visibilidade e do impacto das pesquisas desenvolvidas nas instituições brasileiras. (Unesp 2019)

Todavia, a nova estratégia se ampara em uma base competitiva mais explícita: coloca as instituições e os programas de pós-graduação brasileiros para disputar pelos limitados recursos disponíveis, do mesmo modo que estabelece critérios que excluem a maior parte das instituições universitárias do país. Em conformidade com o agrupamento das IES apresentado no relatório a respeito do estado do conhecimento sobre a internacionalização nas universidades brasileiras (Capes 2017a), a agência define que apenas IES com "ao menos quatro Programas de Pós-Graduação (PPG) recomendados pela Capes na avaliação trienal de 2013 e na quadrienal de 2017, entre os quais deverá haver, pelo menos, dois com cursos de doutorado" (2017c, p. 1) podem se inscrever no programa.

> Poucas IES têm planos de internacionalização e algumas ainda não têm condições sequer de implementar um. O primeiro passo é implementar estratégias em universidades que já têm os pré-requisitos. Após essa primeira etapa, a intenção é ajudar as demais instituições a construir seus planos. (Diretora de Relações Internacionais *in* Capes 2017b)
>
> Para as instituições que não foram selecionadas pelo PrInt, a CAPES estrutura um novo programa que pretende auxiliá-las na modelagem de seus planejamentos institucionais de internacionalização. A

> iniciativa visa à preparação para o próximo edital do Capes-PrInt, que deverá ser lançado em 2019, com implementação no final de 2020. (Capes 2018e)

Embora isso não esteja explicitamente anunciado, os discursos em torno do Capes-PrInt refletem o interesse do governo federal de inserir o país ativamente na economia global do conhecimento. Para tanto, a Capes busca investir na mudança comportamental de um número restrito de instituições – as que "vêm (...) aproveitando melhor das oportunidades de fomento oferecidas (...) [e que portanto] permite[m] uma ação ampla" (Capes 2017a, p. 44) – para transformá-las em universidades de classe mundial: instituições de pesquisa que se apresentam como mais produtivas do ponto de vista da capitalização de recursos e que ocupam posições significativas nos *rankings* universitários.

> Para internacionalizar de fato, é preciso ter um *approach* institucional, que passa por uma mudança de cultura dentro da universidade. (Membro da Diretoria de Relações Internacionais da Capes *in* British Council 2018, p. 15)
>
> As propostas, que foram aprovadas por meio do Edital n. 41/2017, terão ações focadas em inovação, produtividade e visibilidade da produção científica brasileira por meio de financiamento. (Capes 2018a)
>
> (...) os objetivos e as estratégias para que a pós-graduação brasileira ganhe visibilidade na pesquisa científica mundial. (Capes 2018f)

O programa dialoga com demais iniciativas de excelência que têm sido implementadas em diferentes países desenvolvidos e emergentes, e suas características nos possibilitam enquadrá-lo como tal;[14] Dada a articulação entre o contexto mais amplo de perda de prioridade da universidade nas políticas públicas de Estado (Sousa Santos 2011)

---

14. Em texto assinado pelo presidente da Faubai em 2017, consta que o programa que substituiria o CsF chegou a ser provisoriamente denominado "Iniciativa de Excelência em Universidades Brasileiras" (Freire Junior e Spadaro 2017; tradução nossa).

e a concepção dominante de que "universidades de pesquisa são inevitavelmente mais caras para operar e requerem mais fundos do que outras instituições acadêmicas" (Altbach e Balán 2007, p. 5; tradução nossa), um sistema de educação superior diferenciado é compreendido tanto como um pré-requisito para dispor de universidades de classe mundial quanto uma "necessidade para países em desenvolvimento" (*ibid.*; tradução nossa).

Como Schendel e McCowan (2016) argumentam, a estratégia de concentrar fundos em algumas *flagship institutions*, diante das restrições de financiamento público, tem sido ativamente apoiada por agências internacionais, a exemplo do Banco Mundial, por meio do programa Centros de Excelência Acadêmica (*Centers of Academic Excellence*), e alimentada por um desejo global de investir na criação de universidades de classe mundial.

É nesse sentido que o resultado do primeiro processo seletivo do Capes-PrInt não surpreende: de 109 instituições que competiram, somente 36 foram selecionadas, sendo a vasta maioria pública, com sólida tradição de pesquisa e certo nível de reputação internacional. Instituições universitárias com vocações internacionais, porém consideradas sem potencial para cumprir o papel instrumental projetado pelo governo, a exemplo da Universidade Federal da Integração Latino-americana (Unila), da Universidade da Integração Internacional da Lusofonia Afro-Brasileira (Unilab) e da Universidade Federal da Fronteira Sul, passaram longe da lista.

Embora se trate de programas com objetivos imediatos distintos, o CsF e o IsF (como seu desdobramento) forneceram recursos para que a idealização em torno do Capes-PrInt se consolidasse no contexto da educação superior brasileira. O imaginário dominante, no caso da nova estratégia, é de que as instituições contempladas contribuirão para a elevação da capacidade de inovação e de competitividade do país, o que justifica a necessidade de fornecer as condições que as incentivem a caminhar nessa direção. Não se restringir à condição de comprador de serviços educacionais, portanto, não significa uma mudança na racionalidade econômica historicamente predominante nas políticas de inserção internacional para a educação superior brasileira, expressa tão-somente a vontade do governo de se inserir mais ativamente nesse contexto diante dos novos imperativos.

Já em seu VI Plano Nacional de Pós-Graduação (PNPG), referente ao período de 2011 a 2020, a Capes dedicou um capítulo exclusivo à "internacionalização", no qual apresenta uma clara proposta de participação do país nos grandes blocos capitalistas, por via da implementação de parcerias entre universidade, Estado e empresas (Paiva e Brito 2019). Como Paiva e Brito (p. 496) observam, "o VI PNPG (...) assume o interesse neoliberal de inclusão do Brasil no capitalismo transnacional, globalizado". Portanto, compreende a internacionalização como "ferramenta para que o país se coloque em posição de destaque no mercado econômico mundial, produzindo tecnologia".

Imerso nessa percepção específica, porém permeado por um atraente discurso de autonomia, o Capes-PrInt suscita entre as IES contempladas (e as organizações que as representam) o otimismo de que "aprimorará as parcerias simétricas com instituições estrangeiras" (presidente da Faubai *in The Pie News* 2017; tradução nossa) e de que o programa "é bem-sucedido ao colocar o desafio da internacionalização das instituições com um enraizamento institucional" (vice-presidente da Andifes *in* Capes 2018b).

Todavia, em seu escopo, a internacionalização permanece majoritariamente atrelada aos interesses do Estado, em conformidade com o padrão histórico que concebe educação superior como um instrumento para alcançar objetivos desenvolvimentistas. Seu desenho sugere a continuidade de um projeto hegemônico para a universidade pública brasileira, com foco em uma de suas competências básicas, a atividade de pesquisa e inovação (Corrêa, Chaves e Sousa 2018). No caso do CsF, a gestão do programa era majoritariamente exercida pelo próprio governo federal, ao passo que a nova estratégia demanda reestruturações mais aprofundadas no contexto das IES.

> (...) as obriga a serem proativas na solicitação de financiamento. Também exige que elas articulem um meio de apropriação

> institucional do conhecimento adquirido por pesquisadores no exterior. (Presidente da Faubai *in* Freire Junior e Spadaro 2017; tradução nossa)
>
> Ele [o Capes-PrInt] nos obrigou a organizar a nossa política de internacionalização. (Coordenadora geral de pós-graduação da Fiocruz *in* Capes 2018e)
>
> O programa impulsionará mudanças na instituição. É uma política que vai ficar, porque vai redesenhar o ensino universitário no país, adequando-o às universidades do mundo inteiro. (Pró-reitora de pós-graduação da UFSC *in* Capes 2018e)
>
> Ao estimular o debate sobre a organização estratégica, temos o começo de uma reflexão ainda mais ampla sobre o modelo da pós-graduação e onde queremos levar nosso sistema. O Capes/PrInt é também um estímulo à discussão, à organização e ao desenvolvimento da pós-graduação brasileira. (Presidente da Capes *in* Capes 2018b)

Embora esteja relativamente em seu início, o programa tem demandado uma série de ações e articulações das instituições participantes, incluindo adaptações estruturais, como a criação de novos setores e a designação de servidores para administrá-los. Por exemplo, um ano após a implementação do Capes-PrInt na Unesp, a pró-reitora de pesquisa dessa instituição sinalizou as adaptações estruturais de que a instituição necessitou para fins de gestão do Programa: "Atuar como uma agência de fomento dentro da universidade demandou adaptar em poucos meses a estrutura da pró-reitoria para atividades que envolvem, por exemplo, a organização de editais, seleção de pareceristas ou fluxo financeiro" (Unesp 2019).

O monitoramento de resultados (atrelado ao controle do fluxo de ideias e imperativos) também se expande, o que nos possibilita confrontar a retórica da autonomia que o Capes-PrInt pressupõe e enquadrá-lo como elemento contributivo ao avanço da lógica do capitalismo universitário/acadêmico global. No atual estágio em que se encontra, tal lógica implica maior intervenção estrutural no âmbito da instituição universitária:

> Vocês têm os recursos e a liberdade (de gestão), agora precisam dar respostas, com impacto dos resultados. (Diretora de Relações Internacionais da Capes *in* Agecom/UFSC 2019)

> Na etapa seguinte, cada instituição precisa deslanchar o processo. Esse momento de início do processo de implementação da estratégia institucional precisa ser acompanhado de mecanismos de monitoramento do que está sendo feito e dos resultados que vão começar a ser obtidos a partir desse processo. (Presidente da Capes *in* Capes 2018c)

Além do estabelecimento de requisitos para que as IES pudessem participar do edital (a exemplo da criação do Plano Institucional de Internacionalização) e da definição de uma série de instrumentos para fins de acompanhamento e avaliação, o que tem incluído visitas regulares de representantes da Capes às instituições selecionadas e encontros/*workshops* promovidos pela Capes (e seus parceiros) para tratar de temas relacionados ao programa, existe relativa prescrição em relação aos parceiros desejáveis, sinalizando com clareza que as universidades envolvidas estão subordinadas a uma autonomia condicionada

Esse viés se materializa tanto no relatório sobre o estado do conhecimento de internacionalização nas universidades brasileiras (Capes 2017a) quanto no Anexo I do Edital 41/2017, que apresenta a "Relação dos países com os quais a cooperação científica e acadêmica com o Brasil vem se mostrado mais efetiva" e para os quais pelo menos 70% dos recursos devem ser alocados.

Dos 26 países listados, 23 são europeus ou pertencentes aos Brics, sendo que, da América Latina, constam apenas a Argentina e o México; da África, consta somente a África do Sul (Capes 2017c; Paiva e Brito 2019). O controle subjetivo, todavia, é mais amplo; inscreve-se em uma estrutura complexa, composta de domínios, níveis e fluxos (Quijano 2010; Restrepo e Rojas 2010; Mignolo 2018) que determina quais países e instituições universitárias são dignos de associação: "Estamos buscando parcerias estratégicas com as melhores universidades do mundo" (presidente da Capes *in* Capes 2019d).

O rompimento com o paradigma de comprador de produtos educacionais é igualmente questionável. Para que fossem implementados e executados, não somente o CsF como também o IsF e o Capes-PrInt dependeram do estabelecimento de consultorias externas e de parcerias com empresas e governos estrangeiros, sobretudo dos Estados Unidos e do Reino Unido. As vozes desses dois mesmos governos e de suas respectivas instituições são particularmente perceptíveis no decorrer da nova estratégia, segundo uma perspectiva em que se configuram como portadores do conhecimento e do *savoir-faire*, ao passo que as instituições brasileiras se configuram como receptoras. Em vez de uma mudança de paradigma, portanto, evidenciamos continuidade, amparada em novos discursos que sinalizam a expansão da lógica econômica capitalista para novos domínios (Fairclough 2006).

Diante das limitações orçamentárias, o programa atinge reduzido número de projetos associados a poucas universidades, predominantemente públicas, fortemente orientadas para pesquisa. O foco ocorre naquilo em que o sistema de educação superior e as instituições selecionadas têm de "melhor", ou seja, naquilo que é mais comercializável do ponto de vista da capitalização de recursos no contexto da "economia global do conhecimento". Trata-se, em última instância, de um programa sustentado na lógica da diferenciação, que depende de um imaginário global hierárquico para existir. É epistemologicamente subordinado à racionalidade dominante por se mover por seus modelos e respectivas retóricas.

Finalmente, é oportuno observar que o desenho e as características do Capes-PrInt (assim como do CsF e do IsF) refletem as perspectivas dos poucos indivíduos envolvidos na sua idealização e implementação, o que sinaliza o seu vínculo antes a uma política de governo do que a um projeto de país. A atual instabilidade política e econômica, que no âmbito da educação superior tem impactado de forma significativa o MEC, a Capes e as IES públicas (Knobel e Leal 2019) – principais participantes do Capes-PrInt e também principais alvos dos ataques do governo federal –, faz com que o futuro do Capes-PrInt seja incerto.

Internacionalização via relações Sul-Sul

Discursos sobre a cooperação Sul-Sul (CSS) ganham notoriedade diante do reconhecimento de que vínculos entre parceiros desigualmente posicionados tendem a exacerbar assimetrias por meio de processos que fortalecem os mais fortes e enfraquecem os mais fracos. Princípios como o respeito a soberania, autonomia, equidade, horizontalidade, complementaridade, partilha de conhecimentos, diálogo, além da valorização de experiências, identidades e realidades locais, são frequentemente associados à CSS, à qual se tende a referir como alternativa aos relacionamentos baseados em assistencialismo (Leal *et al.* 2021).

A política externa brasileira (PEB) foi historicamente construída com base em um empreendimento dominante – o desenvolvimento econômico nacional –, por meio da preservação e da expansão da autonomia do país, embora em certos momentos tal empreendimento tenha se traduzido em alinhamento, automático ou pragmático, com determinada potência. Os laços com o Sul foram estreitados nos momentos em que tal aproximação se apresentou como apropriada, segundo uma conjunção dinâmica dos interesses e das percepções de seus representantes (Pinheiro 2004; Leal e Moraes 2018).

Em alinhamento com os antecedentes da PEB, no campo específico da educação superior, as relações internacionais historicamente fomentadas pelo governo federal estiveram majoritariamente subordinadas às prioridades e aos interesses do Estado-nação, constituindo-se, em última instância, como um instrumento para fins de desenvolvimento econômico, com preferência dada às parcerias com os países centrais.

No contexto da internacionalização da educação superior, discursos sobre a CSS adquiram relevância diante do reconhecimento de que, como dito anteriormente, os vínculos entre parceiros desigualmente posicionados tendem a exacerbar assimetrias por meio de processos que fortalecem os mais fortes e enfraquecem os mais fracos (Maringe e De Wit 2016; Mwangi 2017).

Em contraponto ao viés hegemonicamente favorecido pelo governo federal, políticas públicas de inserção internacional que priorizam as relações com o Sul – como o Programa Estudante-Convênio de Graduação, o Programa Estudante-Convênio de Pós-graduação, a Unila e a Unilab – podem ser consideradas espaços potenciais para o rastreamento de indícios de desprendimento da racionalidade dominante, tendo em vista a força epistemológica de contar as histórias não apenas do interior do "mundo moderno" como também se valendo de suas fronteiras. Todavia, a possibilidade de ampliação do horizonte em que as relações Sul-Sul na educação superior se assentam depende em grande medida do reconhecimento (para fins de enfrentamento) da cumplicidade que a educação superior exerceu e continua a exercer na legitimação e perpetuação de relações coloniais (Leal *et al.* 2021).

Considerações finais

O objetivo geral deste capítulo foi caracterizar a internacionalização da educação superior no Brasil a partir de uma perspectiva crítica, baseada em seus desenvolvimentos recentes. Algumas considerações finais são oportunas.

As características dos principais programas de internacionalização da educação superior no Brasil sugerem que, neste país, o entendimento da internacionalização da educação superior tem evoluído de um sinônimo de mobilidade acadêmica internacional, focada em indivíduos, para uma concepção mais abrangente do processo, voltada para a transformação da instituição universitária nos moldes consagrados no ambiente internacional hegemônico. Esse direcionamento institucional sinaliza que as universidades brasileiras estão se credenciando para promover uma internacionalização mais ampla, ativa e orgânica, com vistas à construção de um ambiente internacional no cotidiano das instituições e com a pretensão de equilibrar um processo de internacionalização ativo e passivo.

Embora se trate de três programas com estratégias e objetivos imediatos distintos, observa-se que o CsF e o IsF forneceram recursos para que o ideal de promover uma mudança comportamental em um número específico de instituições nacionais, com o propósito de torná-las universidades de classe mundial, viesse a se consolidar de forma mais explícita com o Capes-PrInt, dado o imaginário dominante de que tais instituições permitirão aumentar a capacidade de inovação e competitividade do país. Não por acaso, as instituições que mais enviaram bolsistas pelo CsF são, também, as que declaram em seus planos de desenvolvimento institucional o compromisso de avançar no processo de internacionalização, além da ambição de conquistar o referido *status* (Thiengo 2018), ou que estão credenciadas ao IsF e desempenham maior quantidade de atividades vinculadas a esse programa. São, ainda, parte significativa da lista de instituições contempladas pelo Capes-PrInt: universidades públicas, com sólida tradição de pesquisa e algum nível de reputação internacional.

É nesse sentido que a internacionalização da educação superior brasileira permanece majoritariamente atrelada aos interesses do Estado, em conformidade com o padrão histórico que concebe a educação superior como instrumento para alcançar objetivos desenvolvimentistas. Os padrões observados sinalizam, ainda, que o processo tem se consolidado de forma hegemônica. Por exemplo, para que fossem implementados e executados, os três programas dependeram do estabelecimento de consultorias externas e de parcerias com empresas e governos estrangeiros, sobretudo dos Estados Unidos e do Reino Unido. O CsF representa o fluxo Sul-Norte – sobretudo Brasil-Estados Unidos – dessa perspectiva. O IsF, por sua vez, privilegia o inglês, em detrimento dos outros idiomas. O Capes-PrInt, finalmente, legitima a diferenciação entre instituições, funções universitárias e campos do conhecimento, com efeitos colaterais previsíveis: haverá reforço da lógica dual, pois o Capes-PrInt colaborará para o alargamento da distância que separa universidades de ensino e de pesquisa (em mais esta oportunidade, a pesquisa se sobreporá à atividade de ensino-aprendizagem), universidades orientadas para o local e para o global, universidades para poucos e universidades mais massificadas.

As concepções difundidas pela Capes no relatório referente ao estado do conhecimento sobre internacionalização das universidades brasileiras (Leal 2020) estimulam o desenvolvimento de análises mais reflexivas, sistemáticas e participativas sobre as razões para "internacionalizar" e as formas de "internacionalizar" a universidade. Sobretudo, que tais análises considerem as implicações subjetivas, incluindo a "violência genocida" (Dussel 1993, p. 75) da mimetização de modelos de internacionalização acabados, descontextualizados e desajustados da realidade social em que a universidade pública brasileira contemporânea se assenta. Encorajamos, assim, que o tratamento da internacionalização da educação superior e das políticas institucionais a ele associados considerem/dialoguem com as seguintes questões:

- O reconhecimento do vínculo do processo de internacionalização da educação superior com questões políticas e éticas contraditórias e contestáveis, incluindo o excesso de racionalidade econômica/instrumental que se articula nos diferentes planos da educação superior e a crescente privatização do conhecimento.
- O amplo histórico de relações internacionais desigualmente constituídas que estiveram presentes no contexto universitário antes do surgimento da ideia de internacionalização da educação superior propriamente dita, incluindo a centralidade da instituição universitária como local chave para a naturalização e a legitimação de relações extrativistas.
- A filosofia determinística e reducionista por trás da ideia de "internacionalização como imperativo" e o "modelo instrumentalizado de homem" que tal perspectiva enseja, por buscar "forçar comportamentos que apoiem sua racionalidade específica" (Ramos 1984, p. 6) – precisamente, o risco de que indivíduos da universidade sejam concebidos como meros instrumentos que necessitam fazer com que uma perspectiva específica de internacionalização se consolide, instados a "ajustar-se às chamadas mudanças organizacionais" (*ibid.*, p. 6), não muito distantes de um "recurso organizacional a ser maximizado em termos de produto físico mensurável" (*ibid.*, p. 5).
- As raízes epistêmicas e as condicionalidades históricas do contexto de interesse, associadas à superação do pressuposto

moderno/colonial de que existem necessidades globais e somente um centro no qual o conhecimento é produzido para resolver os problemas de todos.

- O uso da literatura crítica em internacionalização da educação superior, sobretudo latino-americana, que, ao abordar o fenômeno de uma perspectiva contextual, situada no tempo e no espaço em que se manifesta, induz a colocar em xeque conceitos, categorizações e indicadores "neutros" e "abstratos" concebidos de forma universalizada e a refletir sobre as origens de tais pressupostos.
- A elaboração de conceitos explícitos e precisos/não abstratos para a internacionalização (e para os objetivos vinculados ao processo) nos contextos específicos de interesse, que revelem sua complexidade e decodifiquem seus pressupostos, minimizando o potencial de estarem imersos no imaginário moderno/colonial dominante.
- O relacionamento entre o esforço de elaborar políticas e estratégias de internacionalização associadas à busca por justiça social com o esforço mais amplo de democratizar radicalmente a instituição universitária pública, de modo que a "internacionalização inclusiva" não se consolide como via de mão única, codificada em relações de poder que determinam quem tem o poder de incluir. O "modelo participativo de universidade" proposto por Rubião (2013) e o "modelo de universidade e integralidade" proposto por Tommasino (Arocena e Tommasino 2011; Tommasino e Cani 2016; Tommasino e Stevenazzi 2016) – que, inspirados no Movimento de Córdoba, concebem extensão universitária em sentido amplo, como motor da relação universidade-sociedade e de diálogo entre saberes científicos e populares, induzindo à aproximação entre qualidade e relevância, podem contribuir nesse sentido.
- Também da perspectiva de relacionar a internacionalização à busca por justiça social e à intencionalidade na promoção de igualdade no desenho das estratégias e nas práticas de "cooperação internacional", que considerem as dinâmicas de

poder e de dominação inerentes aos distintos posicionamentos dos atores/parceiros no sistema mundial, incluindo os casos das relações regionais e Sul-Sul.

- A abertura a novos horizontes de possibilidades para a internacionalização universitária com base em um estreito diálogo (no lugar da volatilização) com a diversidade (e as lutas pelo direito à diversidade) presente nos contextos institucionais das universidades federais brasileiras, sobretudo desde o processo de democratização estimulado pelo Reuni. Isso porque, muito embora diversas das iniciativas/ações que ocorrem no escopo da universidade possam ser consideradas "internacionais" ou "interculturais" (Knight 2004) pelas realidades pluriculturais que ensejam, somente uma pequena parcela delas (a alinhada à racionalidade dominante) é classificada pelos discursos dominantes como iniciativa/ação de internacionalização. A relação internacionalização-extensão (nos moldes do Movimento de Córdoba, referente à relevância social da pesquisa e do ensino) apresenta potencialidades nesse sentido.

Referências bibliográficas

AGECOM/UFSC (2019). "Encontros com Capes apresentam detalhes do Projeto Institucional de Internacionalização". [Disponível na internet: https://noticias.ufsc.br/2019/02/encontros-com-capes-apresentam-detalhes-do-projeto-institucional-de-internacionalizacao, acesso em 15/7/2019.]

ALTBACH, P.G. e BALÁN, J. (2007). *Transforming research universities in Asia and Latin America: World class worldwide*. Baltimore: The Johns Hopkins University Press.

ANDIFES (2014). "Conselho de gestores de relações internacionais das IFES (CGrifes)". [Disponível na internet: https://www.andifes.org.br/?p=14487, acesso em 2/4/2022.]

AROCENA, R. e TOMMASINO, H. (2011). *Lineamientos generales para el avance de la curricularización de la extensión y generalización de las prácticas integrales en la Universidad de la República*. Montevidéu: Universidad de la República.

AUGM (s.d.). AUGM: Institucional. [Disponível na internet: http://grupomontevideo.org/site/, acesso em 16/6/2018.]

BAMBERGER, A.; MORRIS, P. e YEMINI, M. (2019). "Neoliberalism, internationalisation and higher education: Connections, contradictions and alternatives". *Discourse: Studies in the Cultural Politics of Education*, v. 40, n. 2, pp. 203-216.

BEDENLIER, S.; KONDAKCI, Y. e ZAWACKI-RICHTER, O. (2018). "Two decades of research into the internationalization of higher education: Major themes in the Journal of Studies in International Education (1997-2016)". *Journal of Studies in International Education*, v. 22, n. 2, pp. 108-135.

BRITISH COUNCIL (2018). "Passos certeiros: Como a Universidade Federal de Santa Catarina está encaminhando a internacionalização". *In*: BRITISH COUNCIL. *Universidades para o mundo: Desafios e oportunidades para a internacionalização*. s.l.: British Council, pp. 20-21.

CAPES (2017a). *A internacionalização na universidade brasileira: Resultados do questionário aplicado pela Capes*. Brasília: Capes.

________ (2017b). "Diretora da Capes apresenta estratégias de internacionalização para universidades". [Disponível na internet: https://capes.gov.br/36-noticias/8649-diretora-da-capes-apresenta-estrategias-de-internacionalizacao-para-universidades, acesso em 21/12/2019.]

________ (2017c). Programa Institucional de Internacionalização (Capes-PrInt) – Edital n. 41/2017 – Alteração VI/2018. Brasília: Capes.

________ (2017d). A internacionalização na universidade brasileira: Resultados do questionário aplicado pela Capes. Brasília: Capes.

________ (2018a). "PrInt: Um grande passo para a internacionalização da pós-graduação". [Disponível na internet: https://capes.gov.br/36-noticias/9105-print-um-grande-passo-para-a-internacionalizacao-da-pos-graduacao, acesso em 21/12/2019.]

________ (2018b). "Workshop debate planejamento estratégico para universidades brasileiras". [Disponível na internet: https://www.gov.br/capes/pt-br/assuntos/noticias/workshop-apresenta-importancia-de-planejamento-estrategico-para-universidades-brasileiras, acesso em 21/12/2019.]

________ (2018c). "'Esforço de internacionalização precisa ser apoiado', diz presidente". [Disponível na internet: https://capes.gov.br/36-noticias/9102-esforco-de-internacionalizacao-precisa-ser-apoiado-diz-presidente, acesso em 21/12/2019.]

________ (2018d) "Anexo I: Relação dos países com os quais a cooperação científica e acadêmica com o Brasil tem se mostrado mais efetiva (alterado conforme D.O.U de 2/2/2018, seção 3, página 23)". Brasília: Capes.

________ (2018e). "PrInt: Instituições selecionadas iniciam execução de projetos de internacionalização". [Disponível na internet: https://www.gov.br/capes/pt-br/centrais-de-conteudo/publicacoes/infocapes/infocapes-edicao-2-dezembro-2018.]

________ (2018f). "Segunda edição do InfoCapes aborda Programa de Internacionalização". [Disponível na internet: https://capes.gov.br/36-noticias/9217-segunda-edicao-do-infocapes-aborda-programa-de-internacionalizacao, acesso em 21/12/2019.]

________ (2019a). "InfoCapes: Parcerias envolvem 450 projetos de pesquisa". [Disponível na internet: http://www.capes.gov.br/infocapes/010-agosto-2019, acesso em 21/12/2019.]

________ (2019b). "Novidades na avaliação, bolsa e internacionalização". [Disponível na internet: https://www.capes.gov.br/36-noticias/10021-novidades-na-avaliacao-bolsa-e-internacionalizacao, acesso em 23/12/2019.]

________ (2019c). "Programa de Internacionalização é lançado na UFRGS". Disponível na internet: https://capes.gov.br/36-noticias/9411-programa-de-internacionalizacao-e-lancado-na-ufrgs, acesso em 23/12/2019.]

________ (2019d). "Vivência internacional aumenta impacto da pesquisa". [Disponível na internet: http://www.gestaouniversitaria.com.br/artigos/vivencia-internacional-aumenta-impacto-da-pesquisa, acesso em 23/12/2019.]

CASTIELLO-GUTIÉRREZ, S. *et al.* (2022). *Análisis de políticas públicas para la internacionalización de la educación superior en América Latina*. México: Inilat/Ampei/CIHE-BC.

CORRÊA, M.D.C.; CHAVES, J.G.P. e SOUSA, D.P. (2018). "Governar pela autonomia: Universidade, inovação e capitalismo cognitivo". *EccoS: Revista Científica*, n. 47, pp. 81-103.

CORTI, A.M. (2015). "La internacionalización y el mercado universitario". *Revista de la educación superior*, v. 44, n. 174, pp. 47-60.

DE WIT, H. (1998). "Rationales for internationalisation of higher education". *Millennium: Journal of International Studies*, v. 11, pp. 1-8.

________ (2019). "Inclusive and innovative internationalization: 25 years of evolution of a concept". *WES-CIHE Summer Institute 2019. Anais...* Newton: Center for International Higher Education.

DE WIT, H. *et al.* (2015). *Internationalisation of higher education*. S.l.: European Union.

________ (2017). "Voices and perspectives on internationalization from the emerging and developing world". *In*: DE WIT, H. *et al.* (orgs.). *The globalization of internationalization: Emerging voices and perspectives*. Oxon: Routledge.

DUSSEL, E. (1993). "Eurocentrism and modernity (Introduction to the Frankfurt Lectures)". *The Postmodernisn Debate in Latin America*, v. 20, n. 3, pp. 65-76.

FAIRCLOUGH, N. (2006). *Language and globalization*. Abingdon/Nova York: Routledge.

FAUBAI (2017a). "Capes International Relations Director presented the agency's strategy for the next few years". [Disponível na internet: http://faubai.org.br/conf/2017/connie-pimentel, acesso em 18/11/2019.]

________ (2017b). "The 2017 FAUBAI Conference gathers over 560 participants to discuss the internationalization of higher education". [Disponível na internet: http://faubai.org.br/conf/2017, acesso em 13/11/2019.]

FREIRE JUNIOR, J.C. e SPADARO, P. (2017). "Beyond science without borders: Brazil retools its internationalization strategy". [Disponível na internet: https://wenr.wes.org/2017/09/beyond-science-without-borders-brazil-retools-its-internationalization-scheme, acesso em 18/12/2019.]

GIROUX, H. (2014). *Neoliberalism's war on higher education*. Chicago: Haymarket.

GODWIN, K. e DE WIT, H. (2019). *Intelligent internationalization: The shape of things to come – A festschrift in honor of Dr. Laura E. Rumbley*. Boston: Brill Sense.

GONZALES, L. e NÚÑEZ, A.-M. (2014). "The ranking regime and the production of knowledge: Implications for Academia". *Education Policy Analysis Archives*, pp. 1-24.

HUDZIK, J.K. (2011). *Comprehensive internationalization: From concept to action*. Washington: Nafsa.

_______ (2015). "Barriers and barrier reduction for comprehensive internationalization". *In*: HUDZIK, J.K. (org.). *Comprehensive internationalization: Institutional pathways to success*. Abingdon/Oxon: Routledge, pp. 76-91.

HUNTER, F. e SPARNON, N. (2018). "Warp and weft. Weaving internationalization into institutional life". *In:* PROCTOR, D. e RUMBLEY, L.E. (orgs.). *The future agenda for internationalization in higher education: Next generation perspectives into research, policy, and practice*. Nova York e Londres: Routledge, pp. 155-167.

IsF (2018). *Relatório nacional do programa Idiomas sem Fronteiras*. Brasília: IsF. [Disponível na internet: http://isf.mec.gov.br/pesquisas-e-relatorios.]

JESSOP, B. (2017). "Varieties of academic capitalism and entrepreneurial universities: On past research and three thought experiments". *Higher Education*, v. 73, n. 6, pp. 853-870.

KEHM, B.M. e TEICHLER, U. (2007). "Research on internationalisation in higher education". *Journal of Studies in International Education*, v. 11, n. 3-4, pp. 260-273.

KIM, T. (2017). "Academic mobility, transnational identity capital, and stratification under conditions of academic capitalism". *Higher Education*, v. 73, n. 6, pp. 981-997.

KNIGHT, J. (2004). "Internationalization remodeled: Definition, approaches, and rationales". *Journal of Studies in International Education*, v. 8, n. 5, pp. 5-31.

________ (2015). "International universities: Misunderstandings and emerging models?". *Journal of Studies in International Education*, v. 19, n. 2, pp. 107-121.

KNIGHT, J. e DE WIT, H. (2018) "Internationalization of higher education: Where have we come from and where are we going?". *In*: PROCTOR, D. e RUMBLEY, L. (orgs.). *The future agenda for internationalization in higher education: Next generation perspectives into research, policy, and practice*. Nova York e Londres: Routledge.

KNOBEL, M. (2012). "Brazil: Brazil seeks academic boost by sending students abroad". *International Higher Education*, n. 66, pp. 147-149.

________ (2015). "Further reflections on the Brazilian mobility program". [Disponível na internet: https://www.insidehighered.com/blogs/world-view/further-reflections-brazilian-mobility-program, acesso em 26/4/2020.]

KNOBEL, M. e LEAL, F. (2019). "Higher education and science in Brazil: A walk toward the cliff?". *International Higher Education*, v. 2, n. 99, pp. 2-4.

KNOBEL, M. *et al.* (2020). "Desenvolvimentos da internacionalização da educação superior no Brasil: Da mobilidade acadêmica internacional à institucionalização do processo na universidade". *ETD: Educação Temática Digital*, n. 22, pp. 672-693.

LEAL, F. (2019). "Os caminhos recentes da internacionalização da educação superior brasileira". *Revista de Educación Superior en América Latina*, n. 6, pp. 14-18.

________ (2020). "As bases epistemológicas dos discursos dominantes de internacionalização da educação superior no Brasil". Tese de doutorado. Florianópolis: Universidade Federal de Santa Catarina.

LEAL, F.G. e MORAES, M.C.B. (2018). "Política externa brasileira, cooperação Sul-Sul e educação superior: O caso do Programa Estudante-Convênio de Graduação (PEC-G)". *Educação & Sociedade*, pp. 1-17.

LEAL, F.; SOUZA, S. e MORAES, M.C.B.M. (2023). "Internacionalização e extensão universitárias em diálogo: Estado do conhecimento e perspectivas futuras". *Education Policy Analysis Archives* 31(6), pp. 1-21.

LEAL, F. *et al.* (2021). "Cooperação internacional na educação superior: Por uma visão não míope das relações Sul-Sul". *In*: LIMA, M.C. *et al. Unilab 10 anos: Gênese, desafios e conquistas*. Blumenau: Editora da Furb.

LIMA, M.C. e CONTEL, F.B. (2009). "Períodos e motivações da internacionalização da educação superior brasileira". *Anais do 5ème Colloque del l'IFBAE*. Grenoble: Ifbae.

________ (2011). *Internacionalização da educação superior: Nações ativas, nações passivas e geopolítica do conhecimento*. São Paulo: Alameda.

LIMA, M.C. e MARANHÃO, C.M.S.D.A. (2009). "O sistema de educação superior mundial: Entre a internacionalização ativa e passiva". *Avaliação: Revista da Avaliação da Educação Superior*, Campinas, v. 14, n. 3, pp. 583-610.

MARINGE, F. e DE WIT, H. (2016) "Global higher education partnerships: equity and epistemic concerns wit distribution and flows of intellectual capital". *In*: CÔTÉ, J. e FURLONG, A. (orgs.). *Routledge Handbook of the Sociology of Higher Education*. Nova York: Routledge, pp. 299-214.

MARINGE, F.; FOSKETT, N. e WOODFIELD, S. (2013). "Emerging internationalisation models in an uneven global terrain: Findings from a global survey". *Compare: A Journal of Comparative and International Education*, v. 43, n. 1, pp. 9-36.

MIGNOLO, W. (2018). "The conceptual triad: Modernity/coloniality/decoloniality". *In*: WALSH, C. e MIGNOLO, W. (orgs.). *On decoloniality*. Durham: Duke University Press, pp. 135-152.

MORLEY, L. *et al.* (2018). "Internationalisation and migrant academics: The hidden narratives of mobility". *Higher Education*, pp. 1-18.

MWANGI, C. (2017). "Partner positioning: Examining international higher education partnerships through a mutuality lens". *Review of Higher Education*, v. 41, n. 1, pp. 33-60.

NEVES, C.E.B.N. e MOROSINI, M.C. (1995). "Cooperação universitária no Mercosul". *Em Aberto*, n. 68.

OREGIONI, M.S. (2013). "La universidad como actor de la cooperación Sur-Sur: El caso de la Universidad Nacional de La Plata en la Asociación de Universidades Grupo Montevideo (AUGM)". *Integración y Conocimiento*, n. 2, pp. 53-67.

________ (2015). "¿De qué hablamos cuando hablamos de internacionalización universitaria?". *In*: MARTÍNEZ, S.L. (org.). *Desafíos y dilemas de la universidad y la ciencia en América Latina y el Caribe en el siglo XXI*. Buenos Aires: Teseo, pp. 325-332.

PAES DE PAULA, A.P. (2015). *Repensando os estudos organizacionais*. Rio de Janeiro: FGV.

PAIVA, F.M. e BRITO, S.H.A. (2019). "O papel da avaliação Capes no processo de internacionalização da pós-graduação em educação no Brasil (2010-2016)". *Avaliação: Revista da Avaliação da Educação Superior*, Campinas, v. 24, n. 2, pp. 493-512.

PASSONI, T.P. (2019). "Language without borders (English) program: A study on English language ideologies". *Rev. Bras. Linguíst. Apl.* 19(2), abr.-jun., pp. 1-32.

PERROTTA, D. (2008). "La cooperación en Mercosur: El caso de las universidades". *Temas*, n. 54, pp. 67-76.

PIMENTEL, C.M.M. (2017). *O papel da Capes na internacionalização das universidades brasileiras*. Brasília: Capes.

PINHEIRO, L. (2004). *Política externa brasileira (1889-2002)*. Rio de Janeiro: Zahar.

PROLO, I. *et al.* (2019). "Internacionalização das universidades brasileiras: Contribuições do Programa Ciência sem Fronteiras". *Administração e Pesquisa (Raep)*, v. 20, n. 2, pp. 1-27.

QUIJANO, A. (2010). "Colonialidade do poder e classificação social". *In*: SOUSA SANTOS, B. de e MENESES, M.P. (orgs.). *Epistemologias do sul*. São Paulo: Cortez, pp. 84-130.

RAMOS, A.G. (1967). "A modernização em nova perspectiva: Em busca do modelo da possibilidade". *Revista de Administração Pública*, v. 2, Clássicos da Revista de Administração Pública, pp. 7-42.

________ (1984). "Modelos de homem e teoria administrativa". *Revista de Administração Pública*, v. 18, n. 2, pp. 3-12.

REISBERG, L. "The growing complexities of international collaboration". [Disponível na internet: https://www.insidehighered.com/blogs/world-view/growing-complexities-international-collaboration&gt, acesso em 20/9/2019.]

RESTREPO, E. e ROJAS, A. (2010). *Inflexion decolonial: Fuentes, conceptos y cuestionamientos*. Popayán: Universidad del Cauca.

ROBERTSON, S. L. e KOMLJENOVIC, J. (2016). "Non-state actors, and the advance of frontier higher education markets in the global south". *Oxford Review of Education*, v. 42, n. 5, pp. 594-611.

RUBIÃO, A. (2013). *História da universidade: Genealogia para um "modelo participativo"*. Coimbra: Centro de Estudos Sociais, Universidade de Coimbra.

SCHENDEL, R. e McCOWAN, T. (2016). "Expanding higher education systems in low- and middle-income countries: The challenges of equity and quality". *Higher Education*, v. 72, n. 4, pp. 407-411.

SCHULZE-CLEVEN, T. e OLSON, J.R. (2017). "Worlds of higher education transformed: Toward varieties of academic capitalism". *Higher Education*, v. 73, n. 6, pp. 813-831.

SINTER/UFSC (2015a). Seminário Ciência sem Fronteiras – Graduação UFSC. [Disponível na internet: https://repositorio.ufsc.br/xmlui/handle/123456789/133420, acesso em 7/12/2019.]

________ (2015b). "UFSC participa do I Encontro de Representantes das Relações Internacionais das Ifes". [Disponível na internet: https://sinter.ufsc.br/2015/07/14/i-encontro-de-representantes-das-relacoes-internacionais-das-ifes, acesso em 8/7/2019.]

SOUSA SANTOS, B. de (2011). *A universidade no século XXI: Para uma reforma democrática e emancipatória da universidade*. São Paulo: Cortez.

THE PIE NEWS (2017). "Brazil unveils new HE internationalisation scheme". [Disponível na internet: https://thepienews.com/news/brazil-unveils-he-internationalisation, acesso em 20/12/2019.]

THIENGO, L.C. (2018). *Universidades de classe mundial e o consenso pela excelência: Tendências globais e locais*. Florianópolis: Universidade Federal de Santa Catarina.

TOMMASINO, H. e CANI, A. (2016). "Modelos de extensión universitaria en las universidades latinoamericanas en el siglo XXI: Tendencias y controversias". *Universidades – Unión de Universidades de América Latina y el Caribe*, n. 67, pp. 7-23.

TOMMASINO, H. e STEVENAZZI, F. (2016). "Reflexiones en torno a las prácticas integrales en la Universidad de la República". *Revista +E*, n. 6, pp. 120-129.

UFRGS (2019). "UFRGS lança Programa Institucional de Internacionalização". [Disponível na internet: http://www.ufrgs.br/ufrgs/noticias/ufrgs-lanca-programa-institucional-de-internacionalizacao, acesso em 2/8/2023.]

UNESP (2019). "Encontro faz balanço do 1º ano do projeto CAPES-PrInt da Unesp". [Disponível na internet: https://www2.unesp.br/portal#!/noticia/35347/encontro-faz-balanco-do-1-ano-do-projeto-capes-print-da-unesp, acesso em 20/12/2019.]

YEMINI, M. e SAGIE, N. (2015). "Research on internationalisation in higher education: Exploratory analysis". *Perspectives: Policy and Practice in Higher Education*, v. 20, n. 2-3, pp. 90-98.